Sabine Gillitzer, Brigitte Kahnwald,
Wolf Lumb, Wolfgang Wied

ABC des Buchhandels

11., komplett überarbeitete und aktualisierte Auflage

Sabine Gillitzer,
Brigitte Kahnwald,
Wolf Lumb,
Wolfgang Wied

ABC des Buchhandels

11., komplett überarbeitete und aktualisierte Auflage

Lexika Verlag®

Die Deutsche Bibliothek – CIP-Einheitsaufnahme

Ein Titeldatensatz für diese Publikation ist bei
Der Deutschen Bibliothek erhältlich.

Der Lexika Verlag erscheint bei der
Robert Krick Verlag GmbH + Co. KG, Eibelstadt.

Druck: Schleunungdruck, Marktheidenfeld
Printed in Germany
ISBN 978-3-89694-446-7

Vorwort

Eine Neuauflage, zumal mit einem neuen Autorenteam, ist immer Anlass, die Konzeption eines Werkes grundsätzlich zu überdenken. Einerseits sollen die Nutzer auf das bewährte Konzept eines Nachschlagewerks für den Praktiker im Buchhandel und Verlag vertrauen dürfen. Andererseits ist vor dem Hintergrund des Wandels der Branche eine Neubesinnung auf veränderte Anforderungen an das ABC des Buchhandels eine genauso berechtigte Erwartung.

Die Auswahl der aufgenommenen Stichworte ist uns nicht leicht gefallen, es hätte noch viele Begriffe gegeben, die zu behandeln auch lohnenswert gewesen wären. Aber von einem wollten wir nicht abrücken: Das ABC des Buchhandels soll sich auf den essentiellen Kern der Grundbegriffe der Branche beziehen. Andere Werke haben einen enzyklopädischen Anspruch, dieses soll den Praktiker im Alltag unterstützen. Für Anregungen zur weiteren Verbesserung des ABC des Buchhandels sind wir stets offen.

Selbstverständlich schließen alle in diesem Werk gebrauchten männlichen Formen die weiblichen mit ein und umgekehrt.

Die Verfasser

A

Absatzhonorar

Durch die Urheberrechtsnovelle des Jahres 2002 in den meisten Fällen die gesetzlich vorgeschriebene Honorarart, bei der ein Prozentsatz des Nettoladenpreises abzurechnen ist. Üblich sind die sogenannte Honorarstaffelrechnung, bei der etwa bis 5.000 Exemplare mit 6 Prozent, ab 10.000 Exemplaren 9 Prozent und ab 15.000 Exemplaren 12 Prozent zugunsten des → Autors abzurechnen sind. Eine Normhonorarseitenabrechnung ist dann zulässig, wenn eine begrenzte Auflagenabsatzzahl mit Sicherheit vorausgesagt werden kann, z.B. bei wissenschaftlichen Publikationen mit genau zu bestimmender Zielgruppe. Das Absatzhonorar wird auch als Auflagenhonorar oder Staffelhonorar bezeichnet.

Abschreibung

Grundsätzlich dient die Abschreibung dazu, den im Zeitablauf primär durch Abnutzung eintretenden Wertverlust der Vermögensgegenstände zu erfassen. Man spricht daher in der Buchhaltung auch von AfA = Absetzung für Abnutzung. An sich sollten Vermögensgegenstände einzeln bewertet werden. Für den Buchhandel würde dies bei seinen Bücherbeständen zu ungeheuren Problemen führen, weswegen es unterschiedliche Methoden der Vereinfachung gibt, die von den Sortimentern angewandt werden dürfen. Zum einen gibt es die Pauschalabschreibung, dabei werden alle Bücher einheitlich mit 60 Prozent abgeschrieben, oder anders ausgedrückt, das Warenlager steht nur mit 40 Prozent der Nettoladenpreise in der Bilanz. Die Pauschalabschreibung berücksichtigt nicht, dass die Bücher unterschiedlich stark der Abnutzung ausgesetzt waren.

Anders sieht das bei der Staffelabschreibung aus, hier wird je nach Anschaffungsjahr unterschiedlich stark abgeschrieben. Bücher, die im letzten Geschäftsjahr angeschafft wurden, werden nur mit 50 Prozent abgeschrieben. Auf Bücher, die aus dem vorletzten Jahr stammen, beträgt die Abschreibung 70 Prozent, für Bücher aus dem vorvorletzten Geschäftsjahr steigt der Abschreibungs-Prozentsatz sogar auf 90 Prozent und noch ältere Werke werden komplett auf den Erinnerungswert abgeschrieben. Taschenbuchreihen und Kleinschriften (letztere nur bis zu einem Verkaufspreis bis 2,50 Euro) dürfen dabei generell mit 70 Prozent abgeschrieben werden.

Welche Abschreibungsmethode gewählt wird, hängt davon ab, welche Struktur das Warenlager hat. Bei einem hohen Anteil an alten Büchern wird gestaffelt abgeschrieben, wenn das Lager eher „jung“ ist, entscheidet man sich tendenziell für die Pauschalabschrei-

bung. Aber die Abschreibungen, die als Aufwand in der Gewinn- und Verlustrechnung erfasst werden und den steuerlichen Gewinn schmälern, sollten natürlich erst einmal verdient worden sein.
Bücher sind Umlaufvermögen. Für das Anlagevermögen (z.B. Ladeneinrichtung) gelten für Verlage wie Buchhandlungen die gleichen Regeln. Es wird linear abgeschrieben entsprechend den AfA-Tabellen der Finanzverwaltung, in denen festgelegt ist, von welcher Nutzungsdauer bei welchem Wirtschaftsgut auszugehen ist.

Adressbuch für den deutschsprachigen Buchhandel
Die von der → MVB Marketing- und Verlagsservice des Buchhandels GmbH herausgegebene dreibändige Print-Ausgabe (Band 1: Verlage; Band 2: Buchhandlungen; Band 3: Organisationen) erscheint einmal jährlich im Sommer, die CD-ROM zweimal jährlich, im Frühjahr und im Herbst.
Es beinhaltet mehr als 30.000 Adressen von Buchhandelsbetrieben in Deutschland, Österreich und der Schweiz, auch Auslieferungen, Verlagsvertretungen, Agenturen, Musikalienhändler oder Institutionen. Außerdem finden sich darin zahlreiche für den buchhändlerischen Geschäftsverkehr wichtige Informationen, wie → Verkehrsnummern, → ISBN-Verzeichnis, Verbandszugehörigkeiten u.v.m.

AIDA-Formel
Attention
Interest
Desire
Action
oder zu Deutsch: Aufmerksamkeit erregen, Interesse erzeugen, Wunsch wecken und zur Handlung animieren. Dieser prägnanten Kurzformel folgt erfolgreiche Werbung.

AkS → Arbeitskreis unabhängiger Sortimente

AkV → Arbeitskreis kleinerer Verlage

Ambulanter Buchhandel
Ambulanter Buchhandel ist der Oberbegriff für die → Betriebsformen, die ohne ein Ladenlokal arbeiten, also Reise-, Versand- und → Internetbuchhandel. Der → stationäre Buchhandel ist das Gegenstück zum ambulanten Buchhandel.

Anthologie
[griechisch: Blütenlese] Hierbei handelt es sich um eine Zusammenstellung verschiedener Texte mehrerer Autoren, die von einem → Herausgeber ausgewählt werden. Das können sowohl Prosatexte, Zitate, Aphorismen, Epigramme als auch Lyrik sein. Anthologien erscheinen oft unter einem bestimmten Motto, wie z.B. geographisch: „Russland erzählt“, thematisch: „dtv Sommer-Lesebuch“ oder gattungsspezifisch: „Die Lieblingsgedichte der Deutschen“. Fünf bis zehn Prozent der jährlichen Neuer-

scheinungen sind Anthologien. Sie tragen dieses Wort selten im Titel; stattdessen nennen sie sich oft Lesebuch, Reader, Geschichten, Erzählungen, Gedichtsammlung.

Antiquariate

Diese handeln mit gebrauchten Büchern, d.h. mit nicht (mehr) preisgebundenen Werken. Das sogenannte bibliophile Antiquariat handelt mit in der Regel nicht mehr lieferbaren Büchern, auch → Zeitschriften, Noten, Postkarten, → Inkunabeln, z.T. auch mit Kunstwerken wie Grafiken, Drucken, Holzstichen u. Ä., außerdem mit handschriftlichen Werken (→ Autographen wie Briefen, Manuskripten). Das wissenschaftliche Antiquariat handelt mit Büchern und Fachzeitschriften einer oder mehrerer Fachrichtungen. Ein erheblicher Teil des Umsatzes wird im Versandhandel erbracht, in den letzten Jahren hat der Internethandel stark an Bedeutung gewonnen. So bieten über das Gemeinschaftsportal „ZVAB.com" mehr als 4.000 Antiquare rd. 25 Millionen vergriffene Bücher an. Ein weiterer bedeutender Anbieter im Internet ist AbeBooks.de. → Modernes Antiquariat

Apartbezug

Wenn ein einzelner Teil eines → Fortsetzungswerkes, das Grundwerk einer → Loseblattsammlung oder eine Einzelnummer einer → Zeitschrift bezogen wird, ohne dass eine Abonnementverpflichtung eingegangen wird, spricht man von Apartbezug.

Arbeitsgemeinschaft unabhängiger Buchhandlungen e. V. (AUB)

Die AUB bietet ähnlich den anderen buchhändlerischen Kooperationsmodellen (→ eBuch und → LG Buch) ein Einkaufsmodell. Sie kooperiert dafür mit der nicht im Buchbereich beheimateten Einkaufsgenossenschaft EK/servicegroup, die davor bereits Buchverkaufsstellen in Nebenmärkten versorgt hat. Doch im Vordergrund steht bei der Arbeit der AUB die Interessenvertretung auf allen Ebenen vor dem Hintergrund der verschärften Konzentration in der Buchbranche. Daher fordert die AUB von den Verlagen deutlich bessere → Konditionen auch für kleinere Buchhandlungen als bislang üblich. Das kämpferische Auftreten der AUB ist in der eher leise Töne gewohnten Buchbranche eigentlich unüblich, zeigt aber auch, wie stark die unabhängigen Sortimenter den Druck durch die voranschreitende Konzentration empfinden.

Arbeitsgemeinschaft wissenschaftlicher Sortiments- und Fachbuchhandlungen (AWS)

Dieser Verein steht in der Tradition der 1927 gegründeten Arbeitsgemeinschaft Wissenschaftlicher Sortimentsbuchhandlungen. Nach dem Zweiten Weltkrieg wurde die Arbeit 1949 wieder aufgenommen, doch erst seit 1992 ist die AWS ein eingetragener Verein. Die Mitglieder sind Universitäts- und wissenschaftliche Fachbuchhandlungen.

Arbeitskreis unabhängiger Sortimenter (AkS)
Er ist im Sortimenter-Ausschuss des → Börsenvereins angesiedelt und vertritt dort die Interessen kleiner, inhabergeführter Buchhandlungen, deren Umsatz 1 Million Euro nicht übersteigt. Der AKS wird von einem Sprecherkreis geleitet, der sich aus sechs ehrenamtlich tätigen Buchhändlern zusammensetzt. Information und Erfahrungsaustausch, um so das Know-how der Mitglieder zu stärken, damit sie sich besser am Markt behaupten können, stehen im Mittelpunkt der Aktivitäten dieses Arbeitskreises. Er informiert die mehr als 500 Mitgliedsfirmen regelmäßig im AKS-Rundbrief über Neuigkeiten und organisiert Jahrestagungen, auf denen in Seminaren und Workshops aktuelle Themen auf dem Programm stehen. Die Mitgliedschaft ist für Verbandsmitglieder kostenlos.

Arbeitskreis kleinerer Verlage (AkV)
Der AkV ist das Pendant zum AkS. Er organisiert für seine Mitglieder Gemeinschaftsstände auf der Frankfurter und der Leipziger Buchmesse. Außerdem vergibt er den Kurt-Wolff-Preis, mit dem kleine Verlage gefördert werden sollen.

Atlas
In der Kartographie eine Sammlung von zusammengehörigen Karten in (meist großformatiger) Buchform.
Im Buchhandel wird auch ein Nachschlagewerk zu einem Wissensgebiet als Atlas bezeichnet, das sehr viel Bildmaterial enthält (z.B. Anatomie-Atlas). Atlanten unterscheiden sich nach Publikationsform (elektronischer Atlas), Format (Taschenatlas), Zweck (Schulatlas), Darstellungsgebiet (Straßenatlas) oder Inhalten (Historischer Atlas).

AuB → Arbeitsgemeinschaft unabhängiger Buchhandlungen e. V.

Aufführungsrecht
Das Recht, ein Werk ob original oder bearbeitet vor Publikum zur Aufführung zu bringen. → Urheberrecht

Auflage
Wird häufig mit → Ausgabe verwechselt. Sie bezeichnet die Anzahl aller Exemplare eines Buches, einer Broschüre, Zeitschrift oder Zeitung aus einem Druckvorgang. Die Auflagenhöhe wird im → Verlagsvertrag festgelegt und richtet sich nach verschiedenen Faktoren, wie z.B. Bekanntheitsgrad des → Autors, Verkaufserwartung und anderem. Sie spielt eine wichtige Rolle bei der Kalkulation des → Ladenpreises: Bei einer hohen Auflage sind die Fixkosten bei der Herstellung geringer und auch die variablen Kosten sinken mit steigender Stückzahl. Die Mindestauflage ist die niedrigste Anzahl Exemplare, die der → Verlag vernünftig kalkulieren kann. Editorisch unterscheidet man Erstauflage (Startauflage) und Neuauflage (Nachauflage) – jede weitere unveränderte oder veränderte Auflage. Als Restauflage bezeichnet man nicht

mehr verkäufliche Exemplare einer Auflage, die meistens nach Aufhebung des gebundenen Ladenpreises vom Verlag an Großantiquariate → Modernes Antiquariat weiterverkauft werden.

AuM → Ausstellungs- und Messe GmbH

Ausgabe
Wird oft mit → Auflage verwechselt. Man kann Ausgabe eher mit Edition vergleichen. Sie bezeichnet alle in qualitativ gleicher äußerer oder inhaltlicher Form erschienenen Exemplare eines → Werkes. So können sich Ausgaben unterscheiden nach:

- Ausstattung: Dünndruck-, Leder-, Pappausgabe, Taschenbuch-, → Vorzugs- oder Sonderausgabe
- Bearbeitung: → kritische, gekürzte, vollständige, überarbeitete oder neu übersetzte Ausgabe
- Format: Quart-, Oktav- oder Folio-Ausgabe
- Herkunft: → Original- oder → Lizenzausgabe, Winkler-Manesse- oder Insel-Ausgabe
- Publikationsform: → Hörbuch- oder Printausgabe, → e-book
- Umfang: Einzel- oder → Gesamtausgabe
- Zeit: → Erstausgabe, Jubiläumsausgabe, → Ausgabe letzter Hand
- Zielgruppe: Bühnen- oder Schulausgabe, → Studienausgabe, Großdruckausgabe, bibliophile Ausgabe

Jede Auflage eines Werkes in neuer Ausstattung (neuer Schriftsatz, neue Einbandgestaltung) ist eine Neuausgabe (Beispiel: SZ-Bibliothek) und im Rahmen dieser wieder eine → Erstauflage - nicht aber eine Erstausgabe!
Im Zeitungs- und Zeitschriftenbereich bezeichnet man als Ausgabe die gesamte Auflage einer Publikation, unterschieden nach Zeitraum (Abendausgabe, Wochenausgabe), Verbreitungsgebiet (Regionalausgabe) oder konkretem Anlass (Extra-Ausgabe).

Ausgabe erster Hand
Die vom → Verfasser selbst betreute erste → Ausgabe seines → Werkes mit persönlicher → Imprimatur.

Ausgabe letzter Hand
Die letzte → Ausgabe eines → Werkes, die noch vom → Autor selbst durchgesehen und oft auch verändert wurde.

Ausgabe nachgelassener Werke
Hierbei handelt es sich um bisher unbekannte, noch nie erschienene → Werke, deren → Urheberrecht bereits abgelaufen ist (also auch um → Erstausgaben), die durch Vervielfältigung und Verbreitung der Öffentlichkeit zugänglich gemacht werden.

Ausschießen
Nachdem die Seiten eines Buches nicht einzeln bedruckt werden, sondern auf Druckbögen, die 8, 16 oder 32 Seiten umfassen können, wird die richtige Seitenreihenfolge durch ein sogenanntes

Ausschießschema festgelegt. Die Einzelseiten müssen auf der Druckform so positioniert werden, dass sie nach dem → Falzen richtig erscheinen.

Ausstattung → Buchbinderauftrag

Ausstellungs- und Messe GmbH (AuM)
Die AuM organisiert nicht nur die Frankfurter Buchmesse, sie ist ganz wesentlich dafür zuständig, dass der deutsche Buchhandel international auf den bedeutenden Messen der Branche Präsenz zeigt. Zu diesem Zweck organisiert die AuM Gemeinschaftsstände deutscher Verlage.

Ausstellungsrecht
Bild- und Fotokünste sowie Skulpturen werden ausgestellt. Auf das Verbreitungsrecht bezogen ist das Urheberrecht den Printmedien gleichgestellt. → Urheberrecht

Autographen
[griech.] Als Autographen bezeichnet man handgeschriebene Manuskripte bzw. auch spätere handschriftliche Anmerkungen oder Veränderungen des → Verfassers. Sie sind Handelsgegenstände des klassischen → Antiquariats.

Autopsie
[griechisch: „mit eigenen Augen gesehen"] Bei der Erstellung einer → Bibliographie bezeichnet man mit Autopsie eine bestimmte Arbeitsweise, bei der alle Angaben für den → Haupteintrag direkt aus dem vorliegenden → Werk entnommen werden. Die → Deutsche Nationalbibliographie wird nach diesem Prinzip erstellt und Angaben, die dort nicht auf Autopsie beruhen (sondern aus sekundären Quellen stammen), stehen in eckigen Klammern [ ].

Autor
[lat. auctor: Urheber, Gründer] Verfasser, → Urheber oder Schöpfer eines → Werkes, das gegen Honorar einem → Verlag zur Verwertung und Verbreitung überlassen wird. Diese Verwertungsrechte werden im → Verlagsvertrag geregelt. Das Werk bleibt geistiges Eigentum des Autors und ist durch das → Urheberrechtsgesetz geschützt. Man unterscheidet Text- und Bildautoren.

Avis
Lieferschein der vom → Büchersammelverkehr transportierten Sendungen, → Beischlüsse von Verlagen bzw. → Verlagsauslieferungen. Auf ihm sind die Anzahl der Pakete und ihr Gewicht angegeben.

B

Backlist
Alle außer den Neuerscheinungen (= Frontlist) erschienenen und lieferbaren Verlagstitel. Der Begriff erklärt sich aus der Gepflogenheit, in → Verlagsvorschauen zu den Novitäten jeweils passende Titel aus früheren Programmen aufzulisten.
Die Pflege der Backlist ist sowohl für Verlage als auch für Buchhandlungen wichtig. Verlage berücksichtigen dabei neben absatzorientierten Überlegungen auch Aspekte der Programmgestaltung: Welche Autoren will ich halten? Welche Inhalte, Stile oder Literaturgattungen passen zu meinem Profil? Oft hat die Backlist einen höheren Umsatzanteil, z.B. bei Fachbuchverlagen mit aktualisierbaren Titeln oder auch in Klassikerverlagen. Über Zweit- und → Mehrfachverwertung landen beispielsweise → Hardcover im → Taschenbuch, um neue Kundenkreise zu erschließen und den Titel längerfristig weiterzuführen. Eine Backlist mit mehreren Longsellern trägt mehr zum Gewinn des Verlags bei als viele Novitäten, die erst noch ihre Produktionskosten decken müssen.
Aber auch Sortimenter setzen bis zu 80 Prozent ihres Budgets für den Einkauf von Backlisttiteln ein. Diese machen eine gut sortierte Buchhandlung aus und zeigen die Schwerpunktgebiete, in denen lieferbare Titel vorrätig gehalten werden, und somit auch Kompetenz für diese Bereiche.

BAG Buchhändler-Abrechnungs-Gesellschaft mbH
Die BAG bietet Verlagen und Buchhandlungen ein von der Finanzverwaltung anerkanntes Sammelabrechnungsverfahren an. Anstelle vieler kleiner Positionen wird nur die Summe der Abrechnung gebucht, dadurch verringern sich nicht nur der Arbeitsaufwand, sondern auch die Zahlungsverkehrskosten. Die Zahlungsabrechnung (man spricht auch von Clearing, nicht zu verwechseln mit dem Bestellclearing der → Bestellanstalt) erfolgt sowohl national als auch international. Es gibt zwei monatliche Abrechnungstermine, den 2. und den 17. Da Forderungen immer in die nächste Abrechnung nach der eigentlichen Fälligkeit gehen, kann sich für den Sortimenter eine Verschiebung des Zahlungstermins um bis zu 14 Tage ergeben. Um sich an der BAG-Abrechnung zu beteiligen, sind für inländische Unternehmen eine Mitgliedschaft im → Börsenverein bzw. einem der Landesverbände oder einem anderen buchhändlerischen Fachverband sowie die Eintragung in das → Adressbuch des deutschsprachigen Buchhandels mit einer → Verkehrsnummer erforderlich. Ausländische Unternehmen können sich ebenfalls beteiligen und bekommen dann extra für die Zwecke der BAG eine Verkehrsnummer zugewiesen.

Bahnhofsbuchhandel

Der Bahnhofsbuchhandel nimmt unter den buchhändlerischen Unternehmen eine Sonderrolle ein, denn Bücher spielen im Sortiment eine eher untergeordnete Rolle. Das Erscheinungsbild der typischen Bahnhofsbuchhandlung wird stark geprägt durch das Angebot an Zeitungen und → Zeitschriften. Da der Bahnhofsbuchhandel hier eine herausgehobene Stellung einnimmt, wird er auch nicht vom → Presse-Grosso, sondern von den Zeitungs- und Zeitschriftenverlagen direkt beliefert. Ob der Bahnhofsbuchhandel Besorgungen übernimmt oder nicht, hängt von der Konkurrenzsituation vor Ort ab. Im ländlichen Raum ist oftmals der Bahnhofsbuchhandel der einzige Anbieter am Ort, dann wird in der Regel auch für die Kunden beim → Barsortiment oder den Verlagen bestellt. In Großstädten mit reichhaltiger Buchhandelslandschaft ist diese Serviceleistung im Bahnhofsbuchhandel eher unüblich. Eine weitere Besonderheit des Bahnhofsbuchhandels spielt seit der Verlagerung der Zuständigkeit für die Ladenschlusszeiten auf die Länderparlamente keine so große Rolle mehr wie früher. Dort wo allerdings noch relativ restriktive Ladenschlussregelungen bestehen, kann der Bahnhofsbuchhandel die Tatsache ausspielen, dass für Geschäfte auf dem Bahnhofsgelände, die Reisebedarf (und dazu gehört die Lektüre für unterwegs) anbieten, erweiterte Öffnungszeiten gelten. Auch im Bereich des Bahnhofsbuchhandels schreitet die Konzentration stark voran, es gibt einige etablierte Ketten, die immer mehr zuvor unabhängige Bahnhofsbuchhandlungen übernehmen. Zudem drängen auch ausländische Anbieter mit neuen Konzepten, die über den Vertrieb von Printmedien hinausgehen (zu besichtigen z.B. im neuen Berliner Hauptbahnhof) auf den Markt.

Banger

Mit diesem Begriff werden die Erzeugnisse des Verlages der Schillerbuchhandlung Hans Banger (Köln) bezeichnet. Es gibt zwei für den Buchhandel wichtige Verzeichnisse: den „Verlags-Banger“ und den „Zeitschriften-Banger“.

„Zeitschriften Deutschland Österreich Schweiz“ enthält ca. 20.000 Titel: wissenschaftliche, Fach- und Publikumszeitschriften, auch → Loseblattwerke und Online-Ausgaben. Alphabetisch nach Titeln geordnet, geben die Einträge Auskunft über Verlagsanschrift, Abonnementpreis, Einzelpreis, Auslandspreis, Erscheinungsweise und Kündigungsfristen. Im Anhang gibt es ein → ISSN- und → ISBN – Register und ein nach Sachgruppen geordnetes Titelverzeichnis.

„Verlage Deutschland Österreich Schweiz“ enthält ca. 24.000 Adressen des Buchhandels: Buchverlage, Zeitungs- und Zeitschriftenverlage, Musik- und Kunstverlage aber auch → Verlagsauslieferungen, Museen, Galerien, Editionen, Internationale Verlage mit deutschen Auslieferungen sowie Verbände und Organisationen des Buchhandels. Alle Einträge sind alphabetisch geordnet und enthalten zusätzlich zur Anschrift E-Mail- und Internetadresse, Auslieferung, → Verkehrsnummer, ISBN oder → ISMN. Im Anhang sind → Literarische Agenturen zu finden, ferner Bildagenturen, ein ISBN- und ISMN-Register und auch ein nach Fachbereichen geordnetes Verlagsregister. Auf den letzten Seiten sind Importeure fremdsprachiger Literatur sowie Barsortimente und Grossisten alphabetisch verzeichnet.

„Verlagsauslieferungen" und „Verlagsvertretungen" sind zwei weitere Publikationen von Banger.

„Verlagsauslieferungen Deutschland Österreich Schweiz" enthält ca. 650 Auslieferungen mit Angabe der ausgelieferten Verlage. „Verlagsvertretungen Deutschland Österreich Schweiz" listet ca. 1.350 Verlagsvertretungen mit Angabe der Hauptreisegebiete und der vertretenen Verlage auf. Man kann sowohl nach Verlagen suchen, um deren Vertreter und Reisegebiete zu finden, als auch über die Einteilung der Hauptreisezonen die entsprechenden Vertretungen suchen.

Alle angeführten Verzeichnisse erscheinen einmal jährlich.

Barsortiment

Barsortimente gehören zum → Zwischenbuchhandel und damit zur Wirtschaftsstufe des Großhandels. Sie kaufen Bücher auf eigenen Namen und auf eigene Rechnung. Durch den Einkauf großer Mengen erhalten sie von den Verlagen entsprechend hohe Nachlässe (→ Barsortimentsrabatt). Deshalb kann das Barsortiment die Bücher an den Abnehmer in der Regel mit dem Rabatt weiterveräußern, den die Buchhandlung bei der Bestellung eines Exemplars vom Verlag bekommen würde. Das Barsortiment führt eigene Kataloge auf digitalen Datenträgern und online. Barsortimente halten heute über 450.000 Titel in ihren Lagern (bei ca. 1,2 Mio lieferbaren Titeln lt. → VLB). Der herausragende Vorteil, den das Barsortiment für den Sortimentsbuchhandel bietet, ist die Schnelligkeit der Zustellung, die durch den eigenen Lieferdienst erfolgt. Diese bieten mit ihrem → Bücherwagendienst auch die Möglichkeit, gleichzeitig Verlagssendungen (→ Büchersammelverkehr) auszuliefern. Üblicherweise sind die beim Barsortiment bestellten Titel am kommenden Tag in der Buchhandlung. In den letzten Jahren haben die Barsortimente ihr Serviceangebot für Buchhandlungen und Verlage stark erweitert (z.B. Warenwirtschaftssysteme, Warengruppenpakete, Internetportale für Buchhandlungen, Zentrallager, Direktversand, Logistikdienstleistungen u. Ä.). Sehr verbessert wurden auch die Möglichkeiten, internationale Titel (v.a. englischsprachige) und Produkte zu besorgen.

Ebenfalls erheblich erweitert wurde das Nebensortiment (z.B. PBS, Wein, Kaffee, Spielwaren).

Der Begriff Barsortiment kommt daher, dass der Großhandel schon von Anfang an (d.h. seit Mitte des 19. Jahrhunderts) den Buchhandel zu den „Barpreisen" der Verlage belieferte.

Barsortimentsrabatt

Der Barsortimentsrabatt setzt sich aus zwei Teilen zusammen, zum einen dem Originalverlagsgrundrabatt, den die Buchhandlungen für ihre Bestellungen beim Barsortiment erhalten (sie werden auf diese Weise genauso gestellt, als hätten sie ein Einzelexemplar beim Verlag bestellt). Zum anderen erhalten die Barsortimente für die Übernahme der Bündelungsfunktion (→ Barsortiment, Bündelung) eine Vergütung, den sogenannten Funktionsrabatt. Bislang ist die Höhe des Funktionsrabatts dadurch bestimmt, dass der Barsortimentsrabatt dem maximalen Sortimenterrabatt entspricht. Die Differenz zum Originalverlagsgrundrabatt ist dann der Funktionsrabatt. Über diesen Automatismus bzw. die Höhe des Funktionsrabatts wird in der Branche verschärft diskutiert. Die aufgrund der zunehmenden Konzentration im Sortiment unter Druck stehenden Verlage würden gerne die → Konditionen für die Barsortimente zurückschrauben und bringen daher alternative Ideen für die Vergütung der Leistungen des Barsortiments ins Spiel.

Bearbeitungsrechte

Durch eine Bearbeitung (z.B. eine Romanübersetzung) entsteht ein neues → Urheberrecht, unabhängig vom Urheber selbst. Zwei wesentliche Einschränkungen sind jedoch zu beachten: Die Veröffentlichung und Verwertung der Bearbeitung ist von der Zustimmung des Werkschöpfers abhängig.
Im Falle der Verfilmung eines Werkes oder bei der Ausführung von Entwürfen eines Werkes der bildenden Kunst oder beim Nachbau eines Werkes der Baukunst ist bereits die Bearbeitung einwilligungspflichtig (§ 23 UrhG).
Im Rahmen des → Normvertrags verpflichtet sich der Autor, sein Werk für weitere Auflagen zu überarbeiten, bzw. er gibt das Recht zur Überarbeitung – dieser Verpflichtung des Autors entspricht das Recht des Verlegers, im Falle weiterer Auflagen das Werk selbst zu überarbeiten oder überarbeiten zu lassen, wenn der Autor es nicht überarbeitet.

Bedingtbezug

Anstatt vom Bedingtbezug wird auch von àc (Kurzform von frz. à condition) oder vom Kommissionsbezug gesprochen. Diese Bezugsform ist im Fachbuchgeschäft und bei kleineren Verlagen, die ihre Titel sonst nicht in die Läden bekämen, gebräuchlich. Teilweise kann man den Bedingtbezug auch bei Lesungen finden. Der Buchhändler erhält die Ware in Kommission geliefert, verkauft sie also im eigenen Namen für fremde Rechnung. Das hat für ihn den Vorteil, dass er kein Lagerrisiko trägt und nicht vorfinanzieren muss. In regelmäßigen Abständen rechnet er mit dem Verlag die verkaufte Ware ab (nur diese muss er bezahlen). Die nicht verkauften Titel kann er remittieren. Wenn er glaubt, dass er die Bücher noch verkaufen wird, behält er sie als sogenannte Disponenden noch im Laden (diesen Vorgang nennt man disponieren). Vorteil des Bedingtbezugs für den Verlag ist, dass so mehr von seiner Ware im Verbreitenden Buchhandel präsentiert wird, als wenn er → Festbezug verlangen würde.

Beilagen
Materialien, die Büchern oder Zeitungen und Zeitschriften beigelegt oder beigeheftet werden. Beilagen zu Büchern können sein: Karten (bei Reiseführern), Lösungshefte (bei Schulbüchern), Audio-CD (bei Liederbüchern), CD-ROM (bei Lexika). Sie werden in der bibliografischen Beschreibung in der Umfangsangabe aufgeführt. Beilagen von Zeitschriften sind meist lose eingelegte Prospekte oder aber besondere Bestandteile mit eigener Seitenzählung.

Beischlüsse
Die beim → Barsortiment bestellten Bücher werden vom → Bücherwagendienst zu den Buchhandlungen transportiert. Um die Kapazität auszulasten, werden im Rahmen des → Büchersammelverkehrs auch Pakete von → Verlagen bzw. → Verlagsauslieferungen gegen Gebühr mitbefördert: die Verlagsbeischlüsse, die der Buchhandlung auf einem → Avis (Begleitschein) mit Paketanzahl und Gewicht aufgelistet werden und somit der Barsortimentslieferung beiliegen. Auch Rücktransporte von → Remissionen gehören dazu. Kleinbeischlüsse sind in der Regel Pakete bis zu einem Gewicht von maximal 5 Kilo.

B

Belletristik
[französisch: belles lettres = schöne Literatur oder spaßhaft: belle et triste = schön und traurig]
Im Allgemeinen wird damit die fiktionale von der nichtfiktionalen Literatur abgegrenzt. Im Buchhandel bezeichnet die Belletristik vorwiegend eine → Warengruppe, die im Hinblick auf Produktion und Absatz mit einem geschätzten Gesamtvolumen von fast 10 Milliarden Euro jährlich den ersten Rang einnimmt. In keiner anderen Warengruppe ist der Anteil an Novitäten so groß (15 Prozent), die Zahl der → Neuauflagen so hoch (ca. die Hälfte der Anzahl der → Erstauflagen) und die zeitgleiche Vermarktung desselben Titels in verschiedenen → Ausgaben so ausgeprägt. Das zeigt sich auch im Anteil am Gesamtumsatz: Circa 16 Prozent im Bereich → Hardcover und sogar 65 Prozent im → Taschenbuch entfallen auf die Belletristik. Zu ihr gehören neben Romanen auch Krimis, Science Fiction, Fantasy, Märchen und Sagen, Fabeln und Legenden, Essays, Lyrik und Drama, Briefe und Tagebücher, Biografien, Humor und Satire, Cartoons und Geschenkbuch sowie fremdsprachige Literatur.

Benchmarking
Es handelt sich um eine Managementtechnik, bei der man sich am im jewei-

ligen (Teil-)Bereich leistungsstärksten Mitbewerber bzw. an führenden Unternehmen aus anderen Branchen mit ähnlich gelagerten Anforderungen an Produkte bzw. Dienstleistungen orientiert. Das dort erreichte Niveau wird als Zielmarke (= benchmark), die es mindestens zu erreichen gilt, genommen.

Beschlagnahmung
Eine Beschlagnahmung von Gegenständen des Buchhandels kann aufgrund richterlicher Anordnung oder im Rahmen polizeirechtlicher Maßnahmen erfolgen. Die → Verkehrsordnung sieht für den Fall der Beschlagnahmung vor, dass der dabei entstehende Schaden (Nettopreis und Versandkosten) durch den Verlag zu tragen ist (§ 20 Abs. 1 VeO).

Besorgungsgeschäft
Bestellt die Buchhandlung im Auftrag ihrer Kunden Waren, die man selbst nicht auf Lager hat, spricht man vom Besorgungsgeschäft (auch Durchlaufgeschäft). Hierbei ist das unternehmerische Risiko in der Regel gering, da durch die Bestellung des Kunden ein Kaufvertrag zustande gekommen ist und der Kunde somit zur Abnahme verpflichtet ist. Deswegen werden diese Umsätze bei der Berechnung der bereinigten → Lagerumschlagsgeschwindigkeit herausgenommen.

Bestellanstalt
Die Bestellanstalt ist ein Dienstleistungsangebot des → Informationsverbunds Buchhandel (IBU) und einiger → Barsortimente. Über eine Softwareschnittstelle mit dem → Warenwirtschaftssystem bzw. der Bibliographiesoftware der Buchhandlung können die Bestellungen des Tages an die Bestellanstalt abgesetzt werden. Dort findet das Bestellclearing statt und die Bestellungen werden an das Barsortiment und die betroffenen Verlage übermittelt. Teilweise bieten die Bestellanstalten auch eine → optimierte Weiterleitung.

Bestellwege und Bestelltechniken
Bestellwege sind die Kommunikationswege bei der Aufgabe der Bestellung. Möglich sind Verlagsbestellungen direkt an den Verlag bzw. seine Auslieferung durch Briefpost, Fax, Telefon, E-Mail oder Bestellung über die Bestellanstalten (KNV, Libri, IBU). Barsortimentsbestellungen erfolgen in der Regel über DFÜ (Datenfernübertragung) in Form strukturierter Daten, die vom Barsortiment bei den Buchhändlern abgerufen werden, nur ein sehr geringer Teil der Barsortimentsbestellungen erfolgt noch über Telefon. Aus Rationalisierungsgründen sollten sowohl Barsortiments- als auch Verlagsbestellungen in elektronischer Form erfolgen, weil dann die Bestelldaten nicht extra noch erfasst werden müssen. Angestrebt wird dabei, dass auch die Verlagsbestellungen in der Form des EANCOM-Standards per EDI (= Electronic Data Interchange) übermittelt werden. Der früher übliche BWA-Satz ist damit hinfällig.

Bestenliste
Die Bestenliste richtet sich im Gegensatz zur → Bestsellerliste nicht nach Verkaufszahlen, sondern nach Qualitätskriterien. Sie werden durch Umfragen unter Fachleuten (Kritikern) nach einem bestimmten Punkteschema ermittelt. U. a. werden Bestenlisten veröffentlicht vom Südwestrundfunk (Belletristik, Biografien u. Ä.), „Süddeutsche Zeitung" (Sachbuch), Hessischer Rundfunk (Hörbuch), ARTE (Kriminalliteratur).

Bestsellerlisten
Bestsellerlisten werden in der Regel von Marktforschungsunternehmen für die jeweiligen Auftraggeber in bestimmten Zeiträumen durch Umfrage ermittelt. Bestsellerlisten werden in Zeitungen und → Zeitschriften veröffentlicht, z.B. in „Der Spiegel" (Belletristik und Sachbuch), „Focus" (Literatur, Sachbuch, Kinder- und Jugendbuch, Hörbuch), „GONG" (Taschenbuch"), „Eltern" (Bilderbuch), „manager-magazin" (Sachbücher Wirtschaft), „Brigitte".
Das Fachmagazin „buchreport" ermittelt z.B. die „Spiegel"- und „Eltern"-Bestsellerlisten durch direkte, wöchentliche Abfrage über die Warenwirtschaftssysteme von rund 350 repräsentativen Buchhandlungen in Deutschland. Die Bestsellerlisten sind eine beliebte Verkaufshilfe für das Sortiment, weil sich viele Kunden am Mainstream orientieren. Viele Buchhandlungen führen die Titel der Listen im Schaufenster oder an exponierter Stelle im Verkaufsraum.

Betriebsauswertung
Anstelle des Begriffs Betriebsauswertung wird auch teilweise die Abkürzung BWA (betriebswirtschaftliche Auswertung) gebraucht. Steuerberater bieten den von Ihnen betreuten Kunden solche Auswertungen an. Man kann sich auch selbst auf der Basis der Zahlen des betrieblichen Rechnungswesens eine Betriebsauswertung anfertigen. Stark vereinfachend formuliert werden dort nur die für die jeweilige Branche relevanten Kennziffern, die wichtigsten Werte zu Liquidität und Rentabilität sowie die gängigen Bilanzkennzahlen und die Entwicklung der wichtigsten Bilanzgrößen im Verlauf dargestellt.

Betriebsformen im Buchhandel

Stationärer Buchhandel = mit Ladenlokal

Allgemeines Sortiment: umfasst ein breites Spektrum von der kleinen Stadtteilbuchhandlung mit Nahversorgungsanspruch und weder besonders breitem noch tiefen Sortiment bis hin zu den Großflächen in zentraler Innenstadtlage mit breitem und streckenweise tiefem Sortiment. Gemeinsam ist diesen Betrieben, dass keine explizite Spezialisierung auf einzelne → Warengruppen oder Themen stattfindet, sondern grundsätzlich ein großes Spektrum der Buchproduktion – im Zweifelsfalle über das Besorgungsgeschäft – abgedeckt werden soll.

Fachbuchhandlung: spezialisiert auf Fachliteratur für Beruf oder Wissenschaft, schmales aber tiefes Sortiment, z.B. Fachbuchhandlung für Recht und Wirtschaft

Spezialbuchhandlung: konzentriert sich auf Bücher und Non-Books rund um ein Thema, wendet sich an Kunden, die sich intensiver mit diesem Thema auseinandersetzen wollen, z.B. Kochbuchhandlung, Krimibuchhandlung, Esoterikbuchhandlung

Buchverkaufsstellen in Nebenmärkten: Bücher sind hier nur ergänzendes Angebot, das häufig auch nur ein schmales Spektrum mit engem thematischem Bezug zum Hauptsortiment abdeckt

Warenhausbuchhandel: In den klassischen Warenhäusern gehört eine Buchhandelsabteilung, häufig in enger Verzahnung mit der PBS-Abteilung (→ PBS) zum Standardsortiment. Das Angebot ist stark auf niedrigpreisige Bücher fokussiert, daneben spielen die aktuellen Bestseller eine große Rolle. Besorgungsgeschäft findet teilweise statt, wird aber nicht besonders gefördert.

Universitätsbuchhandlung: ein besonderer Typus von Buchhandlung, der diesen Titel nur führen darf, wenn er von einer Hochschule zugebilligt wird. Im Vordergrund steht das Angebot an Fach- und Studienliteratur für die Fachbereiche der Hochschule, daneben ist aber auch ein kleiner Bereich mit allgemeinem Sortiment üblich, da auch Studenten und Dozenten über das Fachliche hinaus Lektüre benötigen.

Ambulanter Buchhandel = ohne Ladenlokal

Reisebuchhandel: Mitarbeiter besuchen die potenziellen Kunden in der Wohnung oder an ihrem Arbeitsplatz. Das Konzept wird beim Vertrieb von hochpreisigen → Nachschlagewerken ebenso praktiziert wie beim Verkauf von Fachliteratur für einzelne Berufsgruppen.

Versandbuchhandel: Hier wird nach dem Mail-Order-Prinzip gearbeitet. Der Kunde bestellt aufgrund eines Katalogs über Telefon, Fax, Brief/Karte oder E-Mail und erhält die Ware an die gewünschte Lieferadresse zugestellt.

Internetbuchhandel: spezielle Variante des Versandbuchhandels, bei der der Katalog eine Online-Datenbank ist und der Kunde die Bestellung direkt in der Datenbank absetzt. → Internetbuchhandel

Betriebsvergleich

In der Buchbranche sind die Auswertungen des Kölner Betriebsvergleichs ein wichtiges Instrument für das → Controlling. Grundprinzip eines jeden Betriebsvergleichs ist es, auf der Grundlage einer → Betriebsauswertung vergleichbarer (Größe, Struktur) Betriebe dem einzelnen Unternehmen Rückmeldung zu geben, wo es im Vergleich zu Wettbewerbern steht. Beim Kölner Betriebsvergleich ist die Teilnahme dank Sponsoring durch den → Börsenverein für die Buchhandlungen kostenlos. Die Durchführung liegt beim Institut für Handelsforschung der Universität Köln, das auch für andere Einzelhandelsbranchen Betriebsvergleiche durchführt. Die teilnehmenden Buchhandlungen erhalten zum Lohn für ihre Mühe detailliertere und zeitnahe Auswertungen. Die Veröffentlichung der Durchschnittswerte des Kölner Betriebsvergleichs erfolgt in knappen Auszügen im → Börsenblatt, in größerem Umfang kann man sich mithilfe der Broschüre „Buch und Buchhandel in Zahlen“ informieren. Allerdings sind die dort veröffentlichten Zahlen nie ganz aktuell.

Bezugsbedingungen

Vereinfachend betrachtet ein Synonym für → Konditionen. Allerdings wird in der Verkehrsordnung der Begriff so gebraucht, dass der → Ladenpreis, auf den sich die Rabattierung bezieht, auch Teil der Bezugsbedingungen ist. In dieser Sichtweise gehören auch Kündigungsbedingungen, Erscheinungsrhythmus etc. bei Zeitschriftenabonnements zu den Bezugsbedingungen. Der Verlag darf nicht ohne Weiteres zu veränderten Bezugsbedingungen liefern (§ 4 VO).

Bezugsformen

Man kann folgende im Buchhandel vorkommende Bezugsformen unterscheiden:

1. **Fest:** Die Buchhandlung schließt einen Kaufvertrag mit dem Lieferanten und muss die bestellte Ware abnehmen und zum vereinbarten Zeitpunkt bezahlen
2. **Fest mit Remissionsrecht (RR):** Wie bei 1.), jedoch kann die Buchhandlung die Ware innerhalb eines vereinbarten Zeitraums zurücksenden. Bereits bezahlte Titel werden wieder gutgeschrieben. Diese Bezugsform wird in der Regel bei Ansichtsbestellungen für Kunden oder bei Aktionen (z.B. → Lesungen) gewählt.
3. **Fest mit Umtauschrecht (UR):** Wie bei 2.), aber anstatt sich die zurückgesandten Titel gutschreiben zu lassen, tauscht die Buchhandlung gegen andere Bücher des Verlages um.
4. **Bedingt-Bezug (àc-Bezug):** Die bestellten Titel werden in Kommission genommen, d.h. sie bleiben Eigentum des Lieferanten und werden nur bezahlt, wenn ein Verkauf erfolgt ist. Hier hat die Buchhandlung faktisch kein Lagerrisiko. Die Abrechnung erfolgt am Ende eines vereinbarten Zeitraums. Eine Bezugsform, die hauptsächlich bei → Fachbüchern vorkommt. Da diese Art der Abrechnung nicht sehr häufig ist, wurde sie nicht in die Regelungen der → Verkehrsordnung aufgenommen.
5. **Standing Order:** Bei Standing Order handelt es sich um eine Abnahmeform, die eigentlich der Bezugsform „Fest mit RR“ (s. 2.) entspricht. Allerdings wird die Buchhandlung vom Verlag automatisch mit Büchern

beliefert. Sie bekommt bestimmte Reihen oder entsprechende Programmfelder des Verlags zugesandt, ohne dass diese individuell geordert werden müssen. Bei → Taschenbüchern spricht man meistens nicht von Standing Order, sondern verwendet den Begriff → „Fortsetzung“ oder „zur Fortsetzung“.

Bezugskosten
Das BGB sieht als Erfüllungsort einer Leistung (Lieferung eines Buches) den Geschäftssitz des Schuldners (Verlag) vor. Für den Buchhandel folgt daraus in der Praxis, dass der Besteller die Bezugskosten tragen muss, weil er auch den Bezugsweg vorgibt. Da diese gerade bei kleinen Bestellmengen überproportional hoch sind, sollte das Sortiment darauf achten, sein Bestellverhalten zu optimieren (Bestellung über → Barsortiment oder → Parkmodelle). → Büchersammelverkehr

Bezugswege
Bezugswege sind die Zustellung der bestellten Ware per Post (→ Büchersendung, → Postversandarten), andere private Postdienstleistungsunternehmen oder durch die Lieferdienste des Zwischenbuchhandels bzw. der Verlage (→ Büchersammelverkehr, → Bücherwagendienst).

Bibliografie
[griech: biblion = Buch; gráphein = schreiben] In der Gegenwart hat dieses Wort mehrere Bedeutungen:

a) die Theorie der Literaturverzeichnung (die Lehre vom Aufbau, der Entwicklung und Bedeutung der Literaturverzeichnisse),
b) die Praxis der Literaturverzeichnung (die Herstellung von Literaturverzeichnissen, Katalogisierung, → Titelaufnahme),
c) die Literaturverzeichnisse selbst.

Diese lassen sich unter folgenden Gesichtspunkten unterscheiden:
(1) nach der Erscheinungsform in unselbstständig erscheinende, d.h. sie sind Bestandteil eines Werkes (→ Kryptobibliografien), und selbstständig erscheinende Bibliografien in Form von Büchern, Heften, Karteikarten, Loseblattausgaben, in Microform (Microfiche oder Microfilm), auf CD-ROM oder als Datenbank im Internet,
(2) nach der Herkunft der erfassten → Werke in internationale, nationale (z.B. die → Deutsche Nationalbibliografie) oder auch regionale Bibliografien,
(3) nach dem Inhalt der verzeichneten Werke in Allgemein- oder Fachbibliografien: Allgemeinbibliografien verzeichnen Literatur ohne jegliche thematische Einschränkung. Bekannte Beispiele hierfür sind der OPAC (Bibliothekskatalog) oder das → VLB (Verzeichnis lieferbarer Bücher). Fachbibliografien oder auch thematische Bibliografien verzeichnen Medien zu einem bestimmten Fachgebiet. Beispiele

sind das Schweitzer Vademecum (Literatur zu den Themen Recht-Wirtschaft-Steuern), der → GEO-Katalog oder auch die Verzeichnisse der Schulbuchverlage.

(4) nach der Art der Erfassung in Primär- und Sekundärbibliografien: Eine Primärbibliografie entsteht durch → Autopsie, d.h. die bibliografischen Angaben stammen direkt vom Haupttitelblatt des Werkes oder vom Cover der CD, DVD oder anderer Medien. Die → Deutsche Nationalbibliothek beispielsweise erstellt so die → Deutsche Nationalbibliografie (DNB). Bei der Sekundärbibliografie werden die Daten für die bibliografische Beschreibung übernommen, entweder aus den Meldungen der Verlage oder aus anderen Literaturverzeichnissen – Beispiel: VLB.

(5) nach dem Beschreibungsgrad in reine Titelbibliografien und annotierte Bibliografien: Erstere enthalten meist vollständige Angaben zum Titel, wie → Verfasser, Sachtitel, Zusatz zum Sachtitel, Ausgabe, → Impressum, Reihe (Gesamttitel), → ISBN, → Einband und Preis. Annotierte Bibliografien enthalten zusätzlich Texte (Annotation = Vermerk). Diese können den Inhalt beschreiben, dann handelt es sich um eine referierende oder analytische Bibliografie. Sind die Annotationen hingegen wertend, spricht man von einer räsonierenden oder kritischen Bibliografie.

Gedruckte Bibliografien können alphabetisch geordnet sein, systematisch (nach Sachgruppen), eine Anordnung nach → Schlagwort oder aber ein → Kreuzregister haben. Eine chronologische Ordnung der Titel ist heute selten, eine topografische findet man im GEO-Katalog. Elektronische Bibliografien bieten häufig über erweiterte Suchfunktionen die Möglichkeit, verschiedene Suchkriterien (Autor, → Stichwort, Schlagwort oder Verlag) miteinander zu verknüpfen.

Es gibt sowohl abgeschlossene bzw. retrospektive Bibliografien als auch laufende bzw. periodische Verzeichnisse mit Kumulationen. Manche Bibliografien streben Vollständigkeit an, andere bieten nur eine Auswahl von Titeln.

Um Sonderformen handelt es sich bei Biobibliografien: Hier findet man die Literatur, die über eine bestimmte Person erschienen ist. Eine Personalbibliografie verzeichnet darüber hinaus auch alle Werke dieser Person.

Schließlich lässt sich die große Vielfalt daran erkennen, dass es Bibliografien der Bibliografien gibt – ja sogar Bibliografien der Bibliografien der Bibliografien.

Bibliografieren nennt man das Erstellen von Bibliografien (aktives Bibliografieren) und auch das Nutzen der Literaturverzeichnisse (passives Bibliografieren).

Bibliotheken
Sammeln, Erschließen, Bereitstellung zur Nutzung und teilweise auch Archivieren von Medien sind die Kernleistungen von Bibliotheken. Kommerzielle Büchereien gibt es mittlerweile so gut wie nicht mehr. Die Benutzer können in einer Bibliothek die Medien vor Ort nutzen und teilweise auch nach Hause ausleihen. Für den Buchhandel ist von besonderer Bedeutung, welche Bibliotheken nach dem Preisbindungsgesetz Anspruch auf Bibliotheksrabatt haben und in welcher Höhe. Dabei wird differenziert zwischen den sogenannten Volksbüchereien, die jedermann offen stehen, also Stadt- bzw. Gemeindebibliotheken, Landesbibliotheken, Kreisbibliotheken, konfessionelle Büchereien, des Weiteren Schülerbüchereien sowie Truppenbüchereien von Bundespolizei und Bundeswehr. Diese Bibliotheken haben Anspruch auf 10 Prozent Bibliotheksrabatt auf preisgebundene Ware. Im Bibliothekswesen bezeichnet man solche Bibliotheken auch als Öffentliche Bibliotheken, deren Auftrag neben Information auch Unterhaltung einbezieht, weswegen sich in den Bibliotheken alle möglichen Medien einschließlich Unterhaltungssoftware finden. Wissenschaftliche Bibliotheken dienen hingegen Studium und Forschung. Anspruch auf Bibliotheksrabatt haben diese Bibliotheken nur, wenn sie allen auf dem betreffenden Gebiet wissenschaftlich tätigen Personen offen stehen. Für Wissenschaftliche Bibliotheken beträgt der Bibliotheksrabatt auf die preisgebundene Ware nur 5 Prozent. In Zweifelsfällen sollte der Buchhändler von der Bibliothek die Benutzungsordnung erbitten. Dort kann man entnehmen, wie der Zugang zur Nutzung geregelt ist. Außerdem stellt eine Benutzungsordnung in Verbindung mit geregelten Öffnungszeiten die Minimalanforderungen an eine Bibliothek dar, die abgesehen von der Frage des Zugangs erfüllt sein müssen, damit Bibliotheksrabatt gewährt werden kann.

Bilanzkennzahlen
Man unterscheidet zwischen einseitigen bzw. vertikalen Bilanzkennzahlen, die sich jeweils auf die Struktur einer der beiden Bilanzseiten beziehen, und den zweiseitigen bzw. horizontalen Bilanzkennzahlen, bei denen Werte von beiden Seiten zueinander ins Verhältnis gesetzt werden.

Zur Aktivseite der Bilanz lassen sich die Kennzahlen zur Vermögensstruktur ermitteln:

Anlagevermögensanteil
(Anlageintensität) =

$$\frac{\text{Anlagevermögen} \times 100}{\text{Gesamtvermögen}}$$

Umlaufvermögensanteil
(Umlaufintensität) =

$$\frac{\text{Umlaufvermögen} \times 100}{\text{Gesamtvermögen}}$$

Vermögensaufbau =

$$\frac{\text{Anlagevermögen}}{\text{Umlaufvermögen}}$$

Bei Buchhandlungen steht in der Regel das Umlaufvermögen (Warenlager!) im Vordergrund, es sei denn, es handelt sich um Eigentümer eines Ladenlokals in bester Lage. Verlage mit eigener Druckerei haben hingegen eine große Anlageintensität.

Zur Passivseite der Bilanz werden Kennzahlen zur Kapitalstruktur berechnet:

Eigenkapitalanteil
(Eigenkapitalquote) =

$$\frac{\text{Eigenkapital} \times 100}{\text{Gesamtkapital}}$$

Fremdkapitalanteil
(Anpassungsgrad) =

$$\frac{\text{Fremdkapital} \times 100}{\text{Gesamtkapital}}$$

Verschuldungsgrad =

$$\frac{\text{Fremdkapital}}{\text{Eigenkapital}}$$

In der Buchbranche ist der Verschuldungsgrad in aller Regel hoch. Durch die verschärften Eigenkapitalanforderungen im Zusammenhang mit der Kreditvergabe (Basel II) hat sich jedoch in den letzten Jahren der Eigenkapitalanteil etwas gebessert.

Neben der → Liquidität bilden die Finanzierungsverhältnisse (= Investierung) zweiseitige bzw. horizontale Bilanzkennziffern:

Anlagendeckungsgrad A =

$$\frac{\text{Eigenkapital} \times 100}{\text{Anlagevermögen}}$$

Anlagendeckungsgrad B =

$$\frac{(\text{Eigenkapital + langfristiges Fremdkapital}) \times 100}{\text{Anlagevermögen}}$$

Grundsätzlich sollte das Anlagevermögen, wenn es zumindest teilweise fremdfinanziert werden muss, nur mit langfristigen Krediten unterlegt sein. Ein Wert von unter 100 Prozent beim Anlagendeckungsgrad B ist daher bedenklich. Zudem sind (abgesehen von der glücklicherweise seltenen Situation einer inversen Zinsstruktur) kurzfristige Kredite teurer als langfristige, so dass eine teilweise Finanzierung des Anlagevermögens über kurzfristiges Fremdkapital sich stark negativ auf die Rentabilität auswirkt.

Bindearten

Buchbindereien verfügen heute über einen kompletten Maschinenpark, der das → Falzen, Zusammentragen, Kollationieren, Heften, Binden oder das Kleben und zuletzt das Schneiden übernimmt - vierseitig beim Taschenbuch (auch Paperback genannt) und der → Broschur, dreiseitig beim sogenannten gebundenen Buch. Zuerst wird der Buchbinderbogen symmetrisch gefalzt (symmetrisch nennt man das Knicken der Bogen im rechten Winkel zu einer Bogenseite - jetzt spricht man vom Falzbogen). Bei gebundenen Büchern wird nach dem Falzen an den Titel- und Endbogen das Vorsatzpapier angeklebt. (→ Papierarten) Anschließend wird aus den verschiedenen Stapeln der Falzbögen einer auf den anderen gelegt, so dass bei 10 sechzehnseitigen Buchbinderbögen das 160-seitige Buch resultiert. Diesen Vorgang nennt man „Zusammentragen“. Vor dem eigentlichen Bindevorgang werden die Bögen anhand der → Flattermarken kollationiert, das heißt, die Reihenfolge der Bögen wird überprüft. Die billigste Bindeart ist das Verbinden der Bögen durch Drahtheftung (bei Illustrierten oder bei Kulturzeitschriften wie der „Lettre“). Die Seitenobergrenze ist allerdings bei etwa 368 Seiten erreicht (23 Bögen à 16 Seiten, gelegentlich bei der Illustrierten „Stern“ zu beobachten). Anspruchsvollere Bindearten sind die Klebebindung und die Fadenheftung. Bei der Klebebindung werden die Blattkanten am Rücken gestanzt. Anschließend schwenkt der Buchblock über eine rotierende Leimwalze. Die Blätter erhalten eine Leimschicht, bei der sich die gestanzten Kerben mit Leim füllen. Eine andere Möglichkeit besteht darin, dass der Buchblock am Rücken maschinell aufgefächert wird und gleichzeitig aus feinen Düsen Leim eingespritzt wird. (Lumbeck- oder Fächermethode). Besteht das Buch hingegen aus einzelnen Bögen, werden diese durch Fadenheftung miteinander verbunden. Dadurch erreicht man einen optimalen Zusammenhalt der Bögen, was nunmehr auch das kräftige Aufschlagen des Werkes erlaubt. Etwas preiswerter als die Fadenheftung ist die sogenannte Fadensiegelung. Hubert Blana beschreibt in seinem Werk „Die Herstellung“, München 1998, den Vorgang wie folgt: „Durch die Bogenmitte werden beim Falzvorgang von innen nach außen in mehreren Stichen Klammern aus plastikummantelten Fäden gezogen. Anschließend werden die heraushängenden Fäden mit Wärme unter Druck versiegelt. Die gehefteten und versiegelten Bögen werden zu Buchblocks zusammengetragen, am Rücken zusammengeleimt und mit Gaze hinterklebt.“ (S. 347) Gaze ist ein feinmaschiges Gewebe, das dem gebundenen Buch Stabilität verleiht. Um zu vermeiden, dass der Blick des Lesers auf die Buchbindertechnik im Rücken des Buches fällt, schmückt man den Buchrücken am Ober- und Unterschnitt mit sogenannten Kaptal- oder auch Kapitalbändern.

Bindequote

Eine der schwierigsten und risikoreichsten Marketingentscheidungen bei der Herausgabe eines neuen Werkes ist die Bestimmung der → Auflage. Auch wenn die Zielgruppe relativ präzise einzugrenzen ist (was bei Publikumsverlagen nicht die Regel ist), fällt die Auflagenbestimmung schwer. Da die Druckkosten für höhere Auflagen oft nicht viel teuerer sind als die für eine niedrigere Auflage, sind die Verlage geneigt, eine zu hohe Auflage drucken zu lassen. Entscheidet sich der Verlag für eine Druckauflage in Höhe von 12.000 Exemplaren, ist er doch gut beraten, bei dem Bindeauftrag Quoten festzulegen. Teilt man 12.000 Exemplare in drei gleich große Quoten ein, wird mit der Buchbinderei zuerst verabredet, 4.000 Exemplare zu binden. Der Verlag wird dann in einer vereinbarten Frist von der Buchbinderei an die verbliebenen Bindequoten erinnert und von da an sind auch die anteiligen Lagerkosten an die Buchbinderei zu bezahlen. Normalerweise sind die Lagerkosten billiger als das Makulieren der fertig gebundenen Exemplare.

Biobibliografie → Bibliografie

BKG Buchhändlerische Kredit-Garantiegemeinschaft

Die BKG sorgt dafür, dass die ihr angeschlossenen Unternehmen nicht durch die Teilnahme am → BAG-Abrechnungsverfahren in Liquiditätsengpässe geraten. Dafür vermittelt sie ihren Mitgliedern kurzfristige Darlehen, die einzig diesem Zweck dienen. Es handelt sich also nicht um Geschäftsmittelkredite. Aufgrund der Bürgschaft der BKG haben diese Darlehen sehr vorteilhafte Konditionen. Wer in den Genuss dieses Vorzugs kommen möchte, muss für die Erlangung der Mitgliedschaft eine Einlage leisten, bereits länger am BAG-Abrechnungsverfahren teilnehmen und eine allgemein gute Bonität vorweisen können.

Blattschnitt

Ein Begriff aus der Kartografie, der auch als Kartenschnitt bezeichnet wird. Der Blattschnitt teilt entweder ein Kartenwerk systematisch auf und zeigt die Lage einzelner Karten innerhalb des gesamten Bereichs oder er bezeichnet den Ausschnitt des Raumes, den die Karte abbildet.

Bleisatz

Es handelt sich um einen für den → Hochdruck eingesetzten Satz mit beweglichen Lettern, die aus einer Bleiverbindung gegossen wurden. Im Handsatz wurde mithilfe von Setzkästen ein Druckstock zusammengestellt, der nach Gebrauch in seine Einzelteile zerlegt werden konnte. Beim Maschinensatzverfahren mit Linotypemaschinen werden ganze Zeilen gegossen und nach dem Druck wieder eingeschmolzen. Monotypemaschinen liefern Einzelletтern, die in einem separaten Vorgang mit anderen Maschinen gesetzt werden müssen, wobei diese fertige Zeilen hervorbringen, die aber nicht aus einem Guss sind. In den letzten Jahrzehnten des 20. Jahrhunderts konnte durch die Erfindung des → Fotosatzes die Bleisatztechnik eingestellt werden.

BoD → Book on Demand

Börsenblatt
Das Börsenblatt für den Deutschen Buchhandel erhielt seinen Namen von der 1792 in Leipzig gegründeten Buchhändlerbörse. Es erschien erstmals 1834 und informierte schon damals über wichtige Neuigkeiten der Buchwelt. Heute ist es eine Zeitschrift, die einmal wöchentlich im Verlag der → MVB erscheint und vom → Börsenverein des Deutschen Buchhandels herausgegeben wird. Das Börsenblatt ist das offizielle Verbandsorgan und Pflichtlektüre der Buchbranche. Alles, was in ihm veröffentlicht wird, gilt dem Gesamtbuchhandel als mitgeteilt.
Im redaktionellen Teil finden sich Fachaufsätze, Berichte und Mitteilungen, z.B. unter den Rubriken: Wochenschau, Markt, Menschen, Management, Thema der Woche, Service oder Cartoon.
Im Anzeigenteil sieht man Ankündigungen, Inserate der Verlage und Buchhandlungen sowie der Schulen des Deutschen Buchhandels und des Börsenvereins, wie z.B. die wichtige Gelbe Beilage mit den Ladenpreisaufhebungen und Preisänderungen, Rückrufen, Titelschutzmeldungen, Seminarangeboten, Stellenanzeigen, Auslieferungswechsel, Vertreterwechsel. Im regelmäßig erscheinenden „Börsenblatt Extra“ werden Fakten, Trends und Hintergrundberichte zu verschiedenen Themen oder Warengruppen besonders aufbereitet, z.B. „Ratgeber“, „Krimi“ oder „Essen und Trinken“.
Außer der Reihe erscheinen (jeweils mit eigener → ISSN und eigener Zählung) die Hefte „Aus dem Antiquariat“ und „Buchhandelsgeschichte“. Zusätzlich werden Sondernummern zu wiederkehrenden Themen herausgegeben. Sie heißen „Börsenblatt spezial“; es gibt sie z.B. zu den Themen: Kalender, Buchmesse, Kinder- und Jugendbuch, Fachbuch, Zeitschriften, Hörbuch, Theologie usw. Auch sie haben eine eigene ISSN.
Unter der Adresse www.boersenblatt.net steht das Börsenblatt mit aktuellsten Meldungen im Internet und bietet zudem die Möglichkeit, einen fast täglichen Newsletter kostenlos zu beziehen.

Börsenverein
Der Börsenverein des Deutschen Buchhandels e. V. ist die Organisation, die die Interessen der Buchhändlerischen Unternehmen aus den Sparten Herstellender Buchhandel, Verbreitender Buchhandel und Zwischenbuchhandel vertritt. Dabei ist die Lobbyarbeit im politischen Raum mit einem starken Schwergewicht auf der Sicherung der → Preisbindung nur eine seiner Aufgaben, mindestens genauso wichtig sind die Aktivitäten, die nach innen wirken. So hat der Börsenverein für die Erleichterung des Geschäftsverkehrs, die Pflege der Verkehrssitten, die Einhaltung der Wettbewerbsregeln, die Förderung der Aus- und Fortbildung sowie der sozialen Einrichtungen für Branchenangehörige zu sorgen. Die Mitglieder

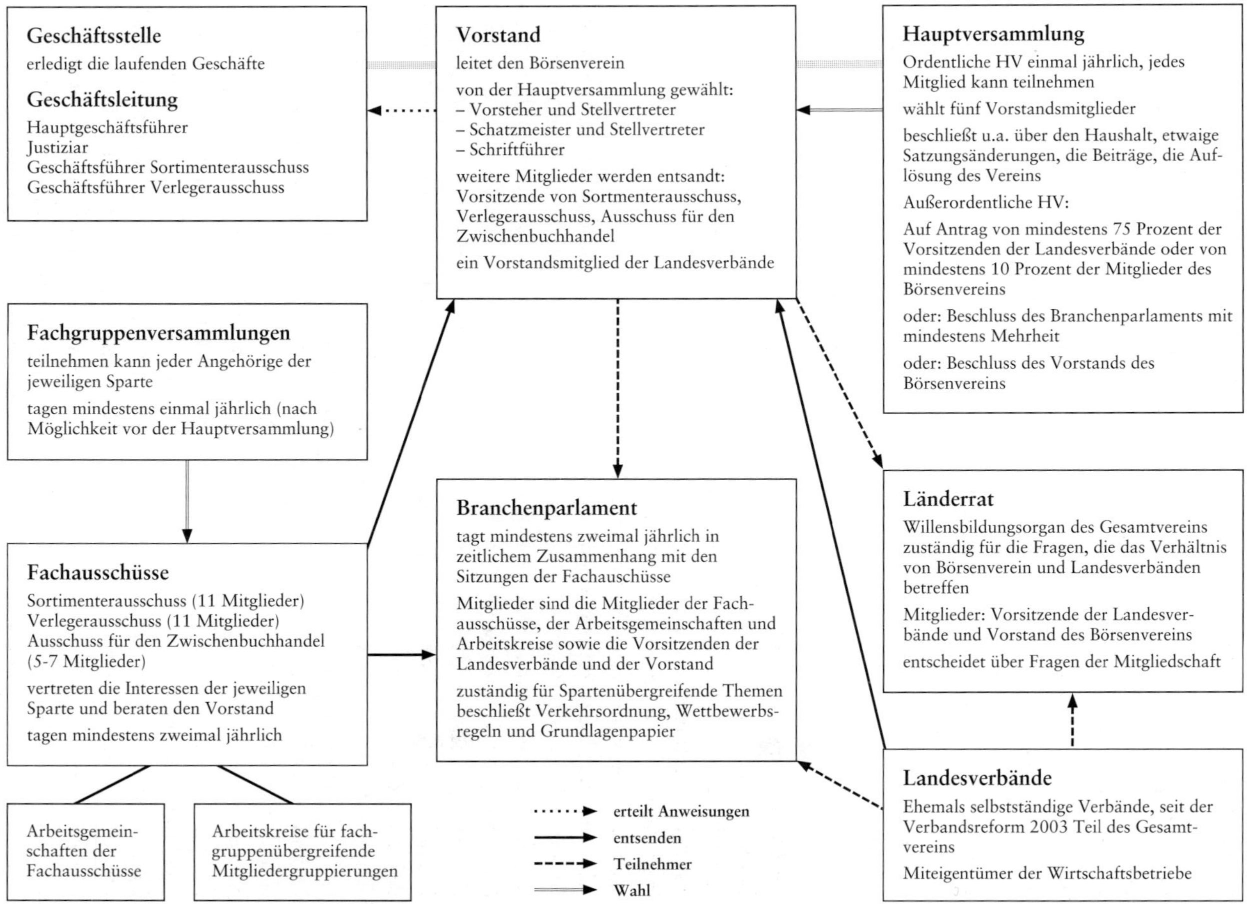
Geschäftsstelle
erledigt die laufenden Geschäfte
Geschäftsleitung
Hauptgeschäftsführer
Justiziar
Geschäftsführer Sortimenterausschuss
Geschäftsführer Verlegerausschuss
Vorstand
leitet den Börsenverein
von der Hauptversammlung gewählt:
– Vorsteher und Stellvertreter
– Schatzmeister und Stellvertreter
– Schriftführer
weitere Mitglieder werden entsandt: Vorsitzende von Sortmenterausschuss, Verlegerausschuss, Ausschuss für den Zwischenbuchhandel
ein Vorstandsmitglied der Landesverbände
Hauptversammlung
Ordentliche HV einmal jährlich, jedes Mitglied kann teilnehmen
wählt fünf Vorstandsmitglieder
beschließt u.a. über den Haushalt, etwaige Satzungsänderungen, die Beiträge, die Auflösung des Vereins
Außerordentliche HV:
Auf Antrag von mindestens 75 Prozent der Vorsitzenden der Landesverbände oder von mindestens 10 Prozent der Mitglieder des Börsenvereins
oder: Beschluss des Branchenparlaments mit mindestens Mehrheit
oder: Beschluss des Vorstands des Börsenvereins
Fachgruppenversammlungen
teilnehmen kann jeder Angehörige der jeweiligen Sparte
tagen mindestens einmal jährlich (nach Möglichkeit vor der Hauptversammlung)
Fachausschüsse
Sortimenterausschuss (11 Mitglieder)
Verlegerausschuss (11 Mitglieder)
Ausschuss für den Zwischenbuchhandel (5-7 Mitglieder)
vertreten die Interessen der jeweiligen Sparte und beraten den Vorstand
tagen mindestens zweimal jährlich
Branchenparlament
tagt mindestens zweimal jährlich in zeitlichem Zusammenhang mit den Sitzungen der Fachauschüsse
Mitglieder sind die Mitglieder der Fachausschüsse, der Arbeitsgemeinschaften und Arbeitskreise sowie die Vorsitzenden der Landesverbände und der Vorstand
zuständig für Spartenübergreifende Themen beschließt Verkehrsordnung, Wettbewerbsregeln und Grundlagenpapier
Länderrat
Willensbildungsorgan des Gesamtvereins zuständig für die Fragen, die das Verhältnis von Börsenverein und Landesverbänden betreffen
Mitglieder: Vorsitzende der Landesverbände und Vorstand des Börsenvereins
entscheidet über Fragen der Mitgliedschaft
Landesverbände
Ehemals selbstständige Verbände, seit der Verbandsreform 2003 Teil des Gesamtvereins
Miteigentümer der Wirtschaftsbetriebe
Arbeitsgemeinschaften der Fachausschüsse
Arbeitskreise für fachgruppenübergreifende Mitgliedergruppierungen
erteilt Anweisungen
entsenden
Teilnehmer
Wahl

können sich an den Börsenverein für Beratung zu branchenspezifischen Themen wenden (auch Rechtsberatung). Außerdem muss der Börsenverein einen Interessenausgleich zwischen den verschiedenen Mitgliedern bzw. Mitgliedergruppen und auch zwischen den Landesverbänden schaffen. Schließlich gehört es noch zu seinen Aufgaben, Beziehungen zu ähnlichen Verbänden im In- und Ausland zu unterhalten.
Im Jahr 2003 fusionierte der frühere Börsenverein mit den Landesverbänden zum sogenannten Gesamtverein, der auch wieder Börsenverein heißt. Die Mitglieder des Börsenvereins gehören seither zugleich dem Landesverband an, in dessen Gebiet sie ihren Sitz haben. → Filialunternehmen gehören allen Landesverbänden an, in deren Gebieten sie Filialen haben.
Der Börsenverein unterhält gemeinsam mit den Landesverbänden mehrere Wirtschaftsunternehmen: → Ausstellungs- und Messe GmbH (kurz AuM), → Marketing- und Verlagsgesellschaft (kurz MVB), → Buchhandels Service Gesellschaft (kurz BSG).

Einen Überblick über die Organe des Börsenvereins bietet die Grafik auf Seite 29.

Bogenarten
Rohbogen: der unbedruckte Bogen in unbeschnittenem Format.
Buchbinderbogen: der fertig bedruckte Bogen, der dem Buchbinder angliefert wird – er wird auch als Eingangsbogen für die Falzmaschine bezeichnet.
Falzbogen: der gefalzte Bogen in der Buchbinderei, als Produkt der Falzmaschine.

Bogennorm und Bogensignatur
Unter der Bogennorm versteht man die Nummerierung der Buchbinderbögen; die Bogensignatur ist eine verlagsspezifische Kennung, (z.B. GB 123 für ein bestimmtes Schulbuch aus dem Gehlen Verlag) oder ein Kürzel für Autor bzw. Kurztitel. Bei einem 32-seitigem Druckbogen etwa findet man die Bogennorm Nr. 2 auf der Seite 33 (der ersten Seite des zweiten Bogens), die Nr. 3 auf der Seite 65 usw. Üblich ist es aber, Bogennorm und Bogensignatur in dem Teil des Bogens zu drucken, der vor dem Einhängen in den Buchdeckel beschnitten wird. Sinn der Bogennorm ist die Kontrollmöglichkeit der Abfolge der Bögen. Sinn der Bogensignatur ist es, für den Fall, dass Paletten durcheinander angeliefert werden oder in der Buchbinderunternehmung durcheinander geraten, eine eindeutige Zuordnung zu dem Buchbinderauftrag eines Verlags gewährleisten zu können.

Bonus
Der Bonus ist eine nachträgliche Vergütung, die die Buchhandlung vom Verlag erhält, falls eine für das abgelaufene Jahr vereinbarte Umsatzschwelle remittendenbereinigt erreicht wurde. Dadurch erhöht sich der Rohgewinn im Nachhinein. Der → Jahresabschluss ist das Gegenstück zum Bonus.

Book on Demand (BoD)

[engl.: Buch auf Nachfrage] Die → Libri-Tochter BoD bietet die Herstellung von Büchern mittels Digitaldruckmaschinen (→ Digitaldruck) kurzfristig auf Nachfrage an. Die Daten liegen in Dateiformat bereit; es müssen also nicht für jedes Werk erst neue Druckvorlagen erstellt werden. Dadurch wird die Produktion günstiger und davon können Verlage oder auch einzelne Autoren profitieren:

Vorteile für Verlage
Die → Backlist kann lieferbar gehalten und auch kleinste Mengen können kostengünstig nachgedruckt werden. Somit sind Nachauflagen kein unternehmerisches Risiko mehr. Auch die Überarbeitung von Fachbüchern ist problemlos, denn die Daten können schnell aktualisiert werden. Durch die kurze Produktionszeit entfallen teure Lagerkosten.

Vorteile für Autoren
Findet ein Autor keinen Verlag, kann er kostengünstig sein Buch seinen Wünschen entsprechend selbst produzieren lassen und vertreiben; BoD übernimmt auch das Beantragen der ISBN und die Listung bei Libri. Die Rechte am Buch behält der Autor komplett selbst, trägt jedoch auch das finanzielle Risiko allein.

Branding

Der Begriff bezeichnet meist die Findung, in jedem Falle aber die Etablierung eines Markennamens mit den gewünschten Assoziationen hinsichtlich der Produkteigenschaften. In der Buchbranche gibt es hier Ansätze im Bereich der Sach- und Fachliteratur, wohingegen bei den literarischen Verlagen den Lesern vielfach die Verlagsnamen unbekannt sind, von → Verlagsprofilen ganz zu schweigen.

Break-Even-Punkt

Das ist der Punkt, an dem die gesamten Kosten voll gedeckt sind, also die sogenannte „Schwarze Null“. Das lässt sich mit einer Erlös- und einer Kostenkurve grafisch eindrucksvoll darstellen. Unterhalb des Break-Even-Punkts macht das Unternehmen Verlust, oberhalb Gewinn.

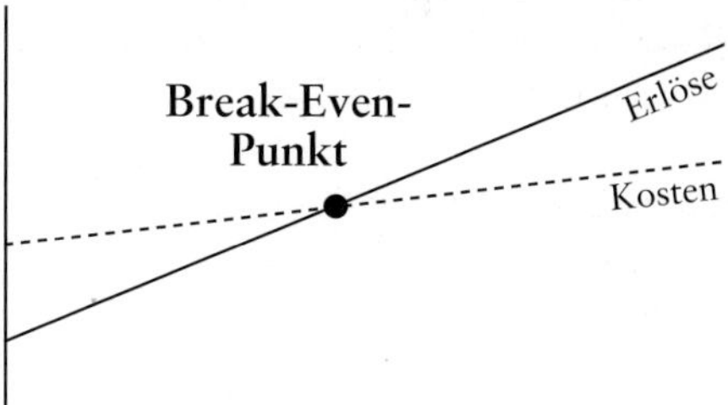

Ausgehend vom Deckungsbeitrag pro Stück und den Fixkosten des Unternehmens, kann man die Absatzmenge bestimmen, bei der der Break-Even-Punkt erreicht wird:

$$\frac{\text{Fixe Kosten}}{\text{Deckungsbetrag pro Stück}}$$

Diese Menge wird teilweise auch als Gewinnschwellenmenge bezeichnet.

Broschur

Unter Broschur versteht man eine bestimmte → Einbandart. Im Englischen als Softcover bekannt, bezeichnet sie einen flexiblen, biegsamen Umschlag, der direkt um einen Buchblock liegt. Es werden verschiedene Broschurarten unterschieden:

Weichbroschur: Sie wird auch einfache Broschur genannt und hauptsächlich bei der Herstellung von Taschenbüchern verwendet, da sie sehr kostengünstig ist. Um den Buchblock wird ein einfacher Umschlag aus Karton gelegt.

Englische Broschur: Auch hier wird ein Umschlag aus Karton um den Buchblock gelegt, jedoch noch zusätzlich vorn und hinten eine Klappe gefalzt. Er kann am Buchrücken angeklebt sein.

Französische Broschur: Hier ist sowohl der geheftete, mit Vorsatz versehene Buchblock als auch der Kartonumschlag bedruckt, letzterer wird breit umgeklappt (Breitklappenbroschur).

Schweizer Broschur: Der Buchrücken wird mit Gewebe verstärkt und eingefasst. Das Festkleben des Kartonumschlags erfolgt lediglich an einem schmalen Streifen auf der Rückseite des Buchblocks. Dadurch kann man das Buch bequemer aufschlagen.

BSG Buchhandels-Service Gesellschaft

Die BSG ist eine Tochterfirma der Börsenverein des Deutschen Buchhandels Beteiligungs Gesellschaft mbH und bietet den Mitgliedern des → Börsenvereins die Vermittlung von vergünstigten Angeboten aus den verschiedensten Branchen: z.B. Versicherungen, Kassensysteme, Kfz, Telekommunikationsdienste, Zahlungsverkehr etc. Dazu schließt die BSG Rahmenverträge ab, von denen teilweise auch die Mitarbeiter der Mitgliedsfirmen des Börsenvereins profitieren können. Eine kleine Buchhandlung kann bei konsequenter Nutzung der Angebote der BSG den Mitgliedsbeitrag zum Börsenverein durch die erzielte Ersparnis kompensieren.

Buch und Buchhandel in Zahlen

Vom Marketing- und Verlagsservice des Buchhandels GmbH (→ MVB) jährlich herausgegebene Schrift, die aktuelle Daten zur wirtschaftlichen Lage des Buchhandels enthält. Sie informiert u.a. über betriebswirtschaftliche Kennzahlen für Verlage und Buchhandel (→ Kölner Betriebsvergleich), Daten zur Produktion und Preisentwicklung, Informationen zum Waren- und Rechtehandel mit dem Ausland, Zahl der Unternehmen im Buchhandel, zur Beschäftigungs- und Ausbildungssituation.

Buchbinderauftrag
mit den folgenden Parametern:

- Auflagenhöhe → Bindequoten
- Formatangabe in cm für den Buchblock und die Buchdecke (bei gebundenen Büchern meist abweichend, bei der Broschur meist identisch) → Buchformate
- Umfang in Bögen à 16 Seiten oder in Buchseiten
- Bindeart – bei Klebebindung Angabe der Klebestoffarten: Hotmelt oder Dispersionskleber → Bindearten
- Qualität und Farbe des → Vorsatzpapiers
- Schnittfarbe
- Kapitalband- oder Kapitalbändchen → Bindearten
- Art und Farbe der Einbandprägung
- Stärke der Deckelpappe
- Art des Schutzumschlags
- Sonstige Ausstattung (Lesebändchen, Beilagen)
- Kassette (vierseitig verschließbar) oder Schuber (dreiseitig verschlossen)
- Art der Verpackung
- Bindetermin
- Zahlungsbedingungen

Die von der Druckerei in die Buchbinderei gelieferten Rohbögen sollen folgende Kennzeichnungen aufweisen: Schneidemarken
→ Flattermarken
→ Bogennorm und Bogensignatur

Buchformate
Das Buchformat gibt die Breite und Höhe eines Buches an. Gemessen wird hierbei der Buchblock, nicht der Einband. Frühere Formatbezeichnungen (man findet sie heute noch in Antiquariats-Datenbanken) gehen auf die Anzahl der Blätter zurück, die bei der Falzung des Druckbogens entstanden sind. Die Buchrückenhöhe ist dabei abhängig von der Größe der einzelnen Bögen:

Anzahl der Falzungen	Entstandene Blattanzahl	Name des Formates	Gebräuchliche Abkürzung	Buchrückenhöhe in cm (ca)
1x	2	Folio	2°	bis 45 cm
2x	4	Quart	4°	bis 35 cm
3x	8	Oktar	8°	bis 25 cm
4x	12	Duodez	12°	bis 17,5 cm
4x	16	Sedez	16°	bis 17,5 cm

Nach den Richtlinien der Deutschen Nationalbibliothek werden Buchformate unter 10 cm und über 45 cm immer in Zentimetern angegeben. Nach den RAK soll nur noch die Höhe der Buchrücken auf volle Zentimeter gerundet angezeigt und nur ungewöhnliche Formate (z.B. Querformate, Mini-Ausgaben, Folianten) in Höhe und Breite angegeben werden.

Buchgemeinschaften

Buchgemeinschaften (auch Buchclubs) sind eine Mischform aus → Verlag und verbreitendem Buchhandel. Der Verkauf erfolgt im Ladengeschäft und/ oder durch Versand. Die Mitglieder der Buchgemeinschaft verpflichten sich zu einer festen Abnahme von Büchern oder anderen Waren (z.B. CDs, DVDs) entweder pro Quartal oder Jahr. Der Vorteil für die Mitglieder liegt darin, dass die Buchgemeinschaft Lizenzen von den Verlagen erwerben und diese an sich preisgebundenen Bücher dann zu einem niedrigeren (festen) Preis als im Buchhandel anbieten. Das Angebot der Buchgemeinschaften umfasst nur einen verhältnismäßig geringen Teil der tatsächlich lieferbaren Bücher. Üblicherweise handelt es sich um populäre Titel und Klassiker, die die Buchgemeinschaften im Rahmen der erworbenen Lizenz einen begrenzten Zeitraum anbieten dürfen. Anfang der 1990er Jahre kam es zu Auseinandersetzungen zwischen Buchhandel und der Buchgemeinschaft „Bertelsmann Club“, weil diese den Zeitabstand zwischen Buchhandelsausgabe und Buchclubausgabe deutlich verkürzt hatte. Das daraufhin angerufene Bundeskartellamt wies den Buchhandel an, dieses Problem branchenintern zu regeln, wodurch es zum sogenannten Potsdamer Protokoll kam. Dort ist in der revidierten Fassung von 2003 festgelegt:

1. Die Mitgliedschaftsbindung: d.h., dass ein Kunde sich verpflichtet, mindestens ein Jahr Mitglied zu bleiben und jährlich mehrere Artikel aus dem Programm der Buchgemeinschaft zu kaufen.
2. Der Zeitabstand, mit dem die Buchgemeinschaftsausgabe unabhängig von ihrer Erscheinungsform (z.B. als Hardcover oder Broschur) nach der Originalausgabe erscheinen darf, wird individuell zwischen dem lizenzgebenden Verlag und der Buchgemeinschaft vereinbart. Dieser beträgt mindestens vier Monate. Für die Berechnung dieses Mindestzeitabstands sind der Erstverkaufstag im Sortiment und das Datum der ersten Ankündigung durch die Buchgemeinschaft ausschlaggebend. Ausnahmen sind gegeben bei Titeln von kurzlebiger Aktualität (Beispiele: Fußball-WM-Buch, Olympische-Spiele-Buch, Buch zum Wahlkampf).
3. Beim Ausstattungsunterschied kommt es auf die „äußere Anmutung“ an: Papier und Satz dürfen identisch sein, nicht jedoch der Einband und der Schutzumschlag. Der „normale“ Buchkäufer muss beim Vergleich den Eindruck gewinnen, dass es sich um zwei unterschiedliche Bücher handelt.

4. Bei der Preisdifferenz gilt folgender Grundsatz: Je kleiner der zeitliche Abstand zwischen dem Erscheinen der Original- und dem der Buchgemeinschaftsausgabe ist, desto kleiner muss auch der Preisunterschied gehalten werden (z.B. gilt für Buchgemeinschaftsausgaben, die nach sechs Monaten erscheinen, eine maximale Preisdifferenz von 20 Prozent).

Die erste Buchgemeinschaft gab es mit dem „Verein der Bücherfreunde“ bereits 1891. Hier ging es, ähnlich wie bei der 1924 gegründeten und heute noch existenten Büchergilde Gutenberg, darum, einen Volksbildungsgedanken umzusetzen.

Der Club Bertelsmann, Gütersloh (ca. 4 Mio. Mitglieder, lt. eig. Angabe)

Wissenschaftliche Buchgesellschaft, Darmstadt (140.000 Mitglieder, lt. eig. Angabe)

Büchergilde Gutenberg, Frankfurt (ca. 100.000 Mitglieder, lt. eig. Angabe).

Buchlaufkarte

In Buchhandlungen ohne eigenem DV-gestütztem → Warenwirtschaftssystem ist die Buchlaufkarte (s. Abbildung) ein wichtiges Hilfsmittel bei der Lagerkontrolle. Sie enthält Angaben über die eingekauften und verkauften Exemplare eines Titels. Daten, wie z.B. Preis, → Autor, (Kurz-)Titel, → ISBN, → Einbandart, → Reihe, Reihen-Nr., → Verlag, Mindestlagerbestand, Bestelldatum werden auf ihr verzeichnet. Dabei können diese Angaben sortimentsspezifisch angepasst werden. Die Buchlaufkarte wird in das Buch eingelegt, das im Verkaufsraum angeboten wird. Beim Verkauf wird sie an der Kasse entnommen und in das nächste Exemplar eingelegt. Insbesondere die Angaben über das Bestelldatum, Nachbestellung und Stückzahl lassen Rückschlüsse über die Gängigkeit und das Bestellverhalten der Buchhandlung zu.

Buchlaufkarte

Buchhandlung LiteraPur
Rathausstraße 9 · 99999 Neustadt
Telefon 09661/539922
Fax 09661/539933
www.buchhandlung-literapur.de
buchhandlung-literapur@web.de

Verlag: ______
Auslieferung: ______
Nr.: ______
Autor ______
Titel: ______
Preis: ______

Bitte entnehmen Sie diese Karte nicht dem Buch sie ist wichtig für unsere Lagerergänzung.

BuchSchenkService → Bücherscheck

Büchersammelverkehr (BSV)

Der Büchersammelverkehr ist eine Dienstleistung der Bücherwagendienste der großen → Barsortimente. Mit deren Fahrzeugen werden neben den Barsortimentslieferungen auch die Sendungen der → Verlagsauslieferungen und der → Verlage (Verlegerbeischlüsse) transportiert. So kann die Zustellung der Waren für den Buchhandel auf verhältnismäßig wenige Fahrzeuge (ein Lieferwagen des BSV, statt einem Lieferwagen des Barsortiments, plus einem Lieferwagen der Verlagsauslieferung usw.) verringert werden, was die Zustellkosten entsprechend verringert. Die Kosten werden nach dem Transportgewicht berechnet und mit zunehmender Höhe überproportional niedriger (z.B. beträgt die Gebühr bei KNV bei einem Gesamtliefergewicht bis 499 kg/Monat 0,465 Euro, aber bei einem Gesamtliefergewicht bis 999 kg nur 0,335 Euro). Da auch die Barsortimentsgewichte in die Staffelfindung bei den Verlegerbeischlüssen einbezogen werden, können hier die Warenbezugskosten entsprechend reduziert werden. Vergleichsweise teuer ist die Zustellung von → Kleinbeischlüssen, die als Folge von Einzel- oder Kleinbestellungen anfallen. Hier bieten sich für das Sortiment große Einsparungsmöglichkeiten bei einer Optimierung der Bezugswege.

Bücherscheck
Der Bücherscheck ist der einzige bundesweit gültige Gutschein des deutschen Buchhandels. Er kann in über 2.500 Buchhandlungen in mehr als 1.200 Orten gekauft oder eingelöst werden. Die ausgebende und die einlösende Buchhandlung müssen nicht identisch, jedoch Mitglied im → Börsenverein sein, die diesen BuchSchenkService entwickelt hat. Die Höhe des Betrages ist frei wählbar. Die Einlösungsfrist beträgt 3 Jahre.
Die Verteilung des Gewinns erfolgt über eine zentrale Verrechnungsstelle, die ca. 5 Prozent für Werbung und Verwaltung einbehält.

Büchersendung
Die Deutsche Post AG ermöglicht den Versand von Büchern, Broschüren, Noten und Landkarten (bis 1.000 g Gewicht) zu einem reduzierten Tarif. Die Sendungen müssen in der Regel offen sein (Ausnahme nur für große Mengen) und die Aufschrift „Büchersendung" tragen. Die Post unterscheidet vier verschiedene Gewichtsklassen (bis 20, bis 50, bis 500 und bis 1.000 Gramm). Außerdem müssen Größenbestimmungen beachtet werden. Vergünstigungen gegenüber dem Normaltarif gibt es auch im internationalen Versand von Büchern. Bei der Büchersendung kann es zu zeitlichen Verzögerungen kommen, eine vergleichbar schnelle Lieferung wie mit dem → Bücherwagendienst der → Barsortimente ist nicht immer möglich.

Bücherwagendienst
Damit ist die Lieferdienstleistung der → Barsortimente gemeint. Die Gebührenberechnung erfolgt entfernungsunabhängig. Der Begriff kommt von der ursprünglich geübten Praxis, vom Kommissionsplatz Leipzig aus Bücherwagen an die Züge der Reichsbahn anzuhängen. → Büchersammelverkehr

Bündelung
Die Abwicklung von Kleinbestellungen verursacht den Verlagen die gleichen Kosten wie große Aufträge. Deshalb sollten die Buchhändler solche Bestellungen über die → Barsortimente leiten. Dort werden die vielen kleinen Aufträge letztlich gebündelt, indem das Barsortiment große Bestellungen bei den Verlagen tätigt. Das geht nur, weil die Barsortimente eine entsprechende Lagerhaltung auch bei weniger gefragten Titeln tätigen. Im Gegenzug erhalten sie für die Übernahme der sogenannten Bündelungsfunktion den Funktionsrabatt von den Verlagen. Der Buchhändler selbst bündelt, wenn er pro Titel mehrere Exemplare bestellt und auf einen entsprechenden Warenwert seiner Verlagsbestellung achtet. Für den Fall, dass der Buchhändler dennoch Kleinbestellungen beim Verlag tätigt, kann er unter Umständen ein Parkmodell (→ Parkmodelle) der → Verlagsauslieferung nutzen und so nachträglich noch eine Bündelung erreichen.

Bundesdatenschutzgesetz
Die Vorschriften für die Behandlung personenbezogener Daten betreffen auch den Buchhandel. Da Kunden- und Mitarbeiterdaten verarbeitet werden, sind die Regelungen des Bundesdatenschutzgesetzes zu beachten. Die wichtigsten Grundsätze sind, dass:

- Daten nur mit Zustimmung der Betroffenen gespeichert werden dürfen und der Zweck der Speicherung mitgeteilt werden muss (bei der Aufnahme von Kundenbestellungen regelmäßig gegeben),
- aus allgemein zugänglichen Quellen gewonnene Daten verwendet werden dürfen (z.B. Adressdaten aus dem Telefonbuch für ein Mailing),
- ein Widerspruch des Betroffenen gegen die Nutzung bzw. Weitergabe seiner Daten zu Werbe- und Marktforschungszwecken beachtet werden muss,
- der Betroffene Auskunft über die zu seiner Person gespeicherten Daten verlangen kann,
- ein Anspruch auf Berichtigung der Daten besteht,
- nicht länger benötigte Daten zu löschen sind,
- unzulässiger Weise gespeicherte Angaben gelöscht werden müssen.

Bundesprüfstelle für jugendgefährdende Medien (BPjM)
Die BPjM ist als selbstständige Bundesbehörde dem Bundesministerium für Familie, Senioren, Frauen und Jugend nachgeordnet. Sie entscheidet auf Antrag von (Jugend-) Behörden oder anerkannten Trägern der freien Jugendhilfe über die Jugendgefährdung von Medien (Träger- und Telemedien) und trägt diese in die Liste der jugendgefährdenden Medien ein. Damit unterliegen sie bestimmten Vertriebs-, Verbreitungs- und Werbebeschränkungen und dürfen nur noch Erwachsenen zugänglich gemacht werden. Für den Buchhandel bedeutet dies außerdem, dass Bücher nicht zum

ermäßigten Umsatzsteuersatz verkauft werden dürfen.

Als jugendgefährdend eingestuft werden Medien dann, wenn sie geeignet sind, die Entwicklung von Kindern oder Jugendlichen oder ihre Erziehung zu einer eigenverantwortlichen und gemeinschaftsfähigen Persönlichkeit zu gefährden. Dazu zählen vor allem unsittliche, verrohend wirkende, zu Gewalttätigkeit, Verbrechen oder Rassenhass anreizende Medien.

C

Cashflow

Der Cashflow wird ermittelt, indem zum → Reingewinn die Abschreibungen addiert werden. Zweck dieser Kennzahl ist, die wirkliche Finanzkraft zu erfassen, da auch die → Abschreibungen verdient werden mussten. Den Namen hat der Cashflow deshalb, weil die Gelder, die in die Kasse geflossen sind, die vom Unternehmen erwirtschafteten Mittel sind.

Comic

Der Begriff (ursprünglich: comics) leitet sich aus dem englischen comic strip (komischer Streifen) ab. Heute existieren mehrere synonyme Begriffe für Comic, die sich selbst erklären: Sprechblasen-Literatur, grafische Literatur, Sequenzielle Kunst, Neunte Kunst (im Kanon der bildenden Künste), Bande dessinée oder dessen Abkürzung BD (aus dem frz.: gezeichneter Streifen) oder auch Graphic Novel (aus dem Amerikanischen für vorwiegend literarische Comicromane).

Es gibt verschiedene Definitionen für Comic. Einigkeit herrscht darüber, dass er aus mindestens zwei Bildern bestehen sollte. Illustrationen, Karikaturen oder Cartoons, die nur aus einem Bild bestehen, sind davon deutlich abgegrenzt. Beim Comic überschneiden sich Literatur und Bildende Kunst. Comics sind meist komplexe Bild-(Text)-Geschichten, deren Zusammenhang durch die Aneinanderreihung von Einzelbildern (Panels) entsteht. Wenn sie Text enthalten, kann dieser über oder unter den Bildern stehen, direkte Rede oder Gedanken werden durch Sprechblasen dargestellt und auch Soundwörter („krach!“, „peng!“) verdeutlichen die Handlung. Bildsymbole üben eine verbale Funktion aus (z.B. Dollarzeichen in den Augen: Geldgier).

Der erste Comic erschien 1896 in der New Yorker „Sunday World“ und hieß „Yellow Kid“: ein typischer „comic strip“. Für diese Art Comic hat sich heute der Begriff Funnies durchgesetzt. Sie zeigen sehr stark Situationskomik und karikaturhafte Überzeichnung von Menschen und Tieren (z.B. „Garfield“). Sind solche eher lustigen Geschichten mit Abenteuern verbunden, nennt man sie Semi-Funnies („Lucky Luke“, „Spirou“, „Simpsons“). Weitere Kategorien von Comics sind: Adventures, Autorencomics und Mangas. Wie schon aus dem Namen deutlich wird, sind Adventures spannende, aktionsreiche, realistisch gezeichnete Bildergeschichten, die meist von Superhelden erzählen. Beispiele sind: „Batman“, „Prinz Eisenherz“, oder „Spawn“. Autorencomics sind oft individuelle Kunstwerke für ein meist erwachsenes Publikum, die an kein Genre gebunden sind. Dass sie auch sehr ernste Themen behandeln können,

zeigt der 1992 mit dem Pulitzerpreis ausgezeichnete Comic „Maus“ von Art Spiegelman: die Geschichte eines Holocaust-Überlebenden. Ein weiteres Beispiel ist Marjane Satrapi, die ihre Kindheit und Jugend im Iran während der islamischen Revolution im vielfach preisgekrönten und auch verfilmten Comicroman „Persepolis“ zeichnete. Auch an Ralf Königs „Der bewegte Mann“ zeigt sich, dass die Zielgruppe von Comics nicht unbedingt Kinder, Jugendliche oder junge Erwachsene sind. Heute gibt es Comicliebhaber quer durch alle Altersgruppen und Bevölkerungsschichten.
Manga ist die japanische Übersetzung für Comic, als Besonderheit ist er von hinten nach vorn zu lesen und hat inhaltlich sehr oft Fantasy- und Science-Fiction-Elemente mit teilweise harten Kampfsport- und Actionszenen (z.B. Dragon Ball).
Im deutschsprachigen Raum gibt es sehr viele Verlage, die Comics publizieren; es gibt eine große Anzahl von Fachzeitschriften auf diesem Gebiet und auch im Internet unter www.comicguide.de eine umfangreiche Comic-Bibliografie.

Computer to plate
Beim Computer to plate-Verfahren gibt es keine materiellen Vorlagen wie Filme oder Seiten eines Vorlage-Exemplars. Text und Bilder werden vom Computer zu ganzen Druckseiten zusammengestellt und direkt auf die Druckplatte übertragen. Die druckenden Teile werden mit einem Laserstrahl auf die Platte gebracht. Eingespart werden teures Filmmaterial, umweltbelastende Filmchemie sowie zeitaufwendige Montage- und Kopierarbeiten.

Computer to print → Digitaldruck

Controlling
Controlling ist eine Führungsunterstützung und weist über das betriebliche Rechnungswesen hinaus. Die im Controlling ermittelten Kennzahlen dienen der Steuerung des Unternehmens. Dabei spielt die in die Vergangenheit gerichtete Rückschau eine eher untergeordnete Rolle, vielmehr werden aufgrund der bislang erzielten Ergebnisse die zu erreichenden Zielwerte festgelegt (Planung). Diese Werte werden laufend verfolgt (Soll-Ist-Analyse), so dass die sich aus Abweichungen ergebenden Risiken schnell aufgedeckt werden. Je nach ermittelter Ursache werden dann entweder die Maßnahmen ergriffen, die nötig sind, um die Planvorgaben doch noch erreichen zu können, oder die Zielwerte selbst werden korrigiert. Letztlich handelt es sich um einen Regelkreis mit den Stationen Analyse, Planung, Umsetzung und Kontrolle. Das Unternehmen ist dazu in eine Vielzahl von Kostenstellen unterteilt – der Controller prüft alle Aufwendungen und Kosten im Hinblick auf die gesetzten Unternehmensziele und unterstützt dadurch die Unternehmensleitung.

Convenience-Prinzip
Convenience bedeutet wörtlich übersetzt so viel wie Annehmlichkeit oder Zweckmäßigkeit. Das Convenience-Prinzip findet man par excellence bei vorgekochten Mahlzeiten oder vorbereiteten Zutaten (z.B. bereits klein gerupfter gemischter Salat) umgesetzt. Auf den Buchhandel bezogen erfüllen der Versand- und der Internetbuchhandel dieses Prinzip, weil der Verbraucher nicht einmal das Haus verlassen muss, um einzukaufen. Im stationären Handel wird das Convenience-Prinzip über Serviceleistungen, die dem Kunden den Einkauf so angenehm wie möglich machen sollen, umgesetzt also etwa durch einen Lesebrillenverleih oder eine Kundengarderobe.

Copyright → Urheberrecht, Internationales Urheberrecht

Corporate Identity
Dieses Management-Konzept setzt die gewünschte Unternehmensidentität fest. Die Corporate Identity ist quasi der Soll-Entwurf zur Unternehmenskultur. Dabei wird mit den Teilinstrumenten Corporate Design, Corporate Behavior und Corporate Communications gearbeitet. Im Rahmen des Corporate Design werden Vorgaben für das visuelle Erscheinungsbild des Unternehmens gemacht bezüglich Farbgebung, Schriftarten, Layout und Logo. Corporate Communications befasst sich mit dem kommunikativen Auftreten und regelt unter anderem, in welcher Weise mit der Presse kommuniziert wird. Corporate Behavior bezieht sich auf das Verhalten der Mitarbeiter im Unternehmen wie im öffentlichen Raum hierzu gehört beispielsweise eine Anti-Korruptions-Richtlinie. Über diese drei klassischen Instrumente hinaus werden teilweise noch andere definiert. Corporate Wording etwa spielt in jüngerer Zeit in Verlagen durchaus eine Rolle, wenn etwa der Sprachgebrauch bei den Titeln einer Sachbuchreihe harmonisiert werden soll.

Cross Media Publishing (CMP)
Cross Media Publishing löst die Probleme, die entstehen, wenn in unterschiedlichen Medien publiziert werden soll. Das Spektrum reicht hierbei von Daten, die auf ein Handy oder ein Navigationssystem ausgegeben werden über die CD-ROM als Buch- oder Zeitschriftenbeilage bis hin zur traditionellen Buchausgabe. Darüber hinaus muss natürlich auch das Intranet bzw. der Internet-Auftritt einer Unternehmung auf dieselben Datensätze zugreifen können. Die Lösung besteht in einer einheitlichen Datenbasis, um aus einer Datenquelle die genannten Medien bedienen zu können (Single Source Publishing).

D

Datenschutz

Beim Datenschutz geht es darum zu gewährleisten, dass mit personenbezogenen Daten kein Missbrauch getrieben werden kann. (→ Bundesdatenschutzgesetz)

Datensicherung

Ziel der Datensicherung ist es zu vermeiden, dass Unberechtigte Zugriff zu den Daten erhalten oder Daten verloren gehen. Dafür werden technische und organisatorische Maßnahmen ergriffen (z.B. Passwörter, unterschiedlich umfangreiche Berechtigungen der Benutzer, Firewall). Bezüglich des Datenverlusts hat sich das Speichern nach dem Großvater-Vater-Sohn-Prinzip bewährt. Täglich werden die Daten zur Sicherung gespeichert, dabei existieren immer drei Sicherungen: vom vorvergangenen Tag, vom vergangenen Tag und vom aktuellen Tag. Wenn eine neue Sicherung vorgenommen wird, wird die älteste vorhandene überschrieben. Auf diese Weise ist gewährleistet, dass, selbst wenn zwei Sicherungskopien defekt sein sollten, immer noch eine dritte vorhanden ist. Es empfiehlt sich, nicht alle drei am selben Ort aufzubewahren.

Debitoren

Dieser Ausdruck kommt aus dem Lateinischen von „debere" schulden, müssen. Der Begriff wird in der Buchhaltung verwendet und bezeichnet die Schuldner des Unternehmens.

Deckungsauflage

Ein Begriff aus der → Verlagskalkulation. Dabei wird berechnet, wie hoch die → Auflage sein muss, um die bei der Produktion entstandenen Kosten abzudecken.

Deckungsbeitrag

Zur Erbringung der Leistungen sind jeweils der einzelnen Einheit genau zuzurechnende Kosten, die mit der produzierten Menge schwanken, erforderlich, die variablen Kosten. Unabhängig davon, ob überhaupt produziert wird, fallen die fixen Kosten an, z.B. für Miete. Diese fixen Kosten müssen genauso wie die variablen Kosten abgedeckt werden, damit das Unternehmen keinen Verlust macht. Jede produzierte Einheit leistet dazu einen Beitrag, den Deckungsbeitrag. Ermittelt wird der Deckungsbeitrag nach der Formel:

Verkaufserlöse – variable Kosten = Deckungsbeitrag pro Stück

Erst wenn die Summe der Deckungsbeiträge größer ist als die fixen Kosten, wird Gewinn erzielt. Der → Break-

Even-Punkt ist jener Punkt, an dem die Summe der Deckungsbeiträge exakt den fixen Kosten entspricht. Im Verlag ist der Deckungsbeitrag pro Stück eine wichtige Größe, im Sortiment eher der Deckungsbeitrag einer → Warengruppe.
Unter dem Aspekt der → Preispolitik ist der Deckungsbeitrag interessant, weil für die nicht der Preisbindung unterliegenden Artikel die kurzfristige Preisuntergrenze ein Deckungsbeitrag von 0 ist. Damit werden attraktive Sonderangebote im Bereich der Non-Book-Medien möglich. Das Unternehmen erlöst gerade eben die mit der Erbringung der Leistung verbundenen variablen Kosten. Langfristig ist das zu wenig, weil die Fixkosten nicht gedeckt würden. Auf kurze Sicht lohnt es sich aber doch, weil die so angelockten Kunden mit hoher Wahrscheinlichkeit noch weitere Käufe tätigen und die Buchhandlung ein günstiges Preisimage erhält.

Defektexemplare
Im Sinne der Verkehrsordnung sind Bücher, die Herstellungsfehler aufweisen, Defektexemplare. Diese können vom Buchhändler ohne zeitliche Begrenzung an den Verlag für Umtausch oder Gutschrift zurückgegeben werden bzw. es kann eine Preisminderung gefordert werden. Sofern der Titel nicht mehr verfügbar ist, können sogar vom Kunden bereits mit Anmerkungen versehene Exemplare zur Gutschrift eingereicht werden. Der Endkunde hingegen hat auch bei Defektexemplaren gegenüber dem Buchhändler nur den gesetzlichen Gewährleistungsanspruch von zwei Jahren.

Delkredere
In diesem Begriff klingt das Wort Kredit bereits mit an und die beiden hängen auch zusammen. Als Delkredere bezeichnet man nämlich das Risiko, dass der Kredit ausfällt. Die Übernahme dieses Risikos ist eine mögliche Dienstleistung einer Verlagsauslieferung oder eines Factoringunternehmens. Im Gegenzug muss der ursprüngliche Gläubiger einen Abschlag von der geschuldeten Summe hinnehmen.

Depotbuchhandlungen
Buchhandlungen, die aufgrund einer Vereinbarung das gesamte Angebot eines Verlages vorrätig halten, werden als Depotbuchhandlungen bezeichnet. Der Verlag gewährt im Gegenzug Sonderkonditionen, weil er durch die Präsenz der Bücher auf einen breiteren Absatz hoffen kann, als wenn die Titel erst bestellt werden müssten. Außerdem sparen sich die Verlage auf diese Weise zum Teil Vertriebskosten (z.B. im Schulbuchbereich, wo Lehrer anstelle eigener Schulbuchzentren auf die Depotbuchhandlungen verwiesen werden, um sich die Titel anzusehen).

Desktop Publishing
Publizieren vom Schreibtisch aus, genauer gesagt vom Computer (inkl. Peripherie wie Scanner und Drucker) und seinen Satzprogrammen aus. Im

Kern leisten die heutigen Desktop-Programme (QuarkXPress, Indesign u.v.a.) neben der Textverarbeitung die Einbindung von Grafiken in das Layout und somit die Erstellung einer Druckvorlage unter Berücksichtigung typogafischer Regeln → Typografie.

Deutsche Nationalbibliografie
Vollständige Bezeichnung: Deutsche Nationalbibliografie und Bibliografie der im Ausland erschienenen deutschsprachigen Veröffentlichungen. Abkürzung: DNB Seit 1913 verzeichnet die → Deutsche Nationalbibliothek alle in den Bestand eingegangenen → Pflichtexemplare und die darüber hinaus erworbenen Publikationen. Das sind deutschsprachige Neuerscheinungen und Neuauflagen aus aller Welt sowie fremdsprachige Neuerscheinungen, die in Deutschland verlegt werden. Seit 2006 werden auch Netzpublikationen gesammelt und verzeichnet. Die bibliografischen Angaben aller Werke beruhen auf → Autopsie.
Die DNB besteht aus Allgemein- und Spezialbibliografien, die in einzelne Reihen gegliedert sind und über unterschiedliche Zeiträume berichten:

Reihe	Inhalt	erscheint/berichtet
A	Monografien und Periodika des Verlagsbuchhandels. Bücher, Zeitschriften, nichtmusikalische Tonträger, weitere AV-Medien, Mikroformen und elektronische Publikationen. Enthält seit 2004 auch die Übersetzungen deutschsprachiger Werke und fremdsprachige Werke, die in Deutschland verlegt werden	wöchentlich
B	Monografien und Periodika außerhalb des Verlagsbuchhandels. Bücher, Zeitschriften, nichtmusikalische Tonträger, weitere AV-Medien, Mikroformen und elektronische Publikationen	wöchentlich
C	Karten	vierteljährlich
H	Hochschulschriften. Dissertationen und Habilitationsschriften deutscher Hochschulen und deutschsprachige Dissertationen und Habilitationsschriften des Auslandes, unabhängig von ihrer Erscheinungsform	monatlich
M	Musikalien und Musikschriften	monatlich
T	Musiktonträgerverzeichnis	monatlich
HJV	Halbjahresverzeichnis, kumuliert die Titel der Reihen A, B und C. Alphabetisches Titelverzeichnis mit Schlagwort- und Stichwortregister	halbjährlich
MJV	Mehrjahresverzeichnis, kumuliert das Halbjahresverzeichnis und Titel der Reihe H. Alphabetisches Titelverzeichnis mit Schlagwort- und Stichwortregister	dreijährlich

Der wöchentlich erscheinende Neuerscheinungsdienst (ND), der nicht zur DNB gehört, basiert auf den Meldungen der Verlage an das → VLB und wird als Informationsdienst gegen Gebühr angeboten.
2004 erfolgte eine Neukonzeption. Grundgedanke war, dass der gesetzliche Auftrag, alle deutschen und deutschsprachigen Veröffentlichungen bibliografisch zu verzeichnen, auch über die allgemein und kostenfrei zugängliche Datenbank http://dnb.ddb.de erfüllt wird. Außerdem haben die Deutsche Nationalbibliografie und der Neuerscheinungsdienst auf eine neue Sachgruppen-Gliederung umgestellt. Sie beruht auf der → Dewey-Dezimalklassifikation (DDC), die in mehr als 60 Ländern für die Erschließung in Nationalbibliografien verwendet wird. Ausnahmen sind die Reihe C, die Halbjahres- und Mehrjahresverzeichnisse – sie ordnen die Titel alphabetisch.

Die gedruckten und die CD-ROM - Ausgaben werden von der → MVB Marketing- und Verlagsservice des Buchhandels GmbH verlegt. Neu ist eine DVD, die sämtliche bibliografischen Daten der DNB seit 1945 enthält und es ermöglicht, schnell, einfach und effektiv in fast 5 Millionen Datensätzen umfassende bibliografische Recherchen durchzuführen.
Die Deutsche Nationalbibliothek bietet die Reihen der Deutschen Nationalbibliografie zusätzlich als HTML-Version an. Die HTML-Dateien können am Bildschirm bearbeitet werden und bieten die Möglichkeit, über die Sachgruppen zu navigieren, Teile auszuschneiden und abzuspeichern oder auszudrucken. Nur registrierte Benutzer haben Zugang zu diesen kostenpflichtigen HTML- und PDF-Dateien.

Deutsche Nationalbibliothek
Die Deutsche Nationalbibliothek ist die zentrale Archivbibliothek und das nationalbibliografische Zentrum der Bundesrepublik Deutschland. Zu ihr gehören: die Deutsche Bibliothek Frankfurt/M, die Deutsche Bücherei Leipzig und das Deutsche Musikarchiv Berlin. Das Gesetz über die Deutsche Nationalbibliothek (DNBG) vom 22. Juni 2006 legt ihre Aufgaben und Pflichten fest: lückenlos alle deutschen und deutschsprachigen Publikationen ab 1913 zu sammeln, dauerhaft zu archivieren, umfassend zu dokumentieren und bibliografisch zu verzeichnen sowie der Öffentlichkeit zur Verfügung zu stellen. Jeder gewerbliche oder nicht gewerbliche Verleger in der Bundesrepublik Deutschland ist verpflichtet, von seinen Veröffentlichungen zwei Pflichtexemplare kostenlos an die Deutsche Nationalbibliothek abzuliefern. Die Sammlung umfasst:

- in Deutschland verlegte Veröffentlichungen,
- im Ausland verlegte deutschsprachige Veröffentlichungen,
- im Ausland verlegte Übersetzungen deutschsprachiger Werke in andere Sprachen,

- im Ausland verlegte fremdsprachige Veröffentlichungen über Deutschland, sogenannte Germanica,
- die zwischen 1933 und 1945 von deutschsprachigen Emigranten verfassten oder veröffentlichten Druckwerke.

Der Gesamtbestand der Deutschen Nationalbibliothek beläuft sich zurzeit auf rund 23,5 Millionen Einheiten, davon etwa 13,9 Millionen in Leipzig, etwa 8,2 Millionen in Frankfurt am Main und ungefähr 1,4 Millionen im Deutschen Musikarchiv Berlin.
Die Deutsche Nationalbibliothek hat noch weitere Aufgaben. So arbeitet sie an Standards und Normen sowie Regelwerken zur Verzeichnung von Literatur. In Kooperation mit anderen Nationalbibliotheken wird derzeit eine europäische digitale Bibliothek aufgebaut.

Dezimalklassifikation (DK)
Die DK ist ein Ordnungssystem, welches das gesamte menschliche Wissen in 10 Hauptgruppen von 0-9 einteilt. Durch Hinzufügen einer weiteren Ziffer entstehen wiederum jeweils zehn Untergruppen. Je mehr Ziffern hinzugefügt werden, desto feiner wird geordnet. In Europa findet vorwiegend die UDK (Universal-Dezimalklassifikation) Anwendung, die wie folgt einteilt:

0 Allgemeines.
1 Philosophie. Psychologie.
2 Religion. Theologie.
3 Sozialwissenschaften. Politik. Wirtschaft. Recht. Pädagogik. Völkerkunde.
4 (nicht mehr belegt; früher: Sprachwissenschaften, Philologie)
5 Naturwissenschaften. Mathematik
6 Angewandte Wissenschaften. Medizin. Technik. Betriebswirtschaft. Informatik.
7 Kunst. Kunsthandwerk. Musik. Spiel. Sport
8 Sprachwissenschaft. Literaturwissenschaft.
9 Geographie. Biografien. Geschichte.

Differenzgutschrift
Wenn ein Verlag den gebundenen → Ladenpreis senkt, kann er entweder den Buchhandlungen die Gelegenheit zur Remission bieten oder eine Differenzgutschrift gewähren (meist wird letztere Vorgehensweise gewählt). Die Buchhandlungen werden durch die Gutschrift der Differenz der Nettopreise (alter Nettopreis - neuer Nettopreis) so gestellt, als hätten sie die Titel zum neuen Nettopreis bezogen.

Digitaldruck
Der Digitaldruck verzichtet auf physische Druckplatten. Die Maschinen drucken die entsprechend aufbereiteten Daten direkt mit Laserdruck. Insbesondere bei kleineren Auflagen ist der Digitaldruck eine rentable Alternative. Digitaldrucke sind inzwischen auch langfristig wetterfest, so dass sie auch als Außenwerbung dienen können. Domäne des Digitaldrucks sind die Mar-

ketingkonzepte → Printing on Demand und → Books on Demand. In beiden Fällen entsteht eine genau definierte (kleine) → Auflage zu einem genau definierten Zeitpunkt in unmittelbarer Zeitnähe.

Direkteinweisung
Hierbei vermittelt der Buchhändler nur zwischen → Verlag und Kunden, bekommt die Ware aber nicht selbst in die Hand. Der Verlag liefert direkt an den Kunden bzw. im Auftrage des Kunden an eine andere Partei. Teilweise wird auch vom sogenannten D-Stück gesprochen. Die Direkteinweisung kommt bei Abonnements häufiger vor, weil der Buchhändler dadurch seine Handlungskosten reduzieren kann. Die Wettbewerbsregeln legen fest, dass der Verlag die ihm zur Verfügung gestellten Adressen der Direkteinweisungskunden nicht für Werbezwecke nutzen darf.

Direktvertrieb
Hier verkauft der Produzent (→ Verlag) unter Umgehung des Handels direkt an den Endkunden. Diese Vertriebsform ist für Klein- und Kleinstverlag teilweise notwendig, weil ihre Publikationen nicht über das → Barsortiment bestellt werden können und manche Buchhandlungen dann nicht bereit sind, die Kundenbesorgung auszuführen (das wird so nicht gesagt, aber der Titel ist halt leider nicht zu bekommen). Theoretisch erhöht sich für den Verlag der Gewinn bei Direktvertrieb, weil er sich ja den Rabatt für den Handel spart. Andererseits verursachen Direktbestellungen von Endkunden viel Arbeit, weswegen sie häufig einem Buchhändler zur Ausführung übertragen werden. Für Fachverlage kann der Direktvertrieb an Großabnehmer aber durchaus lukrativ sein.

D

Dispositionsliste → Warenwirtschaftssystem

Distributionspolitik
Bei der Distributionspolitik geht es darum, wie die Produkte vom Produzenten (→ Verlag) zum Endabnehmer gelangen. Das hat eine logistische Seite (Selbstauslieferung oder Fremdauslieferung) und es geht um die Frage, welcher Vertriebskanäle man sich bedienen will (→ Direktvertrieb oder nicht). In anderen Branchen zählt dazu auch die Frage, inwieweit man den Großhandel umgehen will oder nicht. Auch die Entscheidung, in welchen Regionen das Produkt platziert werden soll, ist für Verlage (es sei denn, sie publizieren Regionalia) eher nicht relevant. Ebenso gehört die Frage, ob der Verlag mit → Vertretern, Reisenden oder gar keinem Außendienst arbeitet, zur Distributionspolitik. Was die Buchhändler angeht, so sind die Entscheidungen darüber, ob man Versandbuchhandel bzw. Internetbuchhandel betreibt, ein eigenes Ladenlokal unterhält, zur Untermiete in ein fremdes Ladenlokal geht, auf Provisionsbasis einem Dritten die Ware überlässt oder Filialen gründet, Distributionspolitik. Für Buchhan-

delsketten stellt sich daneben auch die Frage, in welchen Regionen man präsent sein will.

Diversifikation
„Never put all your eggs in one basket“ ist eine in diesem Zusammenhang gern zitierte Redensart, die den Kerngedanken der Risikostreuung wiedergibt. Wenn ein Unternehmen auf verschiedenen Geschäftsfeldern aktiv ist, dann trifft ein Rückgang auf einem Gebiet die Firma nicht so stark, als wenn man sich nur auf dieses Geschäftsfeld konzentriert. → Verlage diversifizieren, indem sie unterschiedliche Arten von Literatur veröffentlichen also → Sachbuch und Erzählende Literatur bzw. verschiedene Themenbereiche in ihrem Programm abdecken (z.B. Wirtschaftswissenschaften und Sprachwissenschaften). Im Sortimentsbuchhandel wird die Aufnahme von → Non-Books in das Sortiment als Diversifikation bezeichnet.

DNB → Deutsche Nationalbibliografie Deutsche Nationalbibliothek

DOI (Digital Object Identifier)
Der DOI identifiziert digitale Dokumente und ihre Inhalte eindeutig. Einmal vergeben, ist ein DOI unveränderlich und unabhängig vom Ablageort der Objekte. Ähnlich wie die ISBN für Buchtitel oder der EAN-Code bei Konsumgütern erfasst er nach international gültigem Standard Texte, Dokumente, Bücher, Bilder, Tondokumente oder auch nur Teile davon. Da sich das digitale Rechtemanagement (DRM) immer mehr durchsetzt, können so auch kleinere Einheiten identifiziert und deren Nutzung abgerechnet werden. Für den herstellenden und verbreitenden Buchhandel ergibt sich durch die Kennzeichnung mit dem DOI noch ein weiterer Vorteil: Elektronische Publikationen sind dann auch recherchierbar (z.B. im → VLB) und können wie Printmedien bestellt werden.
Der DOI besteht aus zwei Teilen. Der erste ist ein Präfix, der von autorisierten Agenturen vergeben wird und immer mit einer 10 beginnt. Er bezeichnet das Unternehmen, das den DOI registriert hat, und wird fest zugeteilt. Den zweiten Teil bildet ein beliebiges numerisches oder alphanumerisches Suffix. Dieses bestimmt der → Verleger selbst; hier können beispielsweise → ISBN oder → ISSN problemlos integriert werden. Die Länge des DOI ist nicht festgelegt, Präfix und Suffix werden durch einen Schrägstrich getrennt.

Drahtheftung → Bindearten

Dramaturgisierung
Mittels der Dramaturgisierung können neue → Werke und → Nebenrechte generiert werden. Bsp.: Heinrich Böll, „Frauen vor Flußlandschaft“, - Roman – Kiepenheuer & Witsch, Köln 1985.
Das Theaterstück „Frauen vor Flußlandschaft“ nach dem gleichnamigen Roman von Heinrich Böll wird 1988

in den Münchner Kammerspielen unter der Regie von Volker Schlöndorff uraufgeführt.
Es gibt auch ein literarisch bekanntes Beispiel für eine Ent-Dramaturgisierung: Alfred Döblins Roman „Hamlet oder Die lange Nacht nimmt ein Ende", Berlin 1956.

Druckverfahren
Wir unterscheiden den historischen → Hochdruck, die heutige → Offset- und → Tiefdrucktechnologie sowie den künstlerischen → Lichtdruck und in der Werbebranche den → Siebdruck.

Durchlaufgeschäft
So bezeichnet man den Teil des Umsatzes einer Buchhandlung, der mit Ware erzielt wird, die nicht vom Lager verkauft wird, sondern nur kurz durch den Laden läuft, wenn überhaupt (→ Direkteinweisung). Das ist der Fall bei Abonnements von → Zeitschriften, → Pflichtfortsetzungen und natürlich alle Kundenbesorgungen. Für den Buchhändler bringt das Durchlaufgeschäft den Vorteil, dass es kaum Kapital bindet (nur für die kurze Zeit, bis der Endkunde bezahlt, sofern nicht der Buchhändler seinerseits noch ein Zahlungsziel beanspruchen kann). Bei der Ermittlung der bereinigten → Lagerumschlagsgeschwindigkeit wird das Durchlaufgeschäft herausgerechnet. Durch ein starkes Durchlaufgeschäft könnte sonst ein falscher Eindruck vom Erfolg der Sortimentsgestaltung entstehen.

Durchschuss → Mikrotypografie

E

EAN

Vormals: Europäische Artikel Nummer; jetzt: Internationale Artikel Nummer. Sie ist eine international gültige und zentral verwaltete Produktkennzeichnung für Handelsartikel, die auf Antrag vergeben wird. Der EAN-Strichcode ist die maschinenlesbare Darstellung der Artikelnummer und damit besonders geeignet für Scannerkassen. Über die Nummer kann jeder Artikel identifiziert werden; sie dient weder Klassifizierungszwecken, noch trägt sie irgendwelche beschreibenden Informationen in sich.

Bei Büchern ist die → ISBN-13 mit der EAN identisch. Hier stehen die Anfangsziffern 978 und 979 für Buchprodukte und 977 für Zeitschriften.

E-Book

Beim elektronischen Buch erhält der Kunde eine Datei, die er auf einem Computer (PC; Laptop, Organizer), auf dem Handy oder auf einem speziellen Lesegerät betrachten kann. Es gibt im E-Bookmarkt auch Angebote, bei denen der Kunde nicht ganze Buchtitel sondern nur Teile davon als E-Book beziehen kann. Mittlerweile bieten sogar einige Öffentliche → Bibliotheken E-Books zur Ausleihe an. Den Durchbruch zur Massennutzung haben die E-Books im Gegensatz zu den E-Journals im Fachzeitschriftenbereich zumindest in Deutschland noch nicht geschafft. Für das Frühjahr 2009 wird allerdings mit der Markteinführung zweier Lesegeräte (von Sony und Amazon) gerechnet, die für eine Wende sorgen könnten. Wobei der Kindle von Amazon für die Buchhandelsbranche insofern ein Problem darstellt, als darauf nur Dateien ni einem proprietären Datenformat gelesen werden können. Die Kunden werden somit auf den Bezug bei Amazon festgelegt. Bezüglich der → Preisbindung von E-Books steht der Börsenverein auf dem Standpunkt, dass E-Books als Substitutionsprodukte der Preisbindung unterliegen.

eBuch

Der Name ist Programm, es handelt sich um den genossenschaftlichen Zusammenschluss von kleinen und mittleren Buchhändlern, die mit einem geschlossenen → Warenwirtschaftssystem oder einem speziellen Kassensystem arbeiten. Am Anfang stand die Idee, die Daten miteinander abzugleichen und so über die Auswertung der Verkaufszahlen zum Beispiel früher Trends zu erkennen. Mittlerweile vermarktet die Genossenschaft die Daten und kann sich darüber finanzieren. Zwischenzeitlich ist ein eigenes Einkaufsmodell hinzugekommen, an dem aber nicht alle eBuch-Mitglieder teilnehmen: Anabel. Hierbei sollten die Buchhändler soweit wie möglich ihre Ware über Anabel beziehen, sie können aber auch davon abweichen und eigene Bestellungen bei anderen Lieferanten tätigen. Das Zentrallagermodell von Anabel ist so angelegt, dass die angeschlossenen Buchhändler eine große Entlastung bei den Handlungskosten haben. Denn weder muss bei der Bestellaufgabe überlegt werden, ob ein Verlagsbezug in Frage kommt oder nicht, noch ist bei der Rechnungsprüfung eine Konditionenkontrolle erforderlich. Andererseits verpassen die Buchhändler dadurch aber auch die Chance, von Aktionskonditionen zu profitieren. Wie andere Kooperationsmodelle im Buchhandel auch (→ LG Buch, → AUB) bietet eBuch e.G. darüber hinaus noch weitere Vorteile für seine Mitglieder, die sich aber zum Teil auch auf Bereiche beziehen, in denen die Angebote der → BSG allen Mitgliedern des → Börsenvereins offen stehen.

Editionsformen
Die Editionsform sagt etwas über die äußere Form des Mediums aus, nicht aber über die Herstellungsweise. → Hardcover und → Paperback sind die beiden Editionsformen bei Büchern, die fälschlicherweise oft als gebundene Bücher und Taschenbücher bezeichnet werden. Bei der einheitlichen Warengruppensystematik für den Buchhandel kommen auch noch die ganzen Erscheinungsformen der → Non-Books hinzu. Die erste Ziffer, der sogenannte Warengruppenindex gibt darüber Auskunft. Erst die folgenden Stellen sagen etwas über die sachsystematische Einordnung aus.

Effektivrabatt → Partie

Einbandarten
Der Einband ist die äußere Hülle eines Buches und kann fest (→ Hardcover) oder flexibel sein (Softcover). Flexible Einbände bezeichnet man auch als → Broschur, bei der es verschiedene Arten gibt. Einbandarten unterscheiden sich auch nach Bezugsstoffen. Diese können auf Papier- oder Gewebebasis hergestellt sein oder aus Leder bestehen. Je nach Umfang des Bezugs gliedert man schließlich noch in Halb- und Volleinband, und auch die Art der Bindung liefert diverse Begriffe für die Einbandbezeichnung. Hier einige Einbandarten und ihre Abkürzungen in der bibliografischen Beschreibung der Bücherdatenbanken:

Efal	Efalin	Fester Rohstoff auf Papierbasis, der strapazierfähig ist und nach Wunsch eine Leinen- oder eine beliebige andere Prägung erhalten kann
F	Folieneinband	Hülle zum Schutz von Einbänden oder zur Aufnahme von Begleitmaterial (Kompass-Karten)
Hl	Halbleinen	Nur der Buchrücken und ein schmaler Streifen des Buchdeckels werden mit Leinen überzogen

E

iOrd	Im Ordner	In einem Ordner eingeheftet, um zur Akutalisierung ergänzen zu können (Loseblattwerke)
Kst	Kunststoff	Überzug aus robustem, nässebeständigen Kunststoff (Wörterbücher)
Kt	Kartoniert	Einfacher, flexibler Kartonumschlag um den Buchblock, wie bei Taschenbüchern
Ld	Leder	Ganzledereinband aus gegerbter Tierhaut
Ln	Leinen	Gewebter Einbandstoff, der den gesamten Buchdeckel umgibt, meist gefärbt
Mol	Moleskin	Auf der Rückseite gerautes Baumwollgewebe, robust
Pb	Paperback	Engl.: Papierrücken. Taschenbücher mit Kartonumschlag, fadengeheftet oder Klebebindung
Pp	Pappband	Buchdeckel bestehen aus Pappe (Hardcover), die so belassen oder mit diversen Materialien überzogen werden können
Ringb	Ringbuch	Als Bindung wird eine Metallspirale verwendet, die Seiten mit ausgestanzten Löchern zusammenhält

Einkaufsbudget
Ein zentraler Schritt bei der Einkaufsplanung ist die Festlegung des zur Verfügung stehenden Budgets. Dieses hängt ab von: Gesamtumsatz, Besorgungsumsatz, vorhandenem Lagerbestand und → Lagerumschlagsgeschwindigkeit. Außerdem muss man wissen, mit welcher Soll-LUG und welchem Soll-Umsatz man plant.

Dann geht man wie folgt vor:

1) Indem man den voraussichtlichen Besorgungsumsatz (Prozent-Anteil am Umsatz aus der Vergangenheit fortschreiben oder gewünschter Soll-Wert) vom geplanten Gesamtumsatz (Soll-Umsatz) abzieht, erhält man den Soll-Lagerumsatz.
2) Teilt man nun den Soll-Lagerumsatz durch die Soll-LUG, erhält man den Soll-Lagerbestand.
3) Diesen zieht man vom bisherigen Lagerbestand ab und erfährt so, in welchem Maße das Warenlager ab- bzw. aufgebaut werden muss (negativer Wert → Lageraufbau).
4) Der so gewonnene Wert wird vom Soll-Lagerumsatz abgezogen und man erhält das Einkaufsbudget.

Sinnvollerweise sollte man aber nicht alles gleich verplanen, sondern das Einkaufslimit etwas niedriger ansetzen und sich so eine Reserve schaffen, die unvorhergesehene Schwankungen auffängt bzw. die spontane Reaktion auf veränderte Marktgegebenheiten oder attraktive Aktionen ermöglicht.

ekz – Bibliotheksservice GmbH (früher: Einkaufszentrale für Bibliotheken)
Dienstleister, der → Bibliotheken verschiedenste Angebote von Möbeln,

technischen Gerätschaften über virtuelle Bestände bis hin zu bibliotheksfertig bearbeiteten Medien und fachlicher Beratung zur Bibliotheksentwicklung bietet. Von besonderer Bedeutung ist der Informationsdienst (kurz ID), dem die Bibliotheken entnehmen können, welche neu erschienenen Medien für ihren Bestand relevant sind. Was den Verkauf von Medien an die Bibliotheken angeht, ist die ekz Teil des Verbreitenden Buchhandels. Die Bibliotheken erhalten auf preisgebundene Medien nur den zulässigen Bibliotheksrabatt und für die Bearbeitung ist zu zahlen.

Elektronischer Lieferschein (ELS)
Im Gegensatz zum ausgedruckten Lieferschein wird der elektronische Lieferschein durch Datenfernübertragung vom Computer des Lieferanten direkt an den Computer des Empfängers übermittelt. Werden diese Daten (oft vor dem Eintreffen der Ware) in das → Warenwirtschaftssystem übernommen, hat die Buchhandlung sogleich einen aktuellen Überblick über ihr Lager und kann bei Barsortimentsbestellungen z.B. sofort sehen, ob alle Titel lieferbar sind. Mit dem Eintreffen der Ware können per Knopfdruck (ohne erneute Erfassung) der Bestand aktualisiert und auch entsprechende Etiketten ausgedruckt werden. Die elektronische Rechnung lässt sich direkt in die Finanzbuchhaltung übertragen. So spart man durch die Nutzung elektronischer Lieferscheine im → Wareneingang pro Position circa 5 Minuten Bearbeitungszeit.

Elektronisches Publizieren
Darunter versteht man das Veröffentlichen in digitaler Form. Der Inhalt existiert als File, als Datei.
Die Veröffentlichung kann offline oder online erfolgen und braucht ein für die Speicherung entsprechendes Trägermedium. In diesen beiden Formen erfolgt auch der Vertrieb.
Online-Publikationen können im Internet gelesen werden (z.B. Online-Zeitschriften), sie liegen auf einem Server zum Abruf bereit. Werden die elektronischen Publikationen auf lokale Datenträger gespeichert (DVD, CD-ROM, Festplatte, Wechseldatenträger oder e-book), sind sie offline. Es existieren auch Mischformen, bei denen zusätzliche Inhalte oder Anwendungen über das Internet angeboten werden. Elektronische Publikationen können vielseitiger sein als gedruckte → Werke im Hinblick auf Interaktivität und Multimedia-Funktionen. Es gibt sie daher vorwiegend für Werke mit hohem Informationsgehalt, die häufig aktualisiert werden, wie z.B.:

- Nachschlagewerke (Lexika, Verzeichnisse, Kataloge, Bibliografien)
- Lernmedien (Lernsoftware, Edutainment, E-Learning)
- Zeitschriften und andere → Periodika
- Fachpublikationen (Gesetzestexte, → Regeln für die alphabetische Katalogisierung)
- Wissenschaftliche Veröffentlichungen

Seit 2006 sammelt und verzeichnet die → Deutsche Nationalbibliothek auch elektronische Publikationen. Voraus-

E

setzung dafür ist die Zuweisung einer → DOI (Digital Object Identifier): einer Zeichenkette, die ein Objekt eindeutig identifiziert (vergleichbar mit der → ISBN).

Enzyklopädie
[griech.: enkyklios (kreis) paideia (Lehre, Bildung)] Eine Sammlung von Wissen, umfangreich und strukturiert in sachlicher und neutraler Form. Universalenzyklopädien haben den Anspruch, das gesamte Wissen der Menschheit darzustellen (z.B. die freie Enzyklopädie Wikipedia), während Spezial- oder Fachenzyklopädien einen Teilbereich umfassen und vollständig und mit großer Detailtiefe beschreiben (z.B. Enzyklopädie der Pflanzen).

Erfa-Gruppe
Die Mitglieder von Erfa- (Erfahrungsaustausch-) Gruppen sind Inhaber/innen von Buchhandlungen einer ähnlichen Größenordnung und aus verschiedenen Orten, die somit in keinem Konkurrenzverhältnis stehen. Wie der Name selbst sagt, steht dabei der (regelmäßige) Erfahrungsaustausch im Vordergrund.
Die Treffen werden in der Regel von einem Betriebsberater geleitet, wobei Folgendes geschieht:
- die Mitgliedsbetriebe (in der Regel ist jeweils eine andere Buchhandlung „Gastgeberin“) werden besichtigt und von den Kollegen konstruktiv kritisiert, hinsichtlich der Lagerordnung, der Schaufenstergestaltung, der Raumaufteilung u. Ä.,
- alltägliche Probleme (mit Lieferanten, Kunden, Mitarbeitern usw.) und positive Erfahrungen (z.B. Werbeaktionen) werden erörtert,
- die betriebswirtschaftliche Entwicklung der einzelnen Mitgliedsbetriebe wird besprochen und analysiert,
- außerdem kann auch ein Schwerpunkt- oder aktuelles Thema referiert werden (z.B. Einkaufsgenossenschaften, Gemeinschaftswerbung usw.).

Ergänzungslieferung → Loseblattausgabe

Erstauflage → Auflage

Erstausgabe
Die erste erschienene Veröffentlichung eines gedruckten Werkes. Nicht zu verwechseln mit → Erstauflage. So kann es mehrere Erstauflagen von Goethes „Faust“ in jeweils verschiedenen Verlagen geben, aber nur eine Erstausgabe. Gerade von Klassikern oder bedeutenden Werken sind Erstausgaben beliebte Sammlerobjekte. So wurde unlängst in London eine Erstausgabe von „Harry Potter and the Philosopher`s Stone“ für umgerechnet 28.000 Euro versteigert.

Eventmarketing
Was das Eventmarketing von anderen Veranstaltungen abhebt, ist der beson-

dere Erlebnischarakter, der geboten wird. Eine Lesung kann durch einen ausgefallenen Ort zu einer ungewöhnlichen Zeit bereits zum Event werden. Dadurch, dass der Verbraucher das Event mit einer größeren Intensität erfährt, prägt es sich ihm stark ein und die Wahrscheinlichkeit ist hoch, dass er sich mit seiner Umwelt über das Erlebte austauscht. Dies macht Eventmarketing zu einem wirksamen Kommunikationsinstrument, zumal bei flankierender Pressearbeit auch eine Medienberichterstattung wahrscheinlich ist.

F

Fachbuch

Hierbei handelt es sich um ein wissenschaftliches → Werk, das sich gezielt an ein Fachpublikum richtet. Da es Fachbegriffe oft ohne Erklärung verwendet, ist es für Laien nicht allgemein verständlich wie beispielsweise ein → Sachbuch. Fachbücher bieten Informationen zu einem bestimmten Thema, das meist im → Sachtitel genannt ist. Der Text ist klar strukturiert und enthält Übersichten, grafische Darstellungen, Abbildungen, Tabellen und Diagramme.

Fachverlag

Ein Fachverlag ist spezialisiert auf die Deckung des Literaturbedarfs von Fachleuten auf dem jeweiligen Gebiet. Der Wissenschaftsverlag ist eine Spezialform des Fachverlags.
→ Verlagstypen

Fachzeitschriften, buchhändlerische

Die wichtigste buchhändlerische Fachzeitschrift erhalten die Mitglieder des → Börsenvereins in einem Exemplar frei Haus: das → Börsenblatt Wochenmagazin für den Deutschen Buchhandel. Was im Börsenblatt offiziell angezeigt wird, muss sich jeder Branchenangehörige laut → Verkehrsordnung als bekannt entgegenhalten lassen. Deshalb enthält das Börsenblatt auch die → Gelbe Beilage, in der die Preisänderungen und Preisaufhebungen mindestens vierzehn Tage vorher von den Verlagen angezeigt werden müssen. Auf der Webseite www.boersenblatt.de kann man auch in Foren Diskussionsbeiträge zu Artikeln finden bzw. selber verfassen.

Buchhändler heute ist eine Zeitschrift, die primär den Nachwuchs der Branche anspricht, sie erscheint monatlich. Buchmarkt und buchreport.magazin erscheinen ebenfalls monatlich, buchreport.express hingegen wöchentlich. Der Fokus liegt bei Buchmarkt und Buchreport auf Hintergrundreportagen. Für den Sortimenter ist das Planungstaschenbuch von Buchmarkt eine große Hilfe. Buchreport zeichnet die Konzentration in der Branche mit seinen Listen der jeweils 100 größten bzw. mit dem Filialatlas nach. Die erwähnten Inhalte sind auf den Webseiten www.buchreport.de bzw. www.buchmarkt.de abrufbar.

Factoring

Hierbei handelt es sich um einen Forderungskauf. Eine → Verlagsauslieferung oder ein spezialisierter Dienstleister kaufen die Forderungen eines Verlages an den Buchhandel unter Abschlägen (Zinsen, → Delkredere) auf. An den vereinbarten Zahlungsbedingungen für die Buchhändler ändert sich dadurch nichts. Der → Verlag erhält aber die benötigte Liquidität sofort. Da Buchhändler ihrerseits in der Regel nur kleinere Forderungsbeträge haben, kommt für sie selbst diese Finanzierungsvariante nicht in Frage.

Fadenheftung → Bindearten

Fadensiegeln → Bindearten

Faksimile
[lat.: „mach es ähnlich"] Ein Faksimile ist die Reproduktion eines Originals, meist eines wertvollen Unikats. Anders als beim → Reprint muss die Nachbildung so perfekt sein, dass man es vom Original nicht mehr unterscheiden kann, also mit der gleichen Drucktechnik (mechanische Vervielfältigung mithilfe einer Druckform) hergestellt und mit dem gleichen (oft handgefertigten) Einband versehen. Selbst beim Original eventuell vorhandene Gebrauchsspuren muss das Faksimile aufweisen.

Faktura
Anderer Ausdruck für Rechnung (in Deutschland altmodisch, in Österreich immer noch geläufig). Von diesem Wort ist der Begriff Fakturierung für Rechnungsstellung abgeleitet, der häufiger vorkommt.

Falzen
Die Entscheidung für verschiedene Falze wird durch den Verwendungszweck bestimmt: In der Werbung dominiert der Parallelfalz, in der → Zeitschriften- und Buchbranche der Kreuzfalz. Beim Parallelfalz allgemein laufen mehrere Falze parallel zueinander und zur Papierlaufrichtung. Weit verbreitet sind der Wickelfalz, der Altarfalz und der Leporellofalz. Beim Wickelfalz werden zwei Teile des Bogens ohne Richtungswechsel um ein Bogenteil gefalzt – die Seiten werden ineinander gewickelt. Beim Altarfalz, der auch Fensterfalz genannt wird, werden entsprechend den beiden Altarflügeln in den Kirchen die beiden Außenteile des Falzbogens ohne Überlappung nach innen gefalzt und können dann aus der Blattmitte wie ein Fenster geöffnet werden. Der Leporellofalz wird auch Zick-Zack-Falz genannt. Auf der Website der Spiegelgruppe sind diese und weitere interessante Falzmöglichkeiten grafisch animiert hervorragend dargestellt. (www.spiegelgruppenachdrucke.de, gesehen im Internet im April 2008) In der Buch- und Zeitschriftenbranche versteht man unter dem Begriff Falzen das Knicken von → Bogen im rechten Winkel zu einer Bogenseite. Üblich ist dabei der symmetrische Dreibruch, auch Kreuzbruch genannt, der den 16seitigen Falzbogen ergibt. Dabei muss so gefalzt werden, dass der dritte Bruch parallel zur Papierlaufrichtung geht.

Fernabsatzvertrag
Hierbei handelt es sich um einen Vertragsabschluss, der ohne unmittelbaren persönlichen Kontakt zwischen einem Verbraucher und einem Unternehmer zustande kommt; also Verträge, die über Brief, Fax, Telefon, E-Mail oder Internetbestellmöglichkeit geschlossen

werden. Da die Verbraucher dabei die Ware nicht direkt begutachten können, sieht der Gesetzgeber die Kunden als besonders schutzwürdig an und räumt ihnen ein Rückgaberecht (Kosten für die Rücksendung trägt der Unternehmer) oder Widerrufsrecht (Kosten für die Rücksendung trägt der Käufer) ein. Ab einem Wert von 40 € der zurückgesandten Waren greift von Gesetzes wegen immer das Rückgaberecht. Die Frist für die Ausübung des Rechts beträgt bei korrekter Information 14 Tage ab Erhalt der Ware, ohne bis zu 6 Monaten. Das BGB sieht auch Ausnahmen vor, in denen der Verbraucher sich trotz Fernabsatzvertrags nicht vom Kauf lösen kann. Die wesentlichen für den Buchhandel relevanten Fälle sind → Zeitschriften; daneben audiovisuelle Medien und Software, bei denen die Versiegelung gebrochen wurde, sowie für den Käufer speziell angefertigte Waren (z.B. personalisierte → Print-on-Demand-Erzeugnisse).

Flachdruck

Der Flachdruck (Offsetdruck) ist ein chemisches und ein mechanisches Druckverfahren, das auf dem Prinzip der Abstoßung von Fett und Wasser beruht. Die druckenden Stellen auf der Druckplatte stoßen die Feuchtigkeit (den hauchdünnen Wasserfilm, mit dem die Platte behandelt wird) ab und nehmen die Fettfarbe an, die nicht druckenden Stellen nehmen Feuchtigkeit auf und stoßen die Fettfarbe ab. Mechanisch nennt man den Funktionsmechanismus des Offsetdrucks deswegen, weil von der seitenrichtigen Offsetdruckplatte auf ein Gummituch abgesetzt wird (daher der Begriff Off-set). Dies hat den Vorteil, dass die Platte selbst nicht mit dem Papier in Berührung kommt und sich infolgedessen nicht so schnell abnutzt. Vom früheren → Bleisatz war mit einem Bleistereo in der Rotation maximal eine Zeitungsauflage von ca. 40.000 Exemplaren möglich, der Offsetdruck erlaubt Auflagen bis zu 300.000 Exemplaren mit einer Druckplatte.

Der Flachdruck ist als Rotationsdruck und als Bogendruck möglich – Auflagenuntergrenze für die Rotation sind zehn- bis fünfzehntausend Exemplare. Der Vorteil der Rotation ist ein bereits gefalztes Druckerzeugnis, da im Anschluss an die Druckmaschine ein Falzaggregat installiert sein muss.

Flattermarken

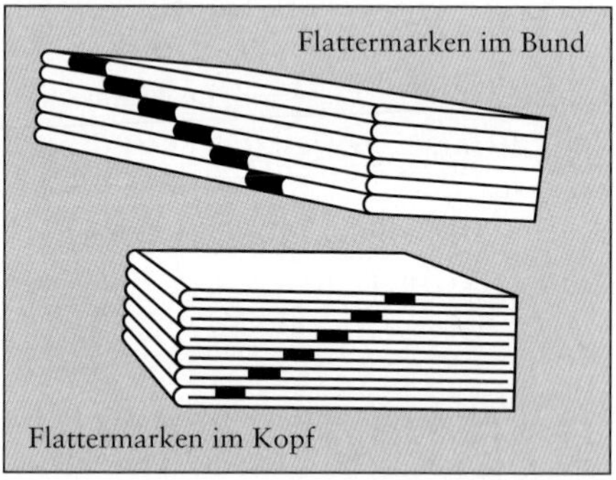

Diese Grafik wird mit freundlicher Genehmigung der Buchbinderei Berenbrock aus Wuppertal zitiert (Quel-

le: www.buchbinderei-berenbrock.de/ Flattermarken.htm, gesehen im Mai 2008).
Die treppenförmig angebrachten schwarzen Balken auf dem Rücken eines jeden Buchbinderbogens erlauben in der Buchbinderei die schnelle und zuverlässige Kontrolle der richtigen Abfolge der Buchbinderbögen.

Fortsetzungswerk
Es handelt sich hierbei um Veröffentlichungen, die mit zeitlichem Abstand in mehreren Teilen erscheinen. Sie können begrenzt oder unbegrenzt sein.
Bei begrenzten Fortsetzungswerken werden Kunden zur Abnahme aller Bände verpflichtet (Pflichtfortsetzung) und der Verlag gewährt in der Regel einen → Subskriptionspreis bis zur Auslieferung des letzten Bandes. In buchhändlerischen → Bibliografien werden solche Werke mit dem Vermerk „zur Fortsetzung“ gekennzeichnet. In dieser besonderen Publikationsform erscheinen oft → Werkausgaben und hochwertige, mehrbändige → Lexika.
Unbegrenzte Fortsetzungswerke sind beispielsweise → Loseblattausgaben, → Periodika und → Schriftenreihen.

Fotorechte → Urheberrecht

Fotosatz
Der Fotosatz hat in der zweiten Hälfte des 20. Jahrhunderts den → Bleisatz abgelöst und sich bis zur Verbreitung der Desktop-Programme halten können. Er war ein mechanisch und fotografisch arbeitendes Verfahren zur Herstellung von kopierfähigen Vorlagen für den Hoch-, Tief-, Offset- und Siebdruck. Die Schriftzeichen wurden von Schriftscheiben durch vorhandene Negative auf einen lichtempfindlichen Film projiziert und nach der Belichtung entwickelt. Der Ungar E. Uher baute um 1939 die erste praktisch einsetzbare „Lichtsetzapparatur“ nach Versuchen, die ins letzte Jahrhundert zurückreichen. Im Fotosatz wurden stündlich bis zu 35.000 Buchstaben gesetzt; das entsprach rund 17 → DIN A4 Seiten. Von ca. 1990 an wurde die Fotosatztechnologie zuerst durch den Lichtsatz und in der Folge durch leistungsfähige Layoutprogramme wie Indesign und QuarkXPress (u.v.a.) verdrängt, von denen aus man perfekte Laserbelichtungen auf eine Offsetplatte produzieren kann.

Fraktur → Makrotypografie

Franchising
Bei einem Franchisingmodell baut der Franchisegeber eine Marke auf und bietet den Franchisenehmern neben den Marketingleistungen für die Marke und der Beratung hinsichtlich der Betriebsführung auch die zugehörigen Produkte zum Bezug an. Im Gegenzug zahlt der Franchisenehmer eine Lizenzgebühr. In der Regel sind die Filialen der Franchisenehmer nach den Vorgaben des Franchisegebers einzurichten. Der Kunde kann nicht wahrnehmen, ob er eine von einem Franchisenehmer geführte

Filiale betritt oder nicht. Die unternehmerische Entscheidungsfreiheit ist stark eingeschränkt, andererseits profitiert der Franchisenehmer aber auch von der Popularität der Marke und der Beratungsunterstützung. Je nach Ausgestaltung des Vertrages ist der ergänzende Bezug aus anderen Quellen möglich oder nicht. Franchising ist im Buchhandel nur wenig verbreitet.

Freiexemplar
Alle Exemplare eines → Werkes, die der Verlag nicht verkauft, sondern aus verschiedenen Gründen kostenlos hergibt. Sie werden auch als Freistücke bezeichnet und zählen in der Regel nicht zur vertraglich vereinbarten Auflagenhöhe. Das können sein: Autorenexemplare, → Rezensionsexemplare, Prüfstücke, → Leseexemplare oder → Pflichtexemplare an die Nationalbibliothek.

Frontalpräsentation → Warenpräsentation

Frontispiz → Makrotypografie

G

Gegenstände des Buchhandels
Gegenstände des Buchhandels sind „alle Erzeugnisse der Literatur, Tonkunst, Kunst, Kartografie und Fotografie, die durch ein grafisches, phonographisches, fotografisches, fotomechanisches, optisches, magnetisches, digitalisiertes oder vergleichbares bestehendes oder neues Verfahren vervielfältigt sind, wie z.B. Bücher, Zeitschriften, Musikalien, Tonträger einschließlich → Hörbücher, Daten- oder Bildträger (insbesondere CD-ROM und DVD), Kunstblätter, Kalender, Diapositive, → Atlanten, → Landkarten, Globen, Schulwandbilder und andere diesen Begriffsbestimmungen entsprechenden Lehr- und Lernmittel" (zitiert aus der → Verkehrsordnung für den Buchhandel in der Fassung vom 9. November 2006 §1 Absatz 4). Der Buchhandel vertreibt demnach sowohl Printmedien als auch elektronische Medien. Nicht in der Verkehrsordnung erwähnt – jedoch ein Handelsgegenstand mit wachsender Bedeutung sind die → Nonbooks.

Geistiges Eigentum
Sammelbegriff für Eigentumsrechte im Bereich des Patent- und Markenrechts sowie des → Urheberrechts und des → Titelschutzes.

Gelbe Beilage → Börsenblatt für den Deutschen Buchhandel

GeoKatalog
Er besteht aus zwei Bänden und ist das weltweit einzigartige Nachschlagewerk für touristische und geografische Literatur und Karten.
Der GeoKatalog 1 (Touristik) wird herausgegeben vom GeoCenter Stuttgart. Er enthält auf dem deutschsprachigen Markt erhältliche touristische Veröffentlichungen (Karten, Atlanten, Globen, Reiseführer, Wander- und Sprachführer, Bildbände, DVDs...) geografisch und nach Verlagen gegliedert mit → Blattschnitten der kartografischen Verlage. Somit ist er ein sehr wichtiges Nachschlagewerk für den Buchhandel, das einmal jährlich als Printausgabe und als CD-ROM erscheint.

Nach einem alphabetischen Stichwortregister für die schnelle Suche gliedert sich der GeoKatalog 1 in folgende drei Hauptbereiche:

- Geografischer Teil: Er enthält das touristische Lieferprogramm – mit Deutschland beginnend und weiter gegliedert nach Kontinenten, Ländern und Regionen in jeweils alphabetischer Reihenfolge. Die Titel enthalten die wichtigsten bibliografischen Angaben und einen Bestellhinweis.
- Verlagsteil: Hier finden sich alle im Geokatalog vertretenen Verlage alphabetisch mit einer ebenfalls alphabetischen oder auch numerischen

Auflistung ihrer Publikationen und Reihentitel.
- Blattschnitt-Teil: Er enthält die Einteilungsübersichten - auch Blattübersichten, Kartenschnitte, Übersichtsnetze oder Blattschnitte genannt - fast aller im Geokatalog angebotenen in- und ausländischen, amtlichen und privaten Kartenwerke. Im geografischen Teil wird auf diesen Teil verwiesen.

Der GeoKatalog 2 (Geosciences) wird vom Internationalen Landkartenhaus (ILH) in Stuttgart herausgegeben und erscheint als → Loseblattausgabe in 3 Ordnern in englischer Sprache. Er enthält neben weltweit beschaffbaren kartografischen Produkten (amtlich-topografische, thematische Karten, fachkartografische Veröffentlichungen) auch die geowissenschaftliche Literatur. Anwendung findet dieses Nachschlagewerk vor allem in Instituten, Universitäten, Bibliotheken und Firmen im Bau-, Planungs- und Industriebereich. Die drei Ordner gliedern sich wie folgt:
- Bd. 2,1: Introduction & Index, Earth, Europe
- Bd. 2,2: Asia, Australia, Africa
- Bd. 2,3: Americas, Polar regions, Oceans, Space

Gesamtausgabe

Eine Gesamtausgabe ist die Zusammenstellung mehrerer einzelner Werke eines Autors, die einen umfassenden Eindruck von seinem Schaffen vermitteln sollen. Da diese nicht vollständig sein muss, können auch mehrere Gesamtausgaben eines Autors mit jeweils unterschiedlichen Werken nebeneinander bestehen. Die einzelnen Bände sind äußerlich gleich gestaltet.
Ohne Zustimmung des Autors oder seiner Rechtsnachfolger ist eine Gesamtausgabe erst nach Ablauf der → Schutzfrist möglich. Aber auch der Autor selbst darf die Aufnahme eines oder mehrerer seiner Einzelwerke in eine Gesamtausgabe eines anderen Verlages erst 20 Jahre nach Erscheinen zulassen.

Gesetz gegen den unlauteren Wettbewerb (UWG)

Das Ziel des Gesetzes ist es, unlautere Handlungen, die im geschäftlichen Verkehr begangen werden, zu sanktionieren. Da es nicht möglich ist, sämtliche unlauteren Praktiken vollständig zu erfassen, ist die Generalklausel des UWG sehr allgemein formuliert. Das Gesetz nennt als Beispiele für unlautere Handlungen: die Ausnutzung geschäftlicher Unerfahrenheit, insbesondere bei Kindern und Jugendlichen; die Herabsetzung und Verunglimpfung von Mitbewerbern; irreführende Angaben; bestimmte Formen der vergleichenden Werbung; Telefonwerbung ohne Einwilligung des Verbrauchers u.a.
Da es keine Spezifizierung für den Buchhandel gibt, hat es der Börsenverein des Dt. Buchhandels 1985 als seine Aufgabe betrachtet, → Wettbewerbsregeln für die Branche zu verabschieden. Die Beachtung dieser (mittlerweile überarbeiteten, aber vom Kartellamt noch nicht genehmigten) Regeln ist nach der

Satzung des → Börsenvereins verpflichtend für alle Mitglieder. Untersagt wurden u.a.

- die Benachteiligung einzelner Abnehmer oder Bevorzugung von Endabnehmern durch die Verlage,
- Sonderleistungen („Anzapfen“) an Buchhandlungen von den Verlagen bei besonderen Anlässen (z.B. Geschäftseröffnung, Jubiläum) etc.,
- das Verlangen von Mindestbestellmengen bei Titeln, die nur über den → Verlag bezogen werden können.

Gesetz gegen Wettbewerbsbeschränkungen (GWB)

Das GWB soll in erster Linie dazu dienen, den Wettbewerb in den verschiedenen Märkten zu erhalten. Um diesen Wettbewerb zu gewährleisten, soll das Gesetz verhindern,

- dass Unternehmen Kartelle bilden und somit den Wettbewerb einschränken (z.B. durch Preisabsprachen oder die Aufteilung von Märkten),
- dass Unternehmen eine marktbeherrschende Stellung erlangen, indem es dem Kartellamt die Möglichkeit bietet, Unternehmenszusammenschlüsse zu untersagen,
- dass Unternehmen eine marktbeherrschende Stellung missbrauchen.

Unter Kartellen versteht man Vereinbarungen zur Regulierung des Verhaltens konkurrierender Unternehmen. Eine marktbeherrschende Stellung sieht das GWB dann, wenn ein einziges Unternehmen einen Marktanteil von einem Drittel hat, aber auch wenn mindestens fünf oder weniger (konkurrierende) Unternehmen einen Marktanteil von 50 Prozent erreichen.

In der Praxis wird das GWB häufig durch die Wettbewerbsregeln der Europäischen Union beeinflusst. Im Buchhandel hat sich das vor allem durch die jahrelangen Auseinandersetzungen um den Erhalt der deutschen → Preisbindung bei Büchern gezeigt, die schließlich mit dem Buchpreisbindungsgesetz endeten. Außerdem hat das Kartellamt bei den Fusionen im Buchhandel in letzter Zeit eingegriffen (Thalia, DBH und Karstadt).

GfK – Gesellschaft für Konsumforschung

In Nürnberg ansässiges Marktforschungsinstitut, das zu den weltweit führenden Unternehmen auf diesem Gebiet zählt. Für den Buchhandel ist die GfK von Bedeutung, weil sie das sogenannte Buchmarktpanel durchführt, auf dessen Datenbasis teilweise die Bestsellerlisten erstellt werden und das die Grundlage für den Branchenmonitor Buch des → Börsenvereins bildet.

Ghostwriter

Prominente, die eine Autobiographie veröffentlichen wollen, aber selbst nicht talentierte Schreiber sind, bedienen sich häufig eines sogenannten Ghostwriters. Dieser übernimmt die eigentliche Schreibarbeit, während der Prominente sich auf die Materiallieferung beschränkt. Vermarktet wird das Buch unter dem Namen des Prominenten.

Großantiquariat
In der Buchbranche selten so bezeichnet, sondern oft Ramscher genannt. Großantiquariate kaufen von den Verlagen en gros deren → Mängelexemplare und die → Restauflagen von Titeln, deren → Preisbindung aufgehoben wurde. Daneben betreiben einige Großantiquariate auch selbst verlegerische Aktivitäten und bringen → Sonderauflagen und → Reprints zu günstigen → Konditionen heraus, die natürlich der → Preisbindung unterliegen. Sie sind also die Grossisten für das → Moderne Antiquariat.

Grundlagenpapier
Das Grundlagenpapier ersetzt seit 2007 das Spartenpapier. Wie das Vorgängerpapier auch, versucht das Grundlagenpapier das Verhältnis zwischen den verschiedenen → Wirtschaftsstufen, die im → Börsenverein trotz gegensätzlicher Interessenlagen unter einem Dach gemeinsam vertreten werden, zu regeln. Während aber im Spartenpapier noch relativ strikte Regeln den Umgang miteinander festschrieben, ist das Grundlagenpapier weitaus unverbindlicher formuliert. Man betont stark die gemeinsamen Ziele rund um das Kulturgut Buch und vermeidet klare Festlegungen hinsichtlich der Verpflichtungen der einzelnen Sparten des Buchhandels. Die Empfehlungen des Grundlagenpapiers zu beachten, gehört zu den Mitgliedspflichten der Börsenvereinsmitglieder.

Grundwerk → Loseblattausgabe

GWB → Gesetz gegen Wettbewerbsbeschränkungen

H

Handelsspanne

Die Formel für die Ermittlung der Handelsspanne lautet:

$$\frac{(\text{Umsatzerlöse - Wareneinsatz}) \times 100}{\text{Umsatzerlöse}}$$

Es wird also der → Rohgewinn (Umsatzerlöse - Wareneinsatz) ins Verhältnis zum Umsatz gesetzt. Dadurch wird die Vergleichbarkeit zwischen verschiedenen Handelsunternehmen oder auch im Zeitverlauf hergestellt. Ist die Handelsspanne größer als die Kostenquote (Gesamtkosten ins Verhältnis zum Umsatz gesetzt) macht das Unternehmen Gewinn.

Hardcover

Bei einem Hardcover (HC) bestehen vorderer und hinterer Einbanddeckel aus festem Karton oder Pappe. Der Buchrücken ist nicht am Buchblock verklebt (→ Einbandarten), daher erfolgt die Verbindung von Buchblock und Buchumschlag durch das Vorsatzpapier. Dieses besteht aus festem, oft farbigem, oberflächenstrukturiertem Papier.

Einfache Pappbände werden manchmal bedruckt und mit einem Schutzumschlag versehen. Bei hochwertigeren Exemplaren wird die Pappe zusätzlich mit einem Zellwollgewebe, Leinen oder Leder bezogen und mit Muster oder Schrift geprägt. Fadenheftung wertet die Ausstattung noch einmal auf, ist jedoch nicht zwingend für Hardcover; ein großer Teil hat eine → Klebebindung. Fast 40 Prozent aller lieferbaren Werke sind HC, sie erzielen ca. 75 Prozent des Buchumsatzes.

Haupt- und Nebenrechte

Als Hauptrecht wird nach dem → Normvertrag das Verlagsrecht (Vervielfältigung und Verbreitung) angesehen. Alle weiteren Rechte bilden die Nebenrechte:

Vor- bzw. Teilabdruck; Übersetzungsrecht; Lizenzrecht für das Verlagsrecht z.B. als Taschenbuch- oder als Buchgemeinschaftsausgabe; Ausgabe von Mikrokopien; Sonstige Vervielfältigungen (z.B. Fotokopieren); Aufzeichnungsrecht (z.B. Hörbuch); Vortragsrecht; Bearbeitung als Bühnenstück; Aufführungsrecht; Verfilmungsrecht; Bearbeitung für Hörfunk bzw. Fernsehen; Senderecht; Recht zur Vertonung; sowie die Lizenzvergabe für die genannten Nebenrechte.

Haupteintrag

Ein → Werk wird in einem → Katalog oder einer → Bibliografie nur ein einziges Mal mit den vollständigen bibliografischen Daten verzeichnet. Dazu gehören: → Verfasser- oder Sachtitelangabe, Zusatz zum Sachtitel, → Ausgabe- oder → Auflagenbezeichnung, → Impressumsvermerk, Umfangsvermerk, Gesamttitelangabe, evtl. Ergänzungen, → ISBN, → Einband und Preis (in Katalogen der → Barsortimente zusätzlich noch die Bestellnummern). Diese komplette Erfassung bildet den Haupteintrag, auf den von verschiedenen Nebeneinträgen verwiesen wird. Hat ein Werk z.B. zwei Verfasser, so findet man den Haupteintrag in der Regel unter dem erstgenannten. Sucht man aber unter dem anderen, zweiten Verfasser, findet man dort eine Verweisung auf den erstgenannten Autor mit dem Haupteintrag.

Herstellung
Die Herstellung ist eine Abteilung des → Verlages. Der Hersteller koordiniert den Produktionsprozess. Dafür arbeitet er mit Grafikern, Layoutern (Satz), Reprounternehmen und Druckereien sowie Buchbindern zusammen. Er kalkuliert die Kosten verschiedener Ausstattungsvarianten und arbeitet eng mit dem Lektorat zusammen.

Historisch-Kritische Ausgabe → Kritische Ausgabe

Hochdruck
Beim Hochdruck gibt es höher und tiefer liegende Teile. Die erhabenen Stellen der Druckform bzw. der gerasterten Klischees (für die Abbildungen) tragen die Farbe und geben sie an den Bogen ab. Dabei muss die Druckform spiegelverkehrt sein, damit der Druck richtig ausgegeben wird.

Hörbuch
Gesprochener Text auf einem Trägermedium zum auditiven Literaturgenuss, also „Literatur für die Ohren" (engl.: audiobooks).
Klassische Tonträger waren oder sind Schallplatten (früher „Sprechplatten" genannt), Kassetten, Audio-CD, DVD. In Zukunft werden digitale Formen eine zunehmende Rolle spielen; schon heute gibt es immer mehr Hörbücher in mp3-Format zum Download aus dem Internet oder auf CD, DVD oder anderen Speichermedien.
Seit etwa Mitte der 90er Jahre erlebt das Hörbuch mit der Gründung des Hörverlages einen deutlichen Aufschwung. Im Buchhandel bildet es mittlerweile eine eigene Warengruppe mit steigenden Umsätzen. Untersuchungen ergaben, dass nicht nur „Lesefaule" oder Sehbehinderte zu Hörbüchern greifen, sondern dass immer mehr Menschen z.B. Fahrzeiten, eintönige Tätigkeiten oder auch sportliche Aktivitäten bewusst und aktiv zum Konsum von Kultur und zur Weiterbildung nutzen. Eine Rolle spielte sicher auch, dass Hörbücher eine → ISBN erhielten und somit im → VLB gelistet wurden. Somit vereinfachte sich der Vertrieb über den Buchhandel. Klassische Buchverlage produzieren zunehmend eigene Hörbücher und veröffentlichen diese bereits zeitgleich mit den Buch-Novitäten. Die gewachsene Bedeutung dieser Publika-

tionsform erkennt man ferner daran, dass sich auch in diesem Segment Auszeichnungen etabliert haben: Seit 1997 gibt der Hessische Rundfunk monatlich die Hörbuchbestenliste heraus, der WDR verleiht den Deutschen Hörbuchpreis und seit Januar 2008 gibt es den vom Bundesverband Musikindustrie eingeführten Hörbuch-Award, der für 100.000 verkaufte Exemplare eines Titels verliehen wird.
Das Hörbuch unterliegt keiner → Preisbindung. Eine Preisempfehlung muss demnach in allen Verzeichnissen als unverbindlich gekennzeichnet werden.
Die Themen sind sehr vielfältig: Ob Lyrik (z.B. Rilke-Projekt), Kinderliteratur (Hörcompany), Reiseführer (geophon), ein Sprachlehrgang (dp), Lebenshilfe (Kösel), die Bibel, → Sachbuch oder → Belletristik – alles kann vertont werden.

Je nach Umsetzung des gesprochenen Wortes werden einzelne Gattungen unterschieden:

Hörspiel:
Bald nach der Erfindung des Radios entstand diese Kunstform aus Sprache, Musik und Geräuschen speziell für dieses Medium. Anfangs stark am Theaterstück orientiert, entwickelte sich das Hörspiel bald zu einer eigenen Literaturgattung, die auch als „Kino im Kopf" bezeichnet wird. Fiktionale Texte werden inszeniert; Stimmungen können durch Musik ausgedrückt, Informationen durch „innere Monologe" vermittelt werden. Originalhörspiele haben keine Buchvorlage, sondern sind extra für den Rundfunk verfasst, Hörspieladaptionen basieren dagegen auf Romanen oder Erzählungen. Heute werden aufwändige Hörfunkproduktionen von Verlagen mitfinanziert.

Szenische Lesung:
Sie scheint dem Hörspiel ähnlich, wird jedoch speziell für die Verwertung auf Tonträgern und Speichermedien produziert und nicht in erster Linie für den Rundfunk. Es handelt sich um den Originaltext eines → Werkes, dessen Dialogszenen von mehreren Sprechern gelesen werden. Oft wird die Lesung von Musik und Geräuschen untermalt.

Lesung:
Grundlage jeder Art Lesung ist ein Originalwerk, d.h. ein Sprecher liest den Originaltext vor. Ist dieser Sprecher der → Autor selbst, spricht man von einer Autorenlesung. Eine autorisierte Lesung ist eine Fassung, die mit dem Autor oder seinem → Lektor abgesprochen wird. Sprecher sind häufig Schauspieler, und nicht selten spielt es für Kunden eine große Rolle, wer ein Hörbuch liest. Nicht jede Lesung ist eine vollständige Wiedergabe des Werkes; ob es sich um eine gekürzte oder ungekürzte Fassung handelt, muss auf dem Cover oder in der Beschreibung angegeben sein.

Feature:
Hier handelt es sich um eine Vermischung von Sprache (Text), Geräuschen und Originaltönen. Wie das Hörspiel ist es eine Kunstform, die gezielt für den Rundfunk entwickelt wurde. Statt auf Fiktion basiert es auf Tatsachen, es

ist einer Reportage ähnlich und hat eher den Charakter einer sorgfältig recherchierten Dokumentation zu einem bestimmten Thema. Es will Hintergründe erklären und Wissen vermitteln.

Honorararten

Es wird zwischen → Absatzhonorar, Pauschalhonorar, Seitenhonorar und Lizenzerlösanteilen unterschieden. Gelegentlich spricht man auch von einem Regelhonorar oder einem Normseitenhonorar. Durch die Urheberrechtsnovelle des Jahres 2002 sind Pauschal- und Seitenhonorare für Buchautoren eher Ausnahmeregelungen, die nur dann zulässig sind, wenn aufgrund der präzise kalkulierbaren Zielgruppe mit einer genau kalkulierbaren Auflagenanzahl gerechnet werden kann. Im Zeitschriftenbereich werden wegen der kalkulierbaren Auflagen allerdings Zeilen- oder Seitenhonorare abgerechnet.
Unabhängig von der Auflage gilt ein Anspruch auf angemessene Vergütung: Der bisherige § 11 „Das Urheberrecht schützt den Urheber in seinen geistigen und persönlichen Beziehungen zum Werk und in der Nutzung des Werkes" wurde um einen entscheidenden Satz erweitert:
„Es (das Urheberrecht) dient zugleich der Sicherung einer angemessenen Vergütung für die Nutzung des Werkes." Dieser „unverzichtbare Anspruch" des Urhebers und (neuerdings!) der ausübenden Künstler (z.B. bei der Produktion von Audiobooks) soll durch zwei Komponenten gesichert werden:
Eine Vergütung gilt dann als angemessen, wenn sie „üblich und redlich" ist. Und: Künftig durch Vereinigungen von Autoren und Werknutzern zu erarbeitende „Gemeinsame Vergütungsregeln" (§§ 36 und 36a) stellen sicher, dass angemessene Vergütungen bezahlt werden.
Hier wurden also neben den bisherigen Individualrechten der Autoren kollektive Elemente (vergleichbar denen im Arbeitsrecht) neu in das Gesetz eingebracht. Unter dem Begriff „redlich" ist zu verstehen, dass keine Kluft zwischen den Erträgen der Verlage und den Honoraren für die Urheber entsteht. Lizenzerlösanteile als Honorar sind dann zulässig, wenn die Lizenz eine präzise Auflagenbestimmung beinhaltet.

Hurenkind → Mikrotypografie

I

IBU

Diese Abkürzung steht für den Informationsverbund Buchhandel, ein Angebot der → BAG. IBU ist eine neutrale → Bestellanstalt (die übrigen Bestellanstalten sind an ein → Barsortiment gebunden → Sortimenterkommissionär). Die Besonderheit von IBU gegenüber anderen Möglichkeiten der Bestelldatenübermittlung besteht darin, dass nicht nur formatierte Datensätze übermittelt werden können, sondern dass man auch sogenannte Klartextmitteilungen eingeben kann. IBU leistet über die reine Bestellanstalt hinaus die für den gesamten Datenaustausch innerhalb der Branche erforderliche Konvertierung zwischen den verschiedenen verwendeten Formaten (BWA-Satz, EANCOM und EDIFACT).

ILN International Location Number

Die ILN ersetzt in der Beziehung zwischen Unternehmen die früher üblichen Kunden- und Lieferantennummern und schafft die Voraussetzung für den reibungslosen Versand von Handelsgegenständen jeglicher Art. Mit ihrer Hilfe können weltweit schnell, fehlerfrei und maschinengerecht Adressinformationen verarbeitet werden. Wie die → ISBN ist sie eindeutig, unverwechselbar und besteht aus 13 Ziffern. Es existieren zwei Typen der ILN: Typ 1 identifiziert ein Unternehmen oder auch nur einen Teil davon und ist unveränderlich. Sortimentsbuchhandlungen, die Mitglieder des → Börsenvereins sind, erhalten kostenlos diesen Typ 1, in dem die Verkehrsnummer enthalten ist. Typ 2 mit einer integrierten Basisnummer ermöglicht darüber hinaus die Vergabe zusätzlicher Lokationsnummern für einzelne Bereiche im Unternehmen. So kann beispielsweise eine Regalreihe beim → Barsortiment eine eigene Nummer haben. Für die Teilnahme am System der Internationalen Artikelnummerierung (→ EAN) ist die ILN Typ 2 Voraussetzung, weshalb → Verlage und der → Zwischenbuchhandel Typ 2 benötigen.

Aufbau einer ILN, die über den Börsenverein vergeben wird:

43 73015 63515 4

4:	Internationales Präfix für Deutschland
3:	Branchenkennziffer
73015:	Kennziffer
63515:	Verkehrsnummer
4:	Prüfziffer

Die Vergabe der ILN erfolgt auf Antrag durch die GS1 Germany. Weitere Informationen auf deren Seite unter www.gs1-germany.org

Image

Das Image ist das Vorstellungsbild, das mit einem Unternehmen in Verbindung gebracht wird. Dabei geht es um die emotionale Wahrnehmung, nicht um objektive Faktoren. Daher ist eine Imageveränderung ein schwieriger Prozess und kann sinnvollerweise nur in kleinen Schritten nach und nach vollzogen werden. Ein Versuch einer radikalen Imagewende wäre kaum glaubhaft.

Importbuchhandel

Für den Bezug ausländischer Bücher kann der Buchhändler auf das → Barsortiment zurückgreifen oder auf einen spezialisierten Grossisten. Dort wird er entweder ausgefallenere Titel und/oder exotischere Sprachen beziehen können. Die Konditionen ähneln grundsätzlich denen, die bei den Barsortimenten üblich sind, dennoch kann der → Rabatt teilweise deutlich niedriger sein als bei deutschen Titeln, wenn im Herkunftsland mit geringeren Rabatten gearbeitet wird. Importierte Titel unterliegen nicht der Preisbindung, weswegen die Importeure nur unverbindliche Preisempfehlungen abgeben können. Anschriften von Importgrossisten findet man auf den letzten Seiten (einschließlich Umschlagseite) des → Banger.

Impressum

Das Impressum ist im wörtlichen Sinn ein Druckvermerk [lat.: das Eingedruckte], das alle am Druck Beteiligten namentlich erwähnt. Nach dem Deutschen Pressegesetz ist dieser Erscheinungsvermerk Pflicht für alle Druckwerke. Das Impressum unterscheidet sich geringfügig von Medium zu Medium. Bei Büchern muss es Angaben zum Verlagsort, → Verlag, Erscheinungsjahr enthalten. Weiterhin wird die Druckerei genannt, die Höhe der → Auflage und das Copyright (bei Übersetzungen auch das der Originalausgabe). Es ist Bestandteil der Titelei und befindet sich meist auf der Rückseite der Haupttitelseite. Ein Impressum am Ende eines Werkes nennt man Kolophon.
Das Impressum bei periodischen Publikationen (Zeitungen, Zeitschriften) muss über die Inhaltsangabe leicht zu finden sein. „Auf den periodischen Druckwerken sind ferner Name und Anschrift des verantwortlichen Redakteurs anzugeben“, heißt es im Pressegesetz. Auch muss eine verantwortliche Person für den Anzeigenteil benannt werden. Es dient dazu, die Verantwortlichen eines Druckerzeugnisses straf-, zivil- und presserechtlich heranziehen zu können. Auch bei Online-Veröffentlichungen ist ein Impressum zu führen, in dem der Anbieter der Website mit seinem Sitz und weiteren Angaben genannt wird. Hier heißt das Impressum auch Anbieterkennung.

Imprimatur

Unter dem Begriff versteht man die Druckfreigabe, diese gehört laut → Normvertrag zu den Rechten und Pflichten des → Autors. Mit der Imprimatur übernimmt der Autor auch die Verantwortung gemäß Normvertrag gegenüber seinem Verleger. In der Verlagspraxis kann es vorkommen, dass der Autor diese Verpflichtung an den Verlagslektor delegiert.

Imprint
Aus dem engl.: der Abdruck, der Aufdruck, aber auch das Impressum. In der Medienbranche versteht man unter dem Begriff eine sogenannte Wortmarke. So wirbt die Süddeutsche Zeitung für ihre Supplements mit dem Markenbegriff: „Redaktionelle Innovationen sind wesentlicher Bestandteil der Marke Süddeutsche Zeitung."
Buchverlage trennen sich aus marketingstrategischen Motiven heraus nicht von traditionellen Verlagsnamen, die im Rahmen von Eigentumstransaktionen die Verlagseigner wechselten. So führt beispielsweise der Münchner Hanser Verlag das Imprint des renommierten Verlags Zsolnay als Marke fort.

Initial → Makrotypografie

Inkunabel
Das Wort stammt aus dem Latein und wird mit „Wiegendruck" übersetzt. Darunter zählen alle in der „Wiege des Buchdrucks" von 1450–1500 hergestellten Bücher. Die erste mit beweglichen Lettern gedruckte „Gutenberg-Bibel", von der weltweit nur noch wenige existieren, ist heute von unschätzbarem Wert. Werke, die ab 1500 hergestellt wurden, nennt man Frühdrucke.

Internationales Urheberrecht
Zur internationalen Durchsetzung des Urheberrechts sind drei Aspekte wichtig: Copyright, Revidierte Berner Übereinkunft und Welturheberrechtsabkommen.

Das Copyright (©) basiert auf dem Copyright-Act und gilt nur in den USA. In der Praxis ist das Copyright-Symbol mit Jahrgang und Berechtigtem (z.B. © 1998 (by) XYZ Verlag) fast weltweit verbreitet. Da die USA jedoch Mitglied der Revidierten Berner Übereinkunft (RBÜ) sind, hat das Symbol in den RBÜ-Staaten mehr deklaratorische Bedeutung.

Die Revidierte Berner Übereinkunft aus dem Jahre 1886 – zuletzt revidiert 1979 – wurde als internationaler Vertrag (Stand 2007) von ca. 160 Staaten ratifiziert. Die Unterzeichnerstaaten verpflichten sich zur:

- Inländerbehandlung, d.h. ein ausländischer Berechtigter erhält dieselben Rechte wie ein inländischer Berechtigter.
- Mindestschutzfrist von 50 Jahren post mortem auctoris (pma).

Durch den Beitritt der USA, Russlands und der Volksrepublik China ist die praktische Bedeutung der RBÜ stark gestiegen.

Das Welturheberrechtsabkommen (WUA) der Vereinten Nationen aus dem Jahre 1952 – zuletzt revidiert 1971 – verpflichtet die Mitgliedsstaaten (ca. 100 Mitgliedsstaaten, Stand 2002) zur

- Inländerbehandlung, d.h. ein ausländischer Berechtigter erhält dieselben Rechte wie ein inländischer Berechtigter.
- Mindestschutzfrist von 20 Jahren post mortem auctoris (pma).

In Staaten, die weder der RBÜ noch dem WUA beigetreten sind, kann ein ausländischer Urheber seine Rechte kaum durchsetzen.
→ Urheberrecht

Internetbuchhandel
Es gibt reine Internetbuchhandlungen, die keine anderen Vertriebskanäle nutzen und damit zum ambulanten Buchhandel gehören. Daneben bieten aber auch viele stationäre Buchhandlungen zusätzlich zu ihrem Ladengeschäft die Bestellmöglichkeit im Internet. Dafür bedarf es sogar nicht einmal einer eigenen Website, stattdessen kann eine Buchhandlung auch einfach nur Partnerbuchhandlung entweder Ihres → Barsortiments oder der von der → MVB ins Leben gerufenen Plattform www.buchhandel.de werden. Schätzungen sehen für den Internetbuchhandel ein Potenzial von 10 - 15 Prozent Marktanteil am gesamten Buchhandelsumsatz. Eine neuere Theorie besagt, dass über das Internet gerade auch die weniger gängigeren Titel eine bessere Verbreitungschance fänden. Man spricht dabei vom Long Tail (langer Schwanz) der Bücher, die im stationären Handel nicht präsentiert würden, im Internet aber leicht gefunden werden können. Zu dieser Theorie passt, dass unter den reinen Internetbuchhandlungen viele kleine Anbieter sind, die auf ein spezielles Thema fokussiert sind.

Inventur
Wie alle anderen Unternehmen sind auch Verlage und Buchhandlungen nach § 240 HGB verpflichtet, einmal jährlich eine körperliche Bestandsaufnahme ihres Vermögens und ihrer Schulden durchzuführen. Außerdem ist eine Inventur bei der Unternehmensgründung, einer Geschäftsübergabe, dem Verkauf oder der Auflösung des Unternehmens erforderlich. Die Ergebnisse der Inventur bilden die Grundlage des Inventars. Dieses wertmäßige Verzeichnis besteht aus drei großen Gruppen: Vermögensbestände, Schulden und schließlich, durch Subtraktion der Schulden vom Vermögen ermittelt, das Reinvermögen.
Die Stichtagsinventur findet zum Ende des Geschäftsjahres (+/- 10 Tage) statt. Sie kann um bis zu drei Monaten früher oder bis zu zwei Monaten später durchgeführt werden, man spricht dann von einer zeitverschobenen Inventur. In diesem Falle muss zusätzlich zur körperlichen Bestandsaufnahme durch Fortschreibungs- bzw. Rückrechnungsverfahren der (mutmaßliche) Bestand

zum Ende des Geschäftsjahres ermittelt werden.

Sortimenter, die mit einem → Warenwirtschaftssystem arbeiten, das alle Zu- und Abgänge datenmäßig speichert, müssen nicht zum Stichtag die Inventur machen. Sie haben über das Warenwirtschaftssystem eine sogenannte permanente Inventur. Allerdings müssen auch diese Sortimenter einmal jährlich eine körperliche Bestandsaufnahme durchführen, um die tatsächlichen Bestände mit den Buchbeständen in Einklang zu bringen. Sie sind dabei aber frei hinsichtlich der Wahl des Zeitpunkts.

Die Bestandsaufnahme selbst kann mit verschiedenen Verfahren durchgeführt werden:

- klassisch durch Eintragung in Listen bei der Aufnahme,
- Aufsprechen auf Tonband und anschließende Niederschrift,
- Fotoinventur – die Bestände werden abfotografiert oder auf Video aufgenommen und die ergänzenden Angaben (Menge, Preis, Anschaffungsjahr) anschließend in Listen eingetragen,
- Erfassung über Handscanner und anschließende Umwandlung der Daten in Listen.

Inventurdifferenzen haben verschiedene Gründe: Neben Fehlern bei der Bestandsaufnahme sind das falsche Buchungen im Warenein- und -ausgang, falsche Preisauszeichnungen und auch Diebstahl.

Wichtig ist bei der Inventur auch, wie die Bestände bewertet werden. Sortimenter können hier verschiedene Abschreibungsvarianten wählen (→ Abschreibung). Verlage bewerten ihre Vorräte mit dem Tageswert bzw., falls diese niedriger sind, mit den Anschaffungs- oder Herstellungskosten. Dabei können auch Verbrauchsfolgeverfahren (fifo = first in first out bei gesunkenen Einkaufspreisen oder lifo = last in first out bei gestiegenen Einkaufspreisen) angewendet werden.

Für Sortimenter gibt es ein Merkblatt des Sortimenterausschusses zur Inventur zum Download auf der Börsenvereinshomepage.

I

ISBD (International Standard Bibliographic Description)

Ist ein Regelwerk für die Formalerschließung einer Veröffentlichung, das folgendem Schema folgt:

Sachtitel und Verfasserangabe (→ Autor, Titel, Untertitel)
Ausgabebezeichnung (→ Auflage oder → Ausgabe)
Erscheinungsvermerk (Ort, Verlag, Jahr)
Kollationsvermerk (Seitenzahl, Format)
Gesamttitelangabe (Reihe)
Nummern (z.B. → ISBN)

ISBN
Internationale Standard Buch Nummer

Seit ihrer erstmaligen Einführung 1967 in England ist die ISBN ein eindeutiges Identifikationsmerkmal für Bücher, weltweit unverwechselbar und maschinenlesbar. 2007 erfolgte die Umstellung von 10 auf 13 Ziffern. Sie besteht aus 5 Teilen (durch Bindestrich oder Lücke getrennt) mit „ISBN" vorangestellt und setzt sich wie folgt zusammen:

978 - 3 - 411 - 04058 - 2

978	Präfix	vergeben von EAN International; 978 und 979 stehen für Buchprodukt
3	Gruppennummer	für nationale, geografische, Sprach- oder ähnliche Gruppen; 3 steht für den deutschsprachigen Raum, 982 für den Südpazifik
411	Verlagsnummer	für den einzelnen gewerblichen Verlag innerhalb der Gruppe; wird von den nationalen ISBN-Agenturen vergeben
04058	Titelnummer	für das einzelne Werk des in Teil 3 bezeichneten Verlages; wird vom Verlag zugeteilt
2	Prüfziffer	immer einstellig; errechnet sich mithilfe des Prüfzifferverfahrens aus den vorangegangenen Ziffern

Verlagserzeugnisse, die eine ISBN benötigen:

- Bücher (gedruckt), Broschüren oder Hefte
- individuelle Artikel oder Ausgaben einer speziellen periodischen Publikation (jedoch nicht die periodische Publikation insgesamt)
- Landkarten
- Medien, die nicht gedruckt, sondern in anderer visuell erfassbarer Form hergestellt sind, z.B. Folien, Videos oder Filme, CD-ROM, die als Lehrmaterial vertrieben werden
- Tonträger (Platten, Kassetten, CD, DVD), die als Ergänzung zu Verlagserzeugnissen gelten
- elektronische Publikationen, entweder auf physischen Datenträgern (Kassetten, Disketten, CD-ROM, DVD-ROM) oder über das Internet veröffentlicht
- digitalisierte Kopien von gedruckten monographischen Publikationen
- Publikationen in Mikroform
- Lehr- und Lernmaterial in Form von Software

Verlagserzeugnisse, die in der Regel nicht mit einer ISBN versehen werden:

- fortgesetzte Publikationen, die in ihrer Gesamtheit als bibliographische Einheit betrachtet werden (→ : einzelne Ausgaben)
- Musikalien (→ ISMN), Musikaufnahmen
- Kunstdrucke und Kunstmappen ohne Titelblatt und Text
- persönliche Dokumente (elektronischer Lebenslauf oder persönliches Profil)
- Grußkarten, Postkarten
- Software, die nicht pädagogischen Zwecken dient (kein Lehr- oder Lernmaterial)
- E-Mails und andere elektronische Korrespondenz
- Spiele

Die ISBN ist Voraussetzung für die Aufnahme in das → VLB. Verlage sind verpflichtet, sie deutlich sichtbar am oder im Buch anzuführen, daher findet man sie meist auf dem äußeren Umschlag am Barcode sowie als zusätzliche Angabe zum → Impressum. Weitere Informationen über die Anwendung der ISBN in einzelnen Fällen wie z.B. bei → elektronischen Publikationen erhält man bei der Agentur für Deutschland, der ISBN-Agentur, Frankfurt/Main (www.german-isbn.org). Dort können diese Nummern auch für Einzelpublikationen beantragt werden.

ISMN Internationale Standard Musik Nummer

Sie dient der weltweit eindeutigen Identifizierung von Musikalien und Musikpublikationen. Das können sein: Noten, Partituren, elektronische Musikschriften, musikrelevantes Schrifttum. Bei manchen Liederbüchern oder musiktheoretischen Abhandlungen ist nicht immer klar, ob es sich um eine Musikschrift oder eine → Monografie handelt; in einem solchen Fall werden sowohl ISMN als auch → ISBN vergeben. Letztere stand Pate, als die ISMN entwickelt wurde (es gibt sie seit 1993 in ca. 50 Ländern). Genau wie die ISBN wurde sie 2007 auf 13 Stellen umgestellt. Die ISMN erhielt das Präfix 979-0. Die nächsten 8 Ziffern identifizieren Verlag und Titel, die letzte ist die Prüfziffer.
Die Internationale ISMN-Agentur wird von der Staatsbibliothek Berlin betreut.

ISSN Internationale Standard Serien Nummer

Die ISSN ist eine Identifikationsnummer für periodisch erscheinende Druckerzeugnisse (→ Periodika). Sie ist achtstellig und besteht aus zwei Gruppen zu je 4 Stellen, auch hier ist die letzte Zahl eine Prüfziffer. Von der → ISBN unterscheidet sich die ISSN dadurch, dass sie keinerlei Aussage enthält über Art, → Verlag und Herkunft der Publikation. ISSN ist stets mit einem „key-title“ verknüpft, der Auskunft gibt über den Titel der Publikation, den Herausgeber bzw. die bearbeitende Körperschaft und den Erscheinungsbeginn. Herausgeber des „Key Title Index“ für Deutschland ist das Nationale ISDS-Zentrum der → Deutschen Nationalbibliothek, Frankfurt/Main, das auch für die Vergabe der ISSN zuständig ist. Es koordiniert seine Arbeit mit dem „International Serials Data System“ (ISDS gegründet 1972 in Paris).
Nicht selten haben Veröffentlichungen neben der ISSN noch zusätzlich eine ISBN. Bei Buchreihen oder Jahrbüchern zum Beispiel muss die gesamte Reihe zur Kennzeichnung eine ISSN erhalten. Die einzelnen Ausgaben der Reihe, sofern sie auch separat beziehbar sind, erhalten extra noch eine ISBN.

J

Jahresabschluss
Besondere Abmachung zwischen dem Sortiment und dem (→ Taschenbuch-) Verlag. Im Voraus wird vereinbart, dass die Buchhandlung pro Jahr einen bestimmten Umsatz erzielt. Im Gegenzug gewährt der Verlag auf die Bestellungen einen höheren → Rabatt. Dieser Rabatt steigt mit der Höhe des vereinbarten Umsatzes. Auf der Grundlage des Gesamt-Nettoumsatzes des Vorjahres (→ Ladenpreis abzgl. MwSt abzgl. Rabatt abzgl. sonstiger Gutschriften) werden die Jahreskonditionen für das laufende Jahr festgelegt. Kann die Buchhandlung die verabredete Umsatzhöhe nicht erzielen, ist es dem Verlag vorbehalten, eine entsprechende Kürzung der Rabatte vorzunehmen.

Jahreskonditionen
In den letzten Jahren gehen die Verlage vermehrt dazu über, mit den Buchhandlungen Vereinbarungen abzuschließen, die über die Fragen von → Rabatt, Zahlungsbedingungen und Bezugskosten hinausreichen. Bei Jahreskonditionen wird nicht einfach nur ein Jahresabschlussrabatt gewährt, vielmehr sind auch die Maßnahmen aus dem Bereich der → Verkaufsförderung und die Zusammenarbeit mit dem → Verlagsvertreter, Teil der Jahreskonditionen. Teilweise gehört auch die Bereitschaft, Unverlangtsendungen bei → Schnellschüssen zu akzeptieren, mit zu diesem Paket. Die Verlage erhoffen sich auf diese Weise mehr Einfluss auf die Bemühungen der Sortimenter um den Verkauf ihrer Publikationen.

Jugendmedienschutz
Die Bundesprüfstelle für jugendgefährdende Medien entscheidet auf Antrag/Anregung, ob ein Printmedium oder ein Tonträger geeignet ist, die Entwicklung von Kindern und Jugendlichen zu gefährden. Falls ja, wird das betreffende Medium indiziert. Das Mitteilungsblatt der Bundesprüfstelle kann unter info@bpjm.bund.de kostenlos bestellt werden. Besteht bei einem einzelnen Titel Unklarheit, kann eine Mail an liste@bundespruefstelle.de für Klarheit sorgen.
Für den Buchhandel bedeutet die Indizierung eines Titels, dass dieses Medium nicht beworben oder Kindern und Jugendlichen zugänglich gemacht werden darf. Ein Verkauf am Kiosk oder im Versandhandel scheidet damit aus. Erwachsene dürfen indizierte Medien erwerben, sofern es sich nicht um strafbare Inhalte (§§ 86, 130, 130a, 131, 184a, 184b StGB) handelt. Auch ohne Indizierung unterliegen offensichtlich schwer jugendgefährdende Inhalte (Kriegsverherrlichung; Darstellung von sterbenden, schweren körperlichen oder seelischen Leiden ausgesetzten

Menschen, die die Menschenwürde verletzt; Darstellung von Kindern und Jugendlichen in unnatürlicher, geschlechtsbetonter Körperhaltung) den gleichen Beschränkungen wie formell indizierte Medien.

Für Filme und Unterhaltungssoftware ist die Bundesprüfstelle nicht zuständig, hier greift das System der freiwilligen Selbstkontrollen (www.fsk.de für Filme und www.usk.de für Unterhaltungssoftware). Die Selbstkontrollgremien legen fest, ab welchem Alter das jeweilige Medium genutzt werden darf, und erteilen eine entsprechende Altersfreigabe, die farbig gekennzeichnet auf der Verpackung des Mediums zu sehen ist. Filme, Videos, DVDs, und Computer- bzw. Konsolenspiele ohne eine Altersfreigabe dürfen nicht an Kinder und Jugendliche verkauft werden. Ansonsten ist die Altersfreigabe beim Verkauf zu beachten.

K

Kalkulation im Sortiment

Die Sortimenter haben bei preisgebundenen Medien keine Verkaufskalkulation durchzuführen. Mittels einer retrograden Kalkulation bzw. Differenzkalkulation wird ausgehend vom Nettoladenpreis die Differenz zum Selbstkostenpreis berechnet, diese ist der Gewinn des Sortimenters.

Für die Ermittlung des Selbstkostenpreises in der Einkaufskalkulation wird ähnlich der Kalkulation nicht preisgebundener Ware verfahren:

Ladenpreis
– Rabatt

Nettopreis = Zieleinkaufspreis
– Skonto

Bareinkaufspreis
– Vorsteuer

Nettowarenwert
+ Bezugskosten (netto)

Einstandspreis (andere Bezeichnung: Bezugspreis)
+ Handlungskosten

Selbstkostenpreis

Zu beachten ist, dass der Nettopreis nicht netto im umsatzsteuerlichen Sinne ist. Vielmehr heißt netto hier nur abzüglich des → Rabatts. Weiter ist wichtig, dass nicht der Nettowarenwert dem → Wareneinsatz entspricht, sondern vielmehr der Einstandspreis.

Karten (Kartografie)

Sie gehören zu den → Gegenständen des Buchhandels, sind preisgebunden, haben den ermäßigten Mehrwertsteuersatz und dürfen als → Büchersendung verschickt werden.

Karten und Pläne dienen der Erfassung und Beschreibung von Gebieten und zur Orientierung in ihnen. Das sind sowohl Bereiche der Erdoberfläche (Kontinente und Ozeane) mit ihren einzelnen Teilregionen, als auch Zonen des Universums oder einzelne Himmelskörper. Sie bilden auf der Basis von Vermessungen wirkliche räumliche Gegebenheiten maßstabsgetreu verkleinert ab.

Das heißt, der Maßstab gibt exakt das Maß der Verkleinerung an. Bei einem Maßstab von 1:100.000 ist das Originalgebiet 100.000-fach verkleinert und 1 cm auf der Karte entspricht 1 km (100.000 cm) in der Wirklichkeit. Stadtpläne haben häufig den Maßstab 1:10.000 - hier entspricht 1 cm gleich 100 m. Letzterer ist ein großer Maßstab, denn er zeigt die Objekte auf der Karte detaillierter und genauer an und lässt dadurch Einzelheiten umso größer erscheinen. Karten mit großem Maßstab werden auch Pläne genannt. Ein kleiner Maßstab dagegen verkleinert mehr und kann daher größere Flächen darstellen (eine Weltkarte hat immer einen kleinen Maßstab). Daraus ergibt sich folgende Regel: Je kleiner die Zahl, desto größer der Maßstab. Je größer der Maßstab, desto größer die Details auf der Karte.

Es gibt unzählige Arten von Karten, die nicht alle hier aufgezählt und erläutert werden (→ weiterführende Literatur). Sie können nach verschiedenen Aspekten unterschieden werden:

- nach ihrer äußeren Form in Faltkarten (z.B. Stadtpläne), Planokarten (z.B. Wandkarten), Atlanten (→ Atlas), die ganze Kartenwerke enthalten, und digitale Karten (z.B. Navigationssysteme, Routenplaner),
- nach ihrem Herausgeber in amtliche Karten (z.B. Katasterkarten) und Verlagsproduktionen für den privaten Bereich (wobei diese jedoch oft auf den amtlichen Karten z.B. der Landesvermessungsämter beruhen),
- nach Darstellungsgebiet in Landkarten, Gewässerkarten, Seekarten, Himmelskarten, Sternkarten,
- nach ihrem Inhalt in topografische und thematische Karten, wobei die topografischen Karten die Basis bilden für weitere thematische Erschließung.

Topografische Karten beschreiben die Erdoberfläche mit allen Gegebenheiten wie Geländeformen, Vegetation, Höhenunterschieden, bebaute Fläche, Verkehrsnetz und sonstige Geländemerkmale in genauer Lagetreue. Sie sind ein von den Landesvermessungsämtern vermessenes und kartiertes Modell der Landschaft.

Thematische Karten stellen auf der Basis topografischer Karten Gebiete unter einem gezielten Aspekt dar, der auf spezielle Nutzer bezogen ist. Geowissenschaftler gebrauchen und erstellen sowohl physische (z.B. geologische, klimatologische) oder ökonomische (z.B. Besiedelung) Karten. Für administrative Aufgaben gibt es politische, Büro- und Organisationskarten (z.B. Postleitzahlenkarten) und für den Unterricht werden spezielle Schulkarten (z.B. stumme Karten) hergestellt. Sehr viele thematische Karten werden in der Freizeit genutzt: Straßenkarten, Freizeitkarten mit Ausflugsbeschreibungen, Radwanderkarten, Wanderkarten. Letztere sind immer auch hypsometrische Karten, auf ihnen sind die Höhenverhältnisse bzw. -unterschiede mithilfe von Höhenlinien oder Höhenschichten abgebildet. Sind zwecks plastischer Darstellung steile Hänge dunkel und flache hell schraffiert, so spricht man von Schummerung.

Auf allen Arten von Karten finden sich Angaben zum Maßstab, ein Gradnetz (oder ein Suchgitter), Signaturen (Symbole, Kartenzeichen), Schrift (zur Bezeichnung einzelner Objekte) und eine Legende, die alle auf der Karte verwendeten Zeichen und Linienarten erklärt. Den umfassendsten Nachweis für Karten, Kartenwerke und Atlanten liefert der → Geo-Katalog.

Katalog
Ein Katalog ist ein nach bestimmten Gesichtspunkten geordnetes Verzeichnis von Veröffentlichungen, die in einer oder mehreren Bibliotheken oder Sammlungen bzw. in einem oder mehreren Buchhandelsbetrieben vorhanden sind. Im Gegensatz zu einer → Bibliografie (z.B. → VLB) ist ein Katalog eher ein Bestandsverzeichnis (z.B. Kataloge der → Barsortimente). Man unterscheidet zwischen Formalkatalog und Sachkatalog. Der Formalkatalog ordnet das Titelmaterial alphabetisch, ein Sachkatalog nach Themen oder sachlichen Zusammenhängen, weshalb er auch oft systematischer Katalog genannt wird. Ausgehend von diesen beiden Katalogarten gibt es: Standortkataloge (Bibliotheken), Schlagwortkataloge, Stoffkataloge, Stichwortkataloge.

Im Versandbuchhandel stellt der Katalog (ob in gedruckter Form oder online) ein Instrument der Kommunikationspolitik dar. Er dient der Darstellung des eigenen Angebots, um die Kunden zum Kauf anzureizen. Juristisch gesehen stellen die Kataloge der Barsortimente und des Versandbuchhandels keine Angebote dar, sondern nur die Einladung, ein Angebot abzugeben. Kein Kunde kann sich also darauf berufen, dass er ein bestimmtes Buch aus dem Katalog (zu den dort aufgeführten Konditionen) auch tatsächlich bekommen muss.

Kaufvertrag
Beim Kaufvertrag verpflichtet sich der Käufer, den vereinbarten Preis zu zahlen und die Ware abzunehmen, während der Verkäufer ihm das Eigentum an der Sache verschaffen und die Bezahlung entgegennehmen muss. Erfüllungsort für die vertraglichen Pflichten ist jeweils der Wohnort bzw. Geschäftsort der Partei, die die jeweilige Leistung zu erbringen hat, sofern nichts anderes vereinbart ist. Das heißt, die Ware muss vom Käufer beim Verkäufer abgeholt werden, lässt er sie sich schicken (Versendungskauf), trägt er das Risiko. Eine Ausnahme bildet dabei der sogenannte Verbrauchsgüterkauf, bei dem ein Verbraucher sich von einem Unternehmen eine Ware schicken lässt, hier liegt die Haftung bis zur Übergabe beim Unternehmer. Grundsätzlich sind sowohl Lieferung als auch Bezahlung sofort fällig, sofern nichts anders vereinbart wurde. Eine besondere Form des Kaufvertrags ist der Fixkauf, bei dem die Lieferung exakt am vereinbarten Termin erfolgen muss. Sofern diese Vereinbarung nicht eingehalten wird, ist das Geschäft hinfällig und der Käufer kann Schadenersatz fordern.

Kerning → Mikrotypografie

Kernsortiment
Anstelle von Kernsortiment wird teilweise auch von Schwerpunktsortiment gesprochen. Es handelt sich um jenen Teil des Sortiments eines Handelsunternehmens, mit dem es seinen Hauptumsatz erzielt.

Key Account Management
In größeren Verlagen gibt es in der Vertriebsabteilung auch ein Key Account Management, das aus dem Innendienst heraus die wichtigsten Großabnehmer des Unternehmens direkt betreut. Diese Unternehmen ordern dann für ihren Zentraleinkauf nicht mehr über → Vertreter.

KISS-Formel
Keep it short and simple (Fasse dich kurz und mache es einfach), diese Formel gilt für die Textgestaltung von Werbebriefen. Denn nur kurze Briefe haben eine Chance, gelesen zu werden und die Botschaft sollte möglichst direkt zum Ziel der Bestellung weisen, um nicht im übrigen Text unterzugehen.

Klappentext
Anstelle von Klappentext wird oft auch vom Waschzettel eines Buches gesprochen. In der Regel auf der Umschlagseite U 4 findet sich ein Abriss des Inhalts, daneben evtl. eine Vorstellung der → Autoren (v. a. bei Fachliteratur) oder auch kurze Zitate aus Besprechungen in den Medien. Der Klappentext soll so viel Informationen geben, dass der Leser neugierig wird und mehr wissen will (→ Belletristik) bzw. glaubt, den Informationswert des Buches für seine Zwecke abschätzen zu können (→ Sach- und → Fachliteratur).

Klebebindung → Bindearten

Kleinbeischlüsse → Beischlüsse

Kolophon
Schlussformel mittelalterlicher Handschriften und Frühdrücke mit Angaben zu → Verfasser, Ort und Datum.

Kolumne
1. Satzspalte; 2. Kurzer Artikel, der regelmäßig und immer mit der gleichen Überschrift in einer Zeitung erscheint.

Kolumnentitel
Unter dem Begriff versteht man die → Pagina (auch toter Kolumnentitel genannt) oder eine als Orientierungshilfe für den Leser systematisch fortgeführte Betitelung der Buchseiten (auch lebender Kolumnentitel genannt). Zur Etymologie: aus dem Lateinischen columna, die Säule. Die Positionierung des Kolumnentitels ist beliebig, natürlich kann er auch unterhalb des Textes gesetzt werden. Wenn im Rahmen der Titelei paginiert wird, aber die Pagina nicht gedruckt erscheint, dann spricht man von einer stummen Pagina. Das bedeutet, dass nach dem Inhaltsverzeichnis im Text lesbar pagniert wird, dann erscheint z.B. die Seite acht; die vorherigen sieben Seiten werden gezählt, aber die Pagina ist nicht gedruckt. Eine andere weit verbreitete Möglichkeit ist es, die Paginierung im Rahmen der → Titelei mit römischen Ziffern vorzunehmen. Daraus ergeben sich zwei Vorteile. Die Seiten mit Inhaltsverzeichnis, Impressum und ggf. mit Vorwort sind ordentlich zitierbar, und zweitens ersparen sich die Hersteller eine Neupaginierung für den Fall,

dass sich in der Titelei Kürzungen oder Weiterungen ergeben.

Kommissionär im Buchhandel

Es gibt zwei Arten von buchhändlerischen Kommissionären → Sortiments-Kommissionär (auch Sortimenter-Kommissionär genannt) und → Verlags-Kommissionär (auch Verleger-Kommissionär genannt). Beiden ist gemeinsam, dass sie laut § 1 der → Verkehrsordnung im Auftrag und im Namen ihres jeweiligen Kommittenten oder des Kommittenten und seiner Kunden handeln. Damit sind sie keine Kommissionäre im Sinne des § 383 HGB, denn diese handeln im eigenen Namen für fremde Rechnung. Wird im → Börsenblatt oder im → Adressbuch für den deutschsprachigen Buchhandel der buchhändlerische Kommissionär eines Sortimenters oder Verlages bekannt gemacht, dann bleibt er so lange buchhändlerischer Kommissionär, bis etwas anderes im Börsenblatt angezeigt wird.

Kommissionsverlag

Der Kommissionsverlag druckt und verbreitet → Werke, die komplett von den Autoren/Herausgebern finanziert werden. Die Ware ist daher das Eigentum des → Autors/Herausgebers und wird vom Kommissionsverlag nur verwaltet. Es handelt sich um ein Kommissionsgeschäft im Sinne des Handelsgesetzbuches, da der Kommissionsverlag in eigenem Namen für fremde Rechnung auftritt.

Kommunikationspolitik

Als Kommunikationspolitik bezeichnet man alle Maßnahmen, durch die ein Unternehmen mit seinen Kunden in Kontakt tritt. Die wichtigsten im Buchhandel sind die → Werbung, die → Verkaufsförderung, die → Öffentlichkeitsarbeit, das → Eventmarketing und das → Direktmarketing. Aber auch der Kontakt beim persönlichen Verkauf und die Ladengestaltung (Beschriftung, → Warenpräsentation) sowie die Schaufensterdekoration sind in diesem Sinne Kommunikationspolitik. Im Buchhandel weniger intensiv genutzt wird das Instrument des Sponsoring. Verlage gehen zusätzlich noch auf Messen, um dort ihre Kunden anzusprechen. Product Placement im Rahmen von Filmen oder Fernsehsendungen spielt in der Buchbranche keine Rolle.

Kompendienkatalog

Es handelt sich hierbei um ein Verzeichnis, das Bücher und andere Medien nach Sachgebieten (z.B. Reise, Recht, Technik) oder Gattungen (Wörterbücher, Kalender, Taschenbücher) zusammenfasst. Ein Beispiel dafür ist der → Geokatalog.

Kompendium

[lat.: Ersparnis, Abkürzung, Gewinn] Ein Kompendium ist ein Lehr- oder → Nachschlagewerk, das den Stoff eines Wissensgebietes in kompakter Form vermittelt.

Konditionen
Neben → Bezugsform, → Rabatt(en), Lieferungsbedingungen (→ Bezugskosten) und → Zahlungsbedingungen werden in den Verhandlungen zwischen Sortiment und Verlag mittlerweile auch die → Werbekostenzuschüsse als Teil der Konditionen angesehen.

Kooperative Werbeformen
Da Werbung teuer ist, gibt es verschiedene Formen, wie die Kosten auf mehrere Schultern verteilt werden und teilweise zugleich auch noch Verbundeffekte zwischen verschiedenen → Wirtschaftsstufen oder Branchen erzielt werden können. Innerhalb des Buch- und Verlagswesens ist die kooperative Werbung weit verbreitet, bei der z.B. der → Verlag Werbemittel zur Verfügung stellt und der Buchhändler sie mit seinem Eindruck versehen lässt oder umgekehrt eine Buchhandelskette einen Einzeltitel eines Verlages besonders bewirbt und der Verlag sich an den Kosten der Aktion beteiligt. Wichtig ist, dass bei der kooperativen Werbung die Firmennamen beider Unternehmen im Spiel sind - und sei es nur, indem das Verlagslogo bei einem Anzeigenmotiv gut erkennbar ist. Es gibt außerdem die sogenannte Branchenwerbung, bei der die → MVB Kampagnen initiiert und den Buchhändlern und Verlagen Werbemittel dazu anbietet. Allerdings würde außerhalb der Buchbranche ein anderer Begriff als Branchenwerbung hierfür verwendet werden. Denn wenn Unternehmen aus einer Branche, die auf verschiedenen Wirtschaftsstufen tätig sind, gemeinsam ohne die Aufzählung einzelner Firmennamen der beteiligten Unternehmen werben, spricht man von vertikaler Gemeinschaftswerbung. Horizontale Gemeinschaftswerbung liegt vor, wenn mehrere Unternehmen der gleichen Wirtschaftsstufe und der gleichen Branche gemeinsam ohne Namensnennung Werbung treiben. Diese Form trifft man in der Buchbranche bisher selten an. Verbreiteter ist dagegen die Gruppenwerbung, bei der Unternehmen der gleichen Wirtschaftsstufe und Branche gemeinsam auftreten und die Firmennamen erwähnt werden (z.B. Bücher der 6, Dachmarke Scala der → LG Buch). Verbundwerbung wäre für Buchhändler durchaus möglich, wenn sie Partner aus benachbarten Branchen (z.B. Kinos) für einen gemeinsamen Auftritt gewinnen können, bei dem für beide Angebote geworben wird. Entscheidend für das Gelingen der Verbundwerbung ist, dass die Produkte sich ergänzen (z.B. Buch und zugehörige Verfilmung), so dass der Verbraucher auch für sich einen Verbundeffekt wahrnimmt. Buchhandlungen beteiligen sich auch an Sammelwerbung, wenn sie zeitlich begrenzt mit Händlern anderer Branchen zeitlich begrenzt unter Namensnennung Werbung treiben (z.B. für einen örtlichen Aktionstag).

Kosten- und Leistungsrechnung
Die Kosten- und Leistungsrechnung (kurz: KLR) ist ein Teilgebiet des betrieblichen Rechnungswesens. Wäh-

rend die Buchhaltung mit dem Jahresabschluss der Rechnungslegung nach außen dient, ist die KLR ebenso wie die Betriebsstatistik und die Planungsrechnung ausschließlich intern (man spricht auch vom Rechnungskreis II des betrieblichen Rechnungswesens). Sie ist das Informations- und Kontrollinstrument für die Unternehmensleitung bezüglich der Leistungsfähigkeit. Auf der Basis der Werte der KLR kann man den Betrieb steuern. Aufgrund der verursachungsgerechten Zurechnung der Kosten zu den Leistungen lässt sich feststellen, in welchen Teilbereichen das Unternehmen wirklich Geld verdient und wo Verluste verursacht werden, die den langfristigen Erfolg wenn nicht gar das Fortbestehen des Betriebes gefährden. Neben dem Betriebsergebnis, das frei von zufälligen Einflüssen ermittelt wird (im Gegensatz zum steuerrechtlichen Jahresabschluss), ist die Kontrolle der Wirtschaftlichkeit (Wert der erzeugten Leistungen im Verhältnis zu den angefallenen Kosten) ein zentrales Element der KLR. Hinsichtlich des zeitlichen Horizonts ihrer Berechnungen werden folgende Formen der KLR unterschieden: die zukunftsorientierte Plankostenrechnung und die jeweils vergangenheitsorientierte Istkostenrechnung (was war im vergangenen Jahr wirklich) und Normalkostenrechnung (was war durchschnittlich über mehrere Jahre hinweg). Nach der Art, wie gerechnet wird, unterscheidet man Vollkostenrechnung (alle angefallenen Kosten werden auf die Produkte umgelegt), Teilkostenrechnung (= Deckungsbeitragsrechnung: Von den Erlösen werden die variablen Kosten abgezogen, der verbliebene Betrag dient der Deckung der fixen Kosten). Innerhalb der Vollkostenrechnung gibt es drei Bereiche: Kostenartenrechnung (unterscheidet nach der Art der verbrauchten Produktionsfaktoren, welche Kosten angefallen sind), Kostenstellenrechnung (ermittelt, bei welchen organisatorischen Einheiten welche Kosten angefallen sind) und Kostenträgerrechnung (stellt fest, für welche Produkte welche Kosten angefallen sind).

Kreditoren

Sind das Gegenstück zu den → Debitoren. Sie sind also die Gläubiger eines Unternehmens.

Kritische Ausgabe

Auch: kritisch durchgesehene oder historisch-kritische → Ausgabe
Für eine solche Ausgabe müssen zunächst einmal alle Textfassungen eines → Werkes, angefangen von der Entwurfsfassung oder Urfassung bis hin zur → Ausgabe letzter Hand, vorliegen. Es erfolgt ein Vergleich der einzelnen Texte, um eventuelle Abweichungen, Änderungen oder Korrekturen festzustellen (Kollationierung). Die Kritische Ausgabe hat das Ziel, den möglichst authentischen, originalen Text zu editieren. Alle Veränderungen werden im kritischen Apparat genauestens dokumentiert.

Für die historisch-kritische Ausgabe werden die unterschiedlichen Textfassungen ihrer Entstehung nach geordnet. Dazu gehören ebenfalls evtl. überlieferte Vorarbeiten in Form von Skizzen, Notizen oder anderem. Oft lassen sich hier verschiedene Überarbeitungen belegen, die dem Werdegang des Autors zugeordnet werden können. Es geht bei der historisch kritischen Ausgabe also um den möglichst exakt dokumentierten Entstehungsprozess eines Werkes.
Der kritische Apparat besteht hauptsächlich aus Anmerkungen, die sich auf einzelne Textstellen beziehen. Er kann als eigener Anhang oder in Form von Fußnoten auftreten. In ihm finden sich zum einen die Darstellung einzelner Lesarten des Textes sowie alle Besonderheiten der späteren Manuskriptbearbeitung wie beispielsweise Korrekturen.
Zusätzlich zum Text und kritischen Apparat wird die Ausgabe um folgende Informationen ergänzt: Angabe möglicher Textquellen, Äußerungen des Autors über sein Werk (z.B. in Briefen), Äußerungen oder Kritiken von Zeitgenossen; auch Verkaufserfolge sowie Worterklärungen für heute nicht mehr übliche Begriffe, Wendungen und Schreibweisen. Kritische Ausgaben gibt es nicht für jedes Werk oder jeden → Autor, sondern nur für über ihre Zeit hinaus bedeutende Dichter und Denker, deren Werke der Nachwelt erhalten werden sollen und die immer wieder Gegenstand weiterer Forschungen sind. Die Erstellung einer solchen Ausgabe ist sehr zeit-, personal- und kostenintensiv und wird daher oft von Literaturarchiven oder Universitätsinstituten geleistet, die dafür mit öffentlichen Fördergeldern unterstützt werden.

Kritischer Apparat → Kritische Ausgabe

Kryptobibliografie
Wird häufig auch als unselbstständige oder versteckte → Bibliografie bezeichnet. Hierbei handelt es sich um vollständige bibliografische Angaben zu Büchern, die entweder für das vorliegende → Werk verwendet wurden (Quellenangaben) oder aber um Hinweise auf weiterführende Literatur zum Thema. Meistens findet man diese „versteckten" Bibliografien am Ende eines Sachbuchs oder wissenschaftlichen Werkes. Als „unselbstständig" bezeichnet man sie deshalb, weil sie beigefügter Bestandteil des Werkes ist.

Künstlersozialversicherung
In der Künstlersozialversicherung sind selbstständige Künstler und Publizisten, vergleichbar mit festangestellten Arbeitnehmern, unter dem Dach der Sozialversicherung abgesichert. Voraussetzung ist eine selbstständige künstlerische oder publizistische Berufsausübung. Sie umfasst die Kranken-, Pflege- und Rentenversicherung. Die Künstler müssen nur die Hälfte der Beiträge, die sich nach dem Jahreseinkommen bemessen, übernehmen. Die andere Hälfte kommt durch eine Abgabe der Kunst-

und Publizistikverwerter (z.B. Verlage, Theater, Galerien, Rundfunkanstalten, Werbeagenturen) und durch einen Zuschuss des Bundes zustande.

L

Ladenpreis

Deutsche Verlage sind nach dem Preisbindungsgesetz (→ Preisbindung) verpflichtet, einen gebundenen Ladenpreis einschließlich Umsatzsteuer festzulegen. Von der Basis dieses Preises aus wird dann der → Rabatt und somit auch der Nettopreis (zu dem der Buchhändler einkauft) ermittelt. Änderungen des Ladenpreises bzw. die Aufhebung der → Preisbindung sind vom Verlag mit mindestens 14 Tagen Vorlauf in der → Gelben Beilage des → Börsenblatts oder auf andere geeignete Weise bekannt zu geben.

Lage

Bei Geschäftsräumen von Handelsunternehmen ist es wichtig, ob dort, wo sie sich befinden, mit größeren Passantenströmen zu rechnen ist bzw. wie die Verkehrssituation (inkl. Parkplatzproblematik) aussieht. Daher klassifiziert man die Immobilien in verschiedene Geschäftslagen. Dies nutzt auch der → Kölner Betriebsvergleich für eine seiner Auswertungen. So kann man dann sein Unternehmen mit ähnlich gelegenen Betrieben einer ähnlichen Umsatzkategorie vergleichen.

Lagerbestand

Für die Ermittlung der → Lagerumschlaggeschwindigkeit ist es notwendig, zunächst den durchschnittlichen Lagerbestand zu kennen. Dafür gibt es eine vereinfachende Formel, die den Jahresanfangsbestand und den Jahresendbestand addiert und durch 2 teilt. Exakter ist da die Bestimmung mithilfe folgender Formel: (Jahresanfangsbestand + Summe der monatlichen Endbestände) / 13. Wichtig ist, dass die Werte auf der gleichen Basis ermittelt wurden (Verkaufs- oder Einstandspreise, einschließlich Umsatzsteuer oder nicht).

Lagerdauer

Ausgehend von der → Lagerumschlagsgeschwindigkeit kann man die durchschnittliche Lagerdauer in Tagen mit folgender vereinfachter Formel ermitteln: 360 Tage / LUG = Lagerdauer. Dieser Wert ist im Hinblick auf die Finanzierungssituation der Buchhandlung von Interesse. Ist die durchschnittliche Lagerdauer geringer als das durchschnittliche Zahlungsziel, kann man davon ausgehen, dass die für die Bezahlung der Ware notwendigen Geldmittel bereits durch entsprechende Umsätze erwirtschaftet wurden. Die Buchhandlung wird das Lager also kaum vorfinanzieren müssen.

Lagerordnung

Die Lagerordnung ist die Ordnung, mit der die Ware im Laden den Kunden präsentiert wird. Diese muss nicht der Einteilung der → Warengruppen im → Warenwirtschaftssystem entsprechen. Die Lagerordnung hat zwei Ebenen, zum einen die den Kunden als Orientierungshilfe im Laden dienende Anordnung der Themenbereiche, zum anderen die innere Ordnung, mit deren Hilfe er sich innerhalb eines Themenbereiches zurechtfinden kann. Für diese zweite Ebene gibt es einige Ordnungsprinzipien, die sich in Buchhandlungen unterschiedlicher Größe als kundenfreundlich bewährt haben.

Bei der → Belletristik ist das die Ordnung nach der literarischen Gattung und innerhalb der Gattung nach dem Autorenalphabet. Im Kinder- und Jugendbuch ist die Ordnung nach Altersklassen gängig und innerhalb der Altersklasse nach Autoren. Eine Sonderrolle hat die Lagerordnung des Bilderbuchs inne, hier wird nach Formaten/Editionsformen geordnet, aber auch die Ordnung nach → Verlagen ist anzufinden (letztere weniger wegen der Selbstbedienung der Kunden, sondern damit die Buchhändler besser zurechtkommen - aufgrund der schmalen Buchrücken sind die Titel nicht sofort zu erfassen und es ist einfacher, das Buch innerhalb der Bücher des gleichen Verlages zu finden, nachdem ermittelt wurde, dass der Titel überhaupt vorrätig ist). In jüngerer Zeit ist vermehrt festzustellen, dass einzelne Literaturgenres in den genannten Bereichen aus der normalen Lagerordnung herausgezogen und separat präsentiert werden (z.B. Historische Romane, Gruselgeschichten). Damit kommt man der Orientierung mancher Leser auf bestimmte Genres entgegen, kritisch wird es aber, wenn zu viele Genres so behandelt werden – hier ist weniger manchmal mehr.

Bei der → Sach- und → Fachliteratur greift man die sachsystematische Ordnung auf, häufig in enger Anlehnung an die Struktur, die in der → Warengruppensystematik für das jeweilige Gebiet existiert. Deshalb sollen hier nur einige wichtige Beispiele aufgegriffen werden. In der Reiseabteilung wird nach Kontinenten und innerhalb der Kontinente nach Ländern geordnet, außerdem gibt es eine eigene Kategorie für Hotel- und Restaurantführer. → Landkarten und Stadtpläne sind idealerweise in einem speziellen Kartentisch untergebracht. Welche Lagerordnung hier angewendet wird, hängt davon ab, ob Selbstbedienung der Kunden erwünscht ist oder nicht. Bildbände und Atlanten stehen jeweils extra, das ist allein schon wegen der Formate sinnvoll. Die Kochbuchabteilung wird eingeteilt in Grundkochbücher, Länderküchen, Promiköche, Diätkochbücher (sofern die nicht der Gesundheit zugeschlagen wurden), Themenkochbücher (z.B. Kochen mit Kürbissen) und Getränkebücher.

→ Schulbuch/Lernhilfen wird geordnet nach Schularten und innerhalb einer Schulart nach Fächern und Jahrgangstufen. Bei den Lernhilfen gibt es in Bundesländern mit zentralisierten Abschlussprüfungen etablierte Reihen für die Prüfungsvorbereitung, diese werden extra gestellt (erfahrungsgemäß erkennen die Kunden diese Reihen sofort an ihrer speziellen Umschlaggestaltung). Gleiches gilt für die Lernspiele. Auch die Lernsoftware sollte gesondert präsentiert werden. Bei der Sprachenabteilung stehen am Anfang die Weltsprachen Englisch, Französisch, Spanisch und Russisch sowie regional spezifisch die besonders gefragten Sprachen der jeweiligen Nachbarländer. Alle übrigen Sprachen stehen im Alphabet. Deutsch als Zweit- bzw. Fremdsprache wird separat aufgestellt.

Biografien werden nach dem Alphabet der behandelten Personen aufgestellt. Geschichte wird nach Epochen geordnet, einschneidende Ereignisse werden aus den Epochen herausgezogen (z.B. 1. Weltkrieg nicht bei Kaiserreich, sondern extra).

Die Ordnung nach Verlagen ist wenig kundenfreundlich und kommt nur dort zur Anwendung, wo einzelne Verlage auf einem Gebiet tatsächlich eine solche Stellung einnehmen, dass die Kunden sich bei der Suche am Verlag orientieren. Ein Spezialfall sind natürlich die → Depotbuchhandlungen – wer alle Titel eines Verlages führt, stellt diese natürlich auch zusammen auf.

Ebenfalls speziell verhält es sich mit → Reihen, die umfassend geführt werden und eine starke Marke haben, wie z.B. Reclams Universalbibliothek. Diese suchen die Kunden tatsächlich anhand ihrer charakteristischen Optik und wälzen sich dann auch durch das am Regal aufgehängte Gesamtverzeichnis der Reihe, um gegebenenfalls die Bandnummer zu ermitteln, wenn sie sie nicht vorher schon wussten oder ein hilfsbereiter Buchhändler ihnen zur Seite springt. Für „normale → Taschenbücher" gilt das nicht, weswegen die Ordnung nach Reihen hier allmählich verschwindet.

Software wird in der Regel separat bei der jeweiligen Warengruppe (z.B. Schule, Sprache, Informatik) präsentiert, es sei denn, die Buchhandlung hat hier wirklich ein großes Angebot und verfügt über einen speziellen Vorführ-PC, dann wird die Software einen eigenen Bereich bilden. Audiovisuelle Medien (Filme und Musik) werden auf jeden Fall extra gestellt, sofern die Buchhandlung dieses Angebot auf Dauer unterhält. → Hörbücher werden analog der Software behandelt. Für alle → Non-Book-Medien sollten auch geeignete Präsentationsmöbel vorhanden sein.

L

Lagerumschlagsgeschwindigkeit

Die Lagerumschlagsgeschwindigkeit, kurz LUG, ist eine zentrale Kennzahl für die Beurteilung des Sortiments. Sie gibt an, wie oft im Jahr der durchschnittliche Lagerbestand verkauft, also umgeschlagen wurde. Vereinfacht lautet die Formel für die Ermittlung der LUG also

$$\frac{\text{Umsatz}}{\text{Ø Lagerbestand}}$$

Dabei muss man aufpassen, dass bei beiden Größen von der gleichen Basis ausgegangen wird (Verkaufs- oder Einkaufspreise, einschließlich Umsatzsteuer oder nicht). Eine unbefriedigende LUG kann durch Abbau des Lagerbestands und/oder Verbesserung der Sortimentsstruktur zum Positiven verändert werden. Allerdings ist eine zu hohe LUG auch nicht sinnvoll, weil zwar wenig Kapital im Lager gebunden ist, gleichzeitig aber hohe Handlungskosten für die Abwicklung der kurzen Bestellrhythmen entstehen und obendrein die durchschnittliche Rabattierung wegen der kleineren Bestellmengen gering ist.

Die bereinigte LUG berechnet sich wie folgt:

$$\frac{\text{Gesamtumsatz} - \text{Umsatz aus Durchlaufgeschäft}}{\text{Ø Lagerbestand}}$$

Dadurch, dass nur der tatsächliche Lagerumsatz ins Verhältnis zum Lagerbestand gesetzt wird, kann man besser erkennen, ob die Sortimentsgestaltung erfolgreich war oder nicht. Ansonsten würde ein hoher Besorgungsanteil oder ein großes Abonnementgeschäft das Bild zu positiv erscheinen lassen.

Landkarten → Karten

Layout → Makrotypografie

Lebensweltenmodell
Das Marktforschungsinstitut Sinus Sociovision entwickelte bereits in den 1970er Jahren ein Konzept, dass die psychografische Marktsegmentierung mit soziodemografischen Merkmalen kombiniert und zu sogenannten Sinus-Milieus zusammenfasst. Ein Milieu hat eine gemeinsame Lebenswelt, das heißt, die Menschen, die diesem Milieu zugerechnet werden können, haben nicht nur ähnliche Interessen und Konsummuster, sondern auch ähnliche Werte. Der Börsenverein hat seit der Studie „Buchkäufer und Leser 2005 – Profile, Motive, Wünsche“ mehrere Untersuchungen auf der Basis des Lebensweltenmodells durchführen lassen. Dabei wurden sechs Milieus als strategisch relevant definiert: Konservative und Postmaterielle bilden die Kernzielgruppen, daneben sind auch Etablierte, Moderne Performer, Experimentalisten und die Bürgerliche Mitte Milieus mit Potenzial für den Buchhandel. Die übrigen vier Milieus haben nur eine geringe Buchhandelsaffinität: Traditionsverwurzelte, Konsum-Materialisten, Hedonisten und DDR-Nostalgische. Mittlerweile wurden auch für die in der Bundesrepublik lebenden Menschen mit Migrationshintergrund spezielle Milieus definiert: Religiös verwurzeltes Milieu, Traditionelles Gastarbeitermilieu, Entwurzeltes Flüchtlingsmilieu, Statusorientiertes Milieu, Hedonistisch subkulturelles Milieu, Adaptives Integrationsmilieu, Multikulturelles Performermilieu und Intellektuell kosmopolitisches Milieu. Hierzu liegen zwar noch keine auf den Buchmarkt bezogenen Untersuchungen vor, doch liegt es aufgrund der Parallelen zu den herkömmlichen deutschen Milieus nahe, das Intellektuell kosmopolitische

Milieu als Kernzielgruppe und das Statusorientierte Milieu, das Adaptive Integrationsmilieu sowie das Multikulturelle Performermilieu als Milieus mit Potenzial für den Buchhandel anzusehen.

Lehrerprüfstück

Im Preisbindungsgesetz heißt es: „Die → Preisbindung gilt nicht beim Verkauf von Büchern an Lehrer zum Zwecke der Prüfung der Verwendung im Unterricht".

Diese Lehrerprüfstücke werden also vor einer eventuellen Sammelbestellung direkt beim → Verlag mit Stempel der Schule bestellt. Entweder liefern Verlage diese Titel mit → Rabatt oder sogar frei (ohne Berechnung). Als berechtigte Lehrer gelten dabei solche von öffentlichen Schulen oder vergleichbaren in privater Trägerschaft.

Lektorat

Im Lektorat wird das → Verlagsprofil entscheidend geprägt. Hier fällt die Entscheidung darüber, ob ein Titel grundsätzlich zum Verlag passt. Das Lektorat muss einerseits unmittelbar und eng mit der Marketing- und Vertriebsabteilung des → Verlags zusammenarbeiten und andererseits stark mit der Verlagsleitung (Programmgestaltung) und der → Herstellung (Ausstattung) kooperieren.

Die einzelnen Aufgaben sind:

- Aktive und passive Manuskriptakquisition (aktiv heißt, das Lektorat tritt an → Autoren heran, passiv bedeutet, dass unverlangte Manuskripteinsendungen bearbeitet werden müssen) – Branchenkenner sprechen davon, dass jährlich ca. 80.000 unverlangt eingesandte Manuskripte von den Lektoraten beurteilt werden müssen.
- Zeitplanung eines Titels – von der Manuskriptabgabe durch den Autoren bis zum Auslieferungs- und Erscheinungstermin
- Bearbeiten des Manuskripts, d.h., der Text muss redigiert und korrigiert werden. (Redigieren bedeutet eine inhaltliche Überarbeitung, korrigieren, die grammatikalische und orthografische Richtigkeit herzustellen). Dieser Teil der Lektoratsarbeit findet in enger Kooperation mit dem → Autor (→ Urheber) statt. Im Fortgang der Satzarbeiten kollationiert das Lektorat die eingearbeiteten Korrekturen. Kollationieren bedeutet die Kontrolle der eingearbeiteten und ausgeführten Korrekturen und die Kontrolle der Abfolge der Druckbögen.
- Produktion der → Klappentexte und der sogenannten Waschzettel (Informationen über das Werk und seine Bedeutung, Informationen über den Autor für die Presse- und Öffentlichkeitsarbeit)
- Auswahl der Rezensenten, Versand der → Rezensionsexemplare inkl. der genannten Begleitmaterialien, Beurteilung der publizierten Rezensionen

Leseexemplar

Ein „[noch ungebundenes] Exemplar eines Buches, das jemandem zugeleitet wird, damit er bzw. sie sich über den Text informieren kann" - sagt der Duden. Es handelt sich bei Leseexemplaren um → Freiexemplare. Sie werden entweder mit der → Verlagsvorschau an den verbreitenden Buchhandel verschickt, oder der → Verlagsvertreter überreicht sie beim Besuch in der Buchhandlung. In den meisten Fällen sind es Vorab-Exemplare von Novitäten im Bereich Belletristik sowie Kinder- und Jugendbuch. Sie waren ursprünglich unkorrigierte Arbeitsexemplare, oft mit anderem Einband als das spätere Original (beim Diogenes Verlag noch immer üblich). Heute sind es jedoch oft schon die Originalwerke, die mit einem Eindruck „unverkäufliches Leseexemplar" versehen werden. Im Gegensatz zu Leseproben enthalten sie den vollständigen Text.

Leseförderung

Nach Schätzung des Bundesverbandes für Alphabetisierung sind in Deutschland mehr als 4 Millionen Menschen funktionale Analphabeten. Sie kennen zwar einzelne Buchstaben und können ihren Namen schreiben, sind jedoch nicht in der Lage, ganze Sätze lesend zu verstehen. Weil Lesefertigkeit mit vielen intellektuellen Fähigkeiten unmittelbar verbunden ist, kann ohne sie kein Lernen, keine Bildung erfolgen. Dadurch ist es diesen Menschen unmöglich, vollwertig am gesellschaftlichen Leben teilzunehmen. Nicht nur die Bundesregierung reagierte auf diese alarmierende Zahl. Überall entstanden Projekte der Leseförderung: in Ländern, Städten und Gemeinden, in Bildungsstätten, im Buchhandel und Bibliotheken, im Fernsehen und im Internet.

Zur Leseförderung gehören alle Maßnahmen, die zu einer wachsenden Verbreitung des Lesens (der Leselust) führen und somit bei so vielen Menschen wie möglich die Lesekompetenz stärken.

Es entstand bis heute eine breite Form der Zusammenarbeit auf diesem Gebiet. Im Buchhandel setzt sich in erster Linie der → Börsenverein dafür ein. Er bildete eine eigene Abteilung für die Leseförderung, die entsprechende Konzepte entwickelt und auch den Sortimentsbuchhandel bei der Umsetzung eigener Ideen unterstützt. Er initiierte bereits 1959 den ersten → Vorlesewettbewerb des Deutschen Buchhandels und startet jährlich im Oktober den Wettbewerb „Das lesende Klassenzimmer". Eng arbeitet der Börsenverein mit der → Stiftung Lesen zusammen. Gemeinsam mit Verlagen und Buchhandlungen organisieren sie jährlich speziell für Kinder und Jugendliche eine gemeinschaftliche Aktion mit bundesweiter Beteiligung zum → Welttag des Buches. „Ich schenk Dir eine Geschichte", gesponsert vom Omnibus Verlag (Random House), ist bei Schulkindern bereits ein begehrtes Sammelobjekt geworden. 2007 entwickelten Börsenverein und Stiftung Lesen eine übergreifende Dachmarke für alle Welttags-Aktionen und Veranstaltungen. Unter dem Motto „Welttag des Buches - Hier. Und überall" tragen die

Initiativen aller teilnehmenden Partner das gleiche Logo in Form einer pinkfarbenen Eintrittskarte.
Unzählige Aktionen gibt es gegenwärtig zur Leseförderung, stellvertretend hier noch einige:
Der Arbeitskreis für Jugendliteratur e.V., der Deutsche Bibliotheksverband e.V. und die Telefonbuch-Servicegesellschaft mbH veranstalten gemeinsam die Bibliothekstournee „Wer liest, gewinnt!" für Schülerinnen und Schüler der fünften und sechsten Klassen aller Schulformen.
Auf Einladung der Stiftung Lesen und mit Unterstützung des Bundesministeriums für Bildung und Forschung findet in Mainz der „Round Table Leseförderung" statt.
Antolin - eine web-basierte Plattform für die Leseförderung (www.antolin.de), initiiert vom Bildungshaus Schulbuchverlage (Westermann Schroedel Diesterweg Schöningh Winklers GmbH) motiviert Schülerinnen und Schüler zum Auseinandersetzen mit Buchinhalten und gibt Lesetipps.
120 Buchhandlungen werden mit dem Gütesiegel für Leseförderung ausgezeichnet, eine vom Landesverband Bayrische Verlage und Buchhandlungen vergebene Auszeichnung.
„Prominente lesen für Kinder" ist ein bundesweiter Vorlesetag, der in Zusammenarbeit von der „ZEIT" und Stiftung Lesung regelmäßig stattfindet.

Lesung
Die (Autoren-) Lesung zählt zu den beliebten Maßnahmen der Kommunikationspolitik des Buchhandels. Hier kann der Kundenkontakt über das Beratungs- und Verkaufsgespräch hinaus gepflegt werden. Außerdem kann sie einer Buchhandlung auch ein bestimmtes → Image (Kulturförderung) verleihen. Die größte Werbewirkung erreicht eine Lesung, wenn sie in der Buchhandlung selbst stattfinden kann. Darüber hinaus bietet sich die Zusammenarbeit mit lokalen Kulturinstitutionen (z.B. Volkshochschulen) an. Beim Verkauf von Büchern ist auf die Bestimmungen zum gesetzlichen Ladenschluss zu achten, die sich von Bundesland zu Bundesland unterscheiden.
Verlage bieten häufig Unterstützung bei derartigen Aktionen, wie z.B. verlängertes Zahlungsziel, Lieferung mit RR, Plakate, Pressemappen.

LG Buch
Diese buchhändlerische Genossenschaft hat ein eigenes Einkaufsmodell (OKEE), bei dem sie mit vielen Verlagen kooperiert. Wie bei anderen buchhändlerischen Kooperationsmodellen (→ AUB und → eBuch) soll über die Bündelung von vielen Mitgliedsfirmen eine entsprechende Verhandlungsmacht gegenüber den Lieferanten entstehen. Was die LG Buch von den anderen Kooperationen im Sortimenterbereich unterscheidet, ist die Idee, auch gegenüber den Endkunden durch Zusammenarbeit unter einer Dachmarke Profil zu ge-

winnen. Die an Scala angeschlossenen Buchhandlungen können nicht nur spezielle Werbemittel nutzen, es gibt auch gemeinsame Aktionen.

libreka!

Mit dem Slogan „Ich find' dich besser" wirbt die vom → Börsenverein initiierte Internetplattform für ihr gebührenpflichtiges System der Volltextsuche. Libreka! leitet sich vom lateinischen Liber (Buch) und vom griechischen Heureka [ich hab's (gefunden!)] ab. Durch die Verknüpfung von libreka! mit dem → VLB ist eine bessere Titel-Recherche möglich, indem nicht nur bibliografische Angaben zu Titeln, sondern auch Inhalte gefunden werden können. Die Absicht ist, eine zukunftsorientierte Lösung für den Verkauf und die Präsentation von Buchtiteln im Internet zu schaffen. Von den Verlagen werden die digitalisierten Versionen ihrer Bücher ins Netz gestellt, die Nutzer können dann anhand von ihnen gesuchter Begriffe das entsprechende Buch oder Schlüsselstellen finden. Der Buchhandel hat damit die Möglichkeit, seinen Kunden auch Bücher vorzustellen, die nicht körperlich im Laden vorhanden sind. Der Kunde kann sofort feststellen, ob das gesuchte Buch für ihn in Frage kommt. Eine Bestellung zur Ansicht ist dann nicht mehr notwendig.

Lichtdruck

In der zweiten Hälfte des 19. Jh. gelang es dem Münchner Hoffotografen Joseph Albert, die Technik des Lichtdrucks durch den Einsatz von Glasplatten weiterzuentwickeln. 1868 experimentierte der Künstler mit chromierten Gelatineschichten. Noch heute gelten diese Schichten als das wichtigste Material des Lichtdrucks. Mithilfe der Gelatine bilden sich beim Trocknen die sogenannten Runzelkörner als druckende Elemente beim Lichtdruck: „Im weiteren Verlauf reißen entweichende Wasserdampfbläschen die gehärtete Schicht auf. Dadurch entsteht das feine gleichmäßige Runzelkorn. Die Belichtung erfolgt mit UV-Licht. Je nach Tonwertabstufungen des Halbtonnegativs bilden sich die unterschiedlichen Härtungsstufen." (www.lichtdruckwerkstatt.de, gesehen im März 2008). Mit zum Lichtdruck gehört das sogenannte Granolitho, ein „patentiertes, auf Techniken des Lichtdrucks basierendes rasterloses Bildwiedergabeverfahren, das von Matthieu in Dielsdorf (Schweiz) entwickelt wurde. Durch passgenaues Übereinanderdrucken von bis zu 12 Farben ideal für Reproduktionen von vielfarbigen Meisterwerken der Malerei. Bei den Sammlern begehrt sind die Grano-Lithos von Werken Paul Klees, Pablo Picassos, Marc Chagalls, u.a." (www.arsmundi.de/isroot/arsmundi/Service/kunstwoerterbuch/eintraege/granolit.htm, gesehen im März 2008)

Lieferungswerk

Wie auch ein → Fortsetzungswerk erscheint ein Lieferungswerk in einzelnen Teilen, oft mit → Subskriptionspreis und immer mit Abnahmeverpflichtung. In der Regel werden einzelne broschierte Teilbände geliefert. Ist das → Werk vollständig erschienen, liefert der Verlag die dazugehörigen Titelseiten und das Inhaltsverzeichnis und es kann gebunden werden.

Liquidität

Die Liquiditätskennzahlen geben an, inwieweit ein Unternehmen seinen finanziellen Verpflichtungen gerecht werden kann, zusätzlichen Finanzbedarf hat oder ob es über überschüssige Mittel verfügt, die angelegt werden können.

Liquidität ersten Grades
(= Barliquidität):

$$\frac{\text{sofort flüssige Mittel} \times 100}{\text{kurzfristiges Fremdkapital}}$$

Die Liquidität ersten Grades gibt an, wie viel Prozent des kurzfristigen Fremdkapitals durch Kassenbestand und Guthaben auf Giro- oder Tagesgeldkonten abgedeckt sind.

Liquidität zweiten Grades
(= einzugsbedingte Liquidität):

$$\frac{\begin{pmatrix}\text{kurzfristige Forderungen} \\ \text{+ sofort flüssige Mittel}\end{pmatrix} \times 100}{\text{kurzfristiges Fremdkapital}}$$

Gegenüber der Barliquidität ist die Abdeckung des kurzfristigen Fremdkapitals um die Forderungen aus Lieferungen und Leistungen erweitert, weil diese kurzfristig durch Einzug zu liquiden Mitteln gemacht werden können. Der Wert sollte bei 100 Prozent oder besser noch darüber liegen, da nur dann gesichert ist, dass das Unternehmen seine kurzfristigen Verbindlichkeiten voll bedienen kann.

Liquidität dritten Grades
(= umsatzbedingte Liquidität):

$$\frac{\text{Umlaufvermögen} \times 100}{\text{kurzfristiges Fremdkapital}}$$

Hier werden auch die auf Lager befindlichen Waren in die Liquiditätsberechnung einbezogen. Dabei geht man davon aus, dass sie bis zur Fälligkeit der kurzfristigen Verbindlichkeiten durch Erzielung entsprechender Umsätze zu Geldmitteln gemacht werden können. Da die Umwandlung der Waren in Geld nur eine Hoffnung darstellt, kann ein Unternehmen nur bei einem Wert von mindestens 200 Prozent davon ausgehen, dass es sein kurzfristiges Fremdkapital termingerecht zurückzahlen kann.
Die Kontrolle der Liquidität sollte erhöhte Aufmerksamkeit genießen, da nur durch rechtzeitiges Gegensteuern eine etwaige Insolvenzgefahr gebannt werden kann.

Literarische Agenturen

Zwischen → Autor und → Verlag treten immer häufiger Literarische Agenturen als Vermittler. Für den Autor hat das den Vorteil, dass er auf einen kompetenten Berater bei der Aushandlung der Vertragsbedingungen bauen kann. Für die Verlage stellen die Literarischen Agenturen potenziell Preistreiber dar, da eine Partei mehr am Erfolg eines → Werkes partizipieren möchte. Andererseits kann bei den etablierten Literarischen Agenturen auch eine gewisse Angebotsqualität unterstellt werden und die Betreuungsleistung der Agentur kann sich durchaus auch in den Lektoratsbereich hineinziehen. Im → Sachbuchbereich hingegen sind die Literarischen Agenturen auch als sogenannte Packager tätig und liefern den Verlagen zu gewünschten Themen die Werke, indem sie die passenden Autoren finden.

Literaturpreise

Eine Vielzahl von privaten und öffentlichen Trägern verleiht Preise (dotiert oder undotiert) für literarische Einzel- oder Gesamtwerke. Der weltweit bedeutendste Literaturpreis ist der Nobelpreis für Literatur. Er wird jährlich von der Alfred-Nobel-Stiftung in Stockholm an dessen Todestag (10. Dezember) überreicht und garantiert höchstes öffentliches Interesse. Die Preissumme beträgt ca. 1,1 Mio Euro. Der wichtigste deutsche Literaturpreis ist der Georg-Büchner-Preis, er geht an → Autoren, die sich um die deutsche Literatur verdient gemacht haben. Die Preissumme beträgt 40.000 Euro. Es gibt auch zahlreiche Spartenpreise, z.B. für Kinder- und Jugendliteratur, → Hörbücher, Kriminalliteratur, Übersetzer etc. Preise, an denen Institutionen des deutschen Buchhandels beteiligt sind: Corine, Deutscher Buchpreis, Geschwister-Scholl-Preis, Preis der Leipziger Buchmesse. Eine Besonderheit stellt der Deutsche Jugendliteraturpreis dar. Er wird seit 1956 jährlich als einziger staatlicher Preis für Literatur, gestiftet vom Bundesministerium für Familie, Senioren, Frauen und Jugend, verliehen. (Summenangaben: Stand 2008)

Literaturzeitschriften

Eine exakte Definition des Begriffs ist schwierig, da es eine ganze Reihe von Publikationen auf dem deutschen Markt gibt, die sich intensiv mit Literatur im Sinne von → Belletristik und germanistischer Fachliteratur bzw. vergleichbarer ausländischer sprach- und literaturwissenschaftlicher Fachliteratur auseinandersetzen. Viele dieser → Zeitschriften beschäftigen sich aber auch mit anderen Aspekten des Kunst- und Geisteslebens, wie Philosophie, Malerei, Musik usw., daher ist es sinnvoll, diese als Kulturzeitschriften zu bezeichnen (z.B. „Merkur“, „Lettre International“, „Kursbuch“, „Du“). Reine Literaturzeitschriften (sogenannte „Special Interest“-Zeitschriften) beschäftigen sich nur mit Literatur, d.h. sie veröffentlichen neue fiktionale Texte, Lyrik, Theaterstücke und poetologische Texte oder Essays zu literarischen Themen.

Damit unterscheiden sie sich auch von Verkaufsförderungspublikationen wie „Buchjournal“ oder „Bücher“, aber auch von einer Zeitschrift wie „Literaturen“. Diese rezensiert hauptsächlich

und informiert über → Autoren und Tendenzen des Literaturbetriebs.
Für viele Autoren ist die Veröffentlichung in einer Literaturzeitschrift der erste Auftritt vor einem breiteren Publikum und weil „die Literaturzeitschrift ... die kleine Schwester des Buches ist“ (Thomas Geiger), häufig auch der entscheidende Schritt zur Veröffentlichung in einem Buchverlag. Der Abdruck von Primärtexten unterscheidet eine Literaturzeitschrift auch von einer germanistischen Fachzeitschrift. Aus kommerzieller Sicht führen Literaturzeitschriften häufig ein Schattendasein mit Auflagen von 1.500 bis 5.000 Exemplaren. Aber als Entwickler und Förderer neuer Autoren haben sie eine nicht hoch genug einzuschätzende Bedeutung für die Literatur.
Wichtige Literaturzeitschriften sind:
- Akzente (Hanser, München)
- Neue Rundschau (S. Fischer, Frankfurt)
- Schreibheft (Rigodon, Essen)
- Sprache im technischen Zeitalter (SH, Köln)
- Theaterheute (Friedrich Berlin, Berlin)
- Wespennest (Verein Gruppe Wespennest, Wien)

Lithografie
Aus dem Griechischen: Lithos der Stein, graphein zeichnen; ursprünglich zu Beginn des 19. Jh. ein Verfahren aus dem künstlerischem Bereich, das von Alois Senefelder weiterentwickelt wurde. Die Lithografie gehört zum → Flachdruck, aus dem der heutige → Offsetdruck entstanden ist.

Lizenzausgabe → Urheberrecht

Longseller
So bezeichnet man Titel, die über eine lange Zeit hinweg kontinuierlich gute Verkaufszahlen bringen. Ein anderer gebräuchlicher Ausdruck lautet Steadyseller. Ihre Bedeutung ist für die meisten Buchhandlungen ähnlich groß wie die der Bestseller. Während im Vorfeld nur spekuliert werden kann, welche Titel das Potenzial zum Bestseller haben, kennt der Handel die Longseller aus den Auswertungen des → Warenwirtschaftssystems bereits.

Loseblattausgabe
Eine Loseblattausgabe besteht aus einem Grundwerk und Ergänzungslieferungen. Ein oder mehrere Ordner bilden das Grundwerk. In regelmäßigen oder unregelmäßigen Abständen erscheinen Ergänzungen in Form von einzelnen gelochten, losen Blättern (oft eingeschweißt mit Deckblatt oder mit Papierhülse zum leichteren Transport), welche an die dafür vorgesehene Stelle im Grundwerk eingeheftet oder gegen veraltete Seiten ausgetauscht werden. Damit wird die Aktualität einer Publikation gewährleistet. Sie sind nicht im Preis des Grundwerks enthalten, sondern werden extra berechnet. Loseblattausgaben sind → Fortsetzungswerke und werden daher in den Buch-

handelsbibliografien oder Verlagsverzeichnissen auch mit dem Vermerk „zur Fortsetzung“ versehen. Grundsätzlich besteht Pflichtabnahme für eine festgelegte Mindestfrist; will man nur das Grundwerk erwerben, erfolgt die Lieferung zu einem höheren Preis.

Loseblattwerke zählen zu den anonymen Schriften und werden in → Bibliografien unter dem Sachtitel verzeichnet. Meistens erhalten sie sowohl eine → ISBN als auch eine → ISSN. Sie unterliegen der → Preisbindung und gehören zu den → Gegenständen des Buchhandels mit ermäßigtem Mehrwertsteuersatz. Es gibt sie in Bereichen, die so schnellen Veränderungen unterworfen sind, dass eine häufige Neuauflage der Fachliteratur zu teuer ist: z.B. in der IT, im Rechtswesen oder der Medizin.

M

Mängelexemplare

Die → Verkehrsordnung differenziert zwischen → Defektexemplaren und Mängelexemplaren. Letztere sind Bücher, die erst nach der Herstellung eine Beschädigung/Verschmutzung erfahren. Dies ist wichtig im Hinblick auf die → Mängelrüge. Im Sinne des Preisbindungsgesetzes sind beide Arten von Mängeln gleichzusetzen und ermöglichen eine Reduzierung des ursprünglichen gebundenen → Ladenpreises im angemessenen Verhältnis zum vorliegenden Mangel. Gibt der Buchhändler ein Mängelexemplar zu einem reduzierten Preis ab, hat er das Medium entsprechend zu kennzeichnen. Letztlich muss der Sortimenter dafür einstehen, dass alle Exemplare, die er verbilligt als Mängelexemplare verkauft, auch wirklich Mängel aufweisen. Ein künstliches Mängeln, indem ansonsten einwandfreie Bücher als Mängelexemplare mittels Stempel gekennzeichnet werden, genügt nicht. Der → Börsenverein hat hierzu ein eigenes Merkblatt aufgelegt, das im Internet zum Download bereitsteht bzw. bei der Geschäftsstelle des → Sortimenterausschusses angefordert werden kann.

Mängelrüge

Um Rechte aus dem → Kaufvertrag bei mangelhafter Lieferung geltend machen zu können, ist eine fristgerechte Mängelrüge erforderlich. Bei sogenannten offenen Mängeln, die bei ordnungsgemäßer Wareneingangsprüfung direkt erkennbar sind (bei Büchern handelt es sich um → Mängelexemplare im Sinne der Verkehrsordnung; bei anderen Artikeln auch eine zu geringe Menge oder eine Falschlieferung), ist unverzüglich Mängelrüge zu erstatten. Für den Fall, dass die Sendung des → Verlags an den Sortimenter etwas anderes enthält als bestellt wurde (falsche Menge, falscher Titel, falsche Ausgabe), gilt nach der → Verkehrsordnung eine Frist für die Mängelrüge von vierzehn Tagen.

Für versteckte Mängel, also alle Mängel, die sich erst im Zeitverlauf herausstellen, hat der Kaufmann unverzüglich nach der Entdeckung, spätestens aber innerhalb von zwei Jahren den Mangel zu rügen. Nach Ablauf der ersten sechs Monate ab Lieferdatum muss er allerdings beweisen können, dass die Ware bereits bei der Lieferung mit dem versteckten Mangel behaftet war. → Defektexemplare sind an sich auch ein Fall eines versteckten Mangels, hier greifen aber die besonderen Vorschriften der Verkehrsordnung.

Nicht-Kaufleute haben unabhängig von der Art des Mangels zwei Jahre, um den Mangel zu rügen. Bei arglistig verschwiegenen Mängeln hat man, Kaufmann oder nicht, drei Jahre Zeit für die Mängelrüge.

Mailing

Das Mailing ist nichts anderes als ein Werbebrief und damit das zentrale Instrument des → Direktmarketing. Neben dem eigentlichen Anschreiben, das nach der → KISS-Formel gestaltet sein sollte, enthält ein Mailing noch ein Response-Element (= Antwortmöglichkeit) und häufig auch noch sogenannte Stuffer (= Kleinwerbematerial, z.B. Aufkleber). Sofern man nicht eigenes Adressmaterial nutzen kann, ist es auch möglich, Adressen von speziellen Anbietern zu mieten. Dabei kann man genau festlegen, welchen Kriterien die Adressen entsprechen sollen. Verlage können Adresskollektionen von Buchhandlungen über die → MVB (Werbeanschriftenservice) beziehen.

Mail-Order

Der → Versandbuchhandel arbeitet nach dem Mail-Order-Prinzip. Der Auftragseingang vom Kunden erfolgt auf dem Postweg oder über andere Kommunikationskanäle, die Zustellung der Ware läuft über die Post oder einen Paketdienst.

Makrotypografie

Gesamtkonzeption

Bei der Gesamtkonzeption geht es um die Festlegung der grundsätzlichen Ausstattung (→ Einbandart, → Bindeart, → Papierart) eines Titels. Dabei orientiert man sich an der → Zielgruppe (Kaufkraft, Werte, Ansprüche) und dem Verwendungszweck.

Satzspiegel

Unter dem Satzspiegel versteht man das Maß der zu bedruckenden Fläche einer Seite ausschließlich der Seitenzahl. Beim Satzspiegel ist der Goldene Schnitt oft Grundlage. Damit meint man ein Maß-Verhältnis von 1 : 1,618, das auch in der Natur vielfach zu beobachten ist und das in unserer Kultur als besonders harmonisch empfunden wird. Zwischen dem Format eines Werkes (→ Buchformate) und dem Satzspiegel besteht ein direkter Zusammenhang. Es gilt als lesefreundlich, wenn die Textkolumne von breiten Rändern umgeben ist. Die Papierqualität und die Größe der Weißräume beeinflussen die emotionale Haltung des Lesers zum Buch. In den typografischen Skizzen zur Planung des Layouts wird der Satzspiegel immer rot eingezeichnet.

Aufbau

Wir unterscheiden drei Teile eines Buches: 1. die sogenannte Titelei, 2. den Buchinhalt und 3. den Anhang. (Der → Vor- und Nachsatz gehört nicht zur Titelei, sondern zu den → Einbandarten).

Die Titelei untergliedert sich wie folgt:

Der Schmutztitel: Dieser für heutige Zeiten merkwürdige Ausdruck entstammt einer Zeit (etwa bis zum Ende des 18. Jahrhunderts), in der die Werke nur mit einem provisorischen Umschlag ausgeliefert wurden. Dies hatte den Vorteil, dass der Käufer das Werk anschließend in der Buchbinderei nach seinem eigenen Geschmack binden lassen konnte. Der Schmutztitel kann den Verfassernamen, den Kurztitel und das Verlagssignet beinhalten. Die Schmutztitelrückseite kann eine Vakatseite sein, d.h. eine leere Seite, sie kann aber auch bei mehrbändigen Werken mit einem Reihentitel versehen sein oder (heute selten) mit einem sogenannten Frontispitz (Bild des Verfassers oder Bild des Künstlers, dessen Werk abgehandelt wird) geschmückt sein.

Quelle: http://home.arcor.de/wolflumb/verlag/lehrmaterial/verlagsbetriebslehre/frontispiz.htm

Der Haupttitel beinhaltet: Vor- und Nachname des → Autors, den Haupt- und Untertitel, ggf. Neuauflagen bzw. Neubearbeitungshinweise, den Namen des Übersetzers, des Illustrators oder des Fotografen sowie ggf. das Verlagssignet.
Die Haupttitelrückseite führt im Allgemeinen das → Impressum, verlangt werden dazu Angaben über Name und Adresse des Druckers und des Verlegers. Das Inhaltsverzeichnis und ggf. ein Vorwort oder eine Widmung.

Der zweite Teil des Buches ist der Hauptteil, der Buchinhalt, dessen Kapitel im Allgemeinen mit einer Vakatseite (Leerseite) getrennt werden, der arabisch paginiert ist und in → Schul- und → Fachbüchern sowie in wissenschaftlichen Werken mit einem lebenden → Kolumnentitel versehen ist. Der Anhang beinhaltet insbesondere in Schul- und Fachbüchern sowie in wissenschaftlichen Werken ein Stichwort-, ein Namensverzeichnis und eine → Bibliografie. Sowohl im Falle der belletristischen Literatur als auch der fachbezogenen Werke kann ein Verlag den Anhang dazu nützen, mit Verlagstiteln zu werben.

Verhältnis von Schrift zu Bild

Für die Bildreproduktion spielt v.a. das → Buchformat eine wichtige Rolle. Von Bedeutung sind auch Entscheidungen über den Aufbau der Seite, insbesondere die Frage, ob Texte und Bilder ein- oder zweispaltig wiedergegeben werden, ob es eine → Marginalspalte gibt, in der die Bilder/Fotos beschrieben und/oder gezeigt werden, in der die Künstler/Fotografen benannt bzw. erörtert werden und wie und wo der → Kolumnentitel platziert ist. Bei Bildbänden werden größere Weißräume gewählt als bei textlastigen Werken. Nachfolgend ein Beispiel:

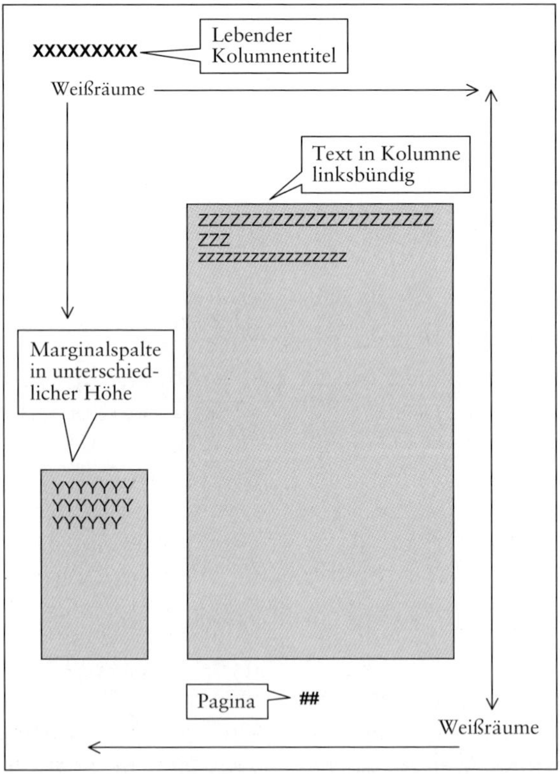

Bedeutung der Schrift und die Schriftwahl
Innerhalb der Schriftklassifikation unterscheidet man zwischen den in der Renaissance entstandenen Antiquaschriften mit Serifen, den auf gotische Alphabete zurückgehenden Frakturschriften sowie den im 19. Jahrhundert entstandenen serifenlosen Groteskschriften.

Beispiel für eine Frakturschrift (www.nytimes.com/)

The New York Times

Beispiel für eine serifenbetonte Antiquaschrift (www.independent.co.uk)

THE INDEPENDENT

Im Hintergrund der bis heute anhaltenden Debatte über den Einsatz der verschiedenen Schriftarten steht übrigens viel mehr als nur eine typografische Geschmacksfrage: Optiker behaupten, die Serifen würden unserem Auge das Lesen erleichtern. Serifen sind feine Horizontalstriche als Abschlussstriche an die Grundstriche von Antiqua-Buchstaben (Kopf-, Fuß- und Dachstriche, siehe Schriftbeispiel unten). Aufgrund empirischer Untersuchungen wurde nachgewiesen, dass Groteskschriften im Vergleich zu serifenhaltigen Schriften hinsichtlich ihrer Lesbarkeit „sogar eine leichte Überlegenheit“ für sich beanspruchen können. (Dirk Wendt, Lesbarkeit von Druckschriften, Lesen Erkennen, TGM, München, 2000). Wendt vermutet, dass das Schwinden des Unterschieds in der Lesbarkeit „wahrscheinlich an dem vermehrten Gebrauch der Groteskschriften liegt“. (S. 44f.)

Beispiel für eine serifenhaltige Schrift (Microsoft, Textverarbeitung Word),Times New Roman:

Der Weg ist das Ziel.

Beispiel für eine serifenlose Schrift (Microsoft, Textverarbeitung Word), Verdana:

Der Weg ist das Ziel.

Schriftgröße
Man differenziert zwischen

- Konsultationsgröße (6-8 Punkt)
  z.B. Stichwortverzeichnis eines Buches
- Lesegröße (9-12 Punkt)
  abhängig vom Inhalt, dem Lesealter, der Lesefertigkeit oder satztechnischen Erwägungen
- Schaugröße (ab 14 Punkt)
  z.B. großformatige Anzeige, Buchtitel, Überschrift

Die Schriftgrößenangabe „Punkt“ meint den sogenannten Typografischen

Punkt, auch Didot-Punkt genannt, der 1764 vom französischen Schriftgießer Fournier veröffentlicht und 1785 vom Drucker und Schriftschneider Firmin A. Didot verbessert wurde und daher Didot-System genannt wird. 1879 wurde es vom Schriftgießer Hermann Berthold auf das metrische Maßsystem bezogen: 1 Meter entspricht 2.660 Punkten oder anders ausgedrückt beträgt ein Didot-Punkt gerundet 0,3759 mm. Für einen Schriftgrad in 12 Didot-Punkte verwendete man zum Beispiel die Bezeichnung Cicero.
Heutige Desktop-Programme verwenden den typographischen DTP-Punkt, er wurde als der 864. Teil des internationalen Fußes (feet) von 1959 (bzw. 1/72 Inch) definiert. Er misst also 0,0138 inch oder 0,3527 mm, abgekürzt pt.

Die Auszeichnungen
Unter dem Begriff Auszeichnungen versteht man Hervorhebungen innerhalb der Grundschrift durch *kursive*, halbfette und **fette** Ergänzungsschnitte zu den Grundschriften, um eine werbewirksame oder plakativen Wirkung zu erzielen. Weitere wichtige Möglichkeiten der Auszeichnung sind durch KAPITÄLCHEN (Kapitälchen sind in der Antiquaschrift groß geschriebene Wörter, die mit Versalien begonnen und mit Großbuchstaben in Höhe der Mittellänge der Kleinbuchstaben fortgeführt werden) oder durch das sogenannte Sperren (lateinisch spationieren) gegeben. Sperren heißt, dass die Laufweite deutlich vergrößert wird.

Weitere Hervorhebungsmöglichkeiten sind:

- die hier nun angewandte, d.h. eine eingerückte Punkteliste
- Verwendung unterschiedlicher Schriftgrößen und/oder Schriftarten
- Negativ-Drucke (Negativ-Druck meint weiße Schrift auf schwarzem oder farbigem Hintergrund)
- Farbige Auszeichnungen einzelner Wörter oder Textstellen
- Unterstreichungen (problematisch v.a. im Internet wegen der Verwechslung mit einem Link)

Empirisch gilt es als erwiesen, dass „farbige Auszeichnungen einzelner Wörter und Textteile sich als am effektivsten zum Suchen von Textstellen erwiesen haben". (Dirk Wendt, Lesbarkeit von Druckschriften, München 2000, S.29)

Makulieren → Urheberrecht
Eine Auflage zu makulieren bedeutet, sie als Altpapier zu verwerten, für den Fall, dass das → Verramschen nicht gelingt.

Marginalien bzw. Marginalspalte
Marginalien sind erläuternde Randbemerkungen zumeist in → Zeitschriften (etwa in den bekannten Kulturzeitschriften wie Lettre oder Universitas), aber auch in Fachzeitschriften wie Computerbild, in Kunstkatalogen, in wissenschaftlichen Fachbüchern sowie allgemein in Werken, in denen Erläuterungen sinnvoll oder notwendig sind. Marginalien sind außerhalb des → Satz-

spiegels häufig in einer etwas kleineren Schrift als der Grundschrift gesetzt.

Markengesetz
Dieses Gesetz regelt den Schutz von Zeichen (Wörter, Personennamen, Grafiken, Buchstaben, Zahlen, Formen, Tonfolgen, Farben und Farbzusammenstellungen), durch die ein Unternehmen sich von anderen Herstellern oder Händlern unterscheidet. Die Marken werden beim Deutschen Patent- und Markenamt im Markenverzeichnis erfasst, womit zunächst für 10 Jahre Schutz besteht, der aber unendlich weiter verlängert werden kann. Auch der → Titelschutz fällt in den Geltungsbereich des Markengesetzes.

Marketing
Marketing ist eine Unternehmensphilosophie, bei der die Unternehmensführung in allen Funktionsbereichen am Absatzmarkt orientiert ist. Ziel ist es, die optimale Erfüllung der Nachfragerwünsche so zu erreichen, dass das Unternehmen nachhaltig erfolgreich ist. Dabei spielt die Marktforschung zur Ermittlung der Nachfragerwünsche und für Ansatzpunkte zur Entwicklung der weiteren Maßnahmen eine wichtige Rolle. Im Verlagswesen wird teilweise zwischen Push- und Pull-Marketing differenziert. Maßnahmen des Push-Marketing dienen dazu, die Ware in den Handel hineinzuverkaufen. Das Pull-Marketing soll dafür sorgen, dass die Verbraucher die Ware auch entsprechend nachfragen.

Marketing-Mix
Die marketingpolitischen Instrumente bilden den Marketing-Mix. Er besteht aus der → Kommunikationspolitik, der → Distributionspolitik, der → Preispolitik und der Produktpolitik. Die drei zuerst genannten Politiken bilden das klassische absatzpolitische Instrumentarium, die Produktpolitik als Teil des Marketing-Mix ist dem modernen Verständnis des → Marketings geschuldet. Ziel des Marketing-Mix ist, eine möglichst optimale Kombination (effektiv und effizient) der Instrumente zu finden, die in sich konsistent ist (z.B. keine billig anmutende Werbung, wenn ein exklusives Sortiment gepflegt wird).

Marktforschung
Zweck der Marktforschung ist, entscheidungsrelevante Daten für das → Marketing zu liefern. Dafür werden Marktanalysen durchgeführt, die die kennzeichnenden Faktoren des relevanten Markts liefern sollen. Die Marktbeobachtung verfolgt die Entwicklung im Zeitverlauf. Marktprognosen versuchen, aufbauend auf Marktanalysen und Marktbeobachtungen mithilfe von statistischen Modellen die zukünftige Entwicklung vorherzusagen. Sofern Marktforschung nicht mit professionellen statistischen Methoden betrieben wird, spricht man stattdessen besser von Markterkundung. Marktforschung und Markterkundung nutzen die gleichen → Marktforschungsmethoden, nur mit unterschiedlicher Professionalität und Ergebnisqualität.

Marktforschungsmethoden
Im modernen Marketingkonzept sind die Wünsche der Verbraucher Ausgangspunkt des gesamten unternehmerischen Handelns. Um die nötigen Informationen hierüber zu erlangen, benötigt man Marktforschungsresultate. Diese kommen weit überwiegend durch zwei Methoden zustande: Befragung und Beobachtung.
Bei der Beobachtung handelt es sich um die Erfassung von Verhaltensweisen, ohne dass Fragen an die Probanden gerichtet werden. Das kann durch menschliche Beobachter geschehen (z.B. Besucherzählung), Aufzeichnungsgeräte (z.B. Blickaufzeichnung) oder sogar durch die Probanden selbst (z.B. Führen eines Haushaltsbuchs). Für den Buchhandel sind im Rahmen von sogenannten Feldbeobachtungen in Läden durchgeführte Kundenlaufstudien relevant. Laborbeobachtungen (z.B. der Reaktion auf eine bestimmte Covergestaltung), bei denen keine störenden Einflüsse auf die Situation einwirken, könnten theoretisch für Verlage interessant sein, in der Regel wird jedoch das erforderliche Geld nicht zur Verfügung stehen.
Befragungen werden vielfach von Buchhändlern selbst durchgeführt, bringen dann aber oftmals nicht wirklich brauchbare Ergebnisse hervor. Das liegt daran, dass das Untersuchungsdesign und die Auswertung Kenntnisse der empirischen Sozialforschung voraussetzen, die fehlen. Hilfestellung gibt hier der Sortimenterausschuss des Börsenvereins. Je nachdem, was das Ziel der Befragung ist, wird eher ein standardisiertes Interview durchgeführt, bei dem der Interviewer sich strikt an den vorgegebenen Fragebogen zu halten hat. Häufig wird auch mit sogenannten Leitfadeninterviews (teilweise auch als strukturierte Interviews bezeichnet) gearbeitet, bei dem zwar bestimmte Fragen gestellt werden müssen, die konkrete Abfolge aber dem Interviewer anheimgestellt ist. Beim freien Interview ist nur das grundsätzliche Thema vorgegeben, ansonsten dient dieses Gespräch dazu, aufgrund des Verlaufs, den weitgehend der Befragte steuert, zu sehen, in welche Richtungen die weiteren Untersuchungen gehen sollten. Bezüglich der Art der Durchführung der Befragung unterscheidet man persönliche, telefonische, computergestützte, schriftliche und E-Mail-Befragung. Für welche Art von Befragung man sich entscheidet, hängt wesentlich von den Kosten ab, man sollte sich aber im Klaren sein, dass alle Befragungen, die nicht mit einem direkten menschlichen Kontakt verbunden sind, auf geringere Beteiligung stoßen werden. Andererseits kann die Person des Interviewers und sein Verhalten auch Einfluss auf die Ergebnisse haben.
Eine Sonderform der Befragung stellt das Panel dar, für das ein gleichbleibender Personenkreis immer wieder zu den gleichen Themen befragt wird, so dass Entwicklungen im Zeitverlauf sichtbar werden. Für die Buchbranche ist diese Marktforschungsmethode in-

sofern wichtig, als die Bestsellerlisten von Media Control GfK International und Buchreport auf Panels basieren, auch wenn heutzutage dafür die Daten direkt aus den Kassen- bzw. Warenwirtschaftssystemen der angeschlossenen Unternehmen kommen. Aus denselben Panels stammen der Branchenmonitor Buch sowie der Umsatztrend von Buchreport. Auch Langendorfs Dienst und der Kölner Betriebsvergleich (→ Betriebsvergleich) basieren auf Panels, dort erfolgt allerdings wirklich noch eine Befragung.

Bewusst werden Experimente im Buchhandel zu Marktforschungszwecken eher selten eingesetzt, aber häufig verfahren Buchhändler sehr ähnlich. Denn bei einem Experiment verändert man einen Faktor und versucht mittels Beobachtung und/oder Befragung festzustellen, wie sich die Veränderung ausgewirkt hat. Wenn also eine Buchhandlung ihre Lagerordnung verändert und einen Vorher/Nachher-Vergleich der Umsätze durchführt, kommt das einem Experiment durchaus nahe. Wichtig bei Experimenten ist aber, dass sie unter ansonsten kontrollierten Bedingungen durchgeführt werden, das heißt, es muss durch das Untersuchungsdesign gewährleistet sein, dass nicht ein anderer Faktor als der zu untersuchende für das Ergebnis verantwortlich ist. Das kann eine einzelne Buchhandlung meist nicht erreichen.

Marktsegmentierung

Bei der Marktsegmentierung soll der Gesamtmarkt aufgeteilt werden in Teilmärkte, die zueinander heterogen, in sich aber möglichst homogen sind. Hintergrund ist, dass die unterschiedlichen → Zielgruppen besser differenziert angesprochen werden sollten, denn nur bei „echten" Massenprodukten, an die wirklich jeder die gleichen Ansprüche hat, kann eine undifferenzierte Massenmarktstrategie funktionieren. Es gibt verschiedene Wege der Marktsegmentierung, je nachdem, mit welchen Kriterien man arbeitet: soziodemografisch (z.B. Alter, Geschlecht, Einkommen, Bildung), psychologisch (z.B. Wünsche, Vorstellungen), psychografisch (Lebensstil, → Lebensweltenmodell), geografisch (z.B. Stadt / Land), mikrogeografisch (Einteilung in Konsumnachbarschaften auf der Ebene von Straßenzügen bzw. benachbarten Häusern), soziologisch (z.B. Beruf, Rolle).

Maskieren

Hierbei handelt es sich um eine Eingabeform bei der Datensuche in → Bibliografien oder Suchmaschinen. Ein Buchstabe wird durch ein bestimmtes Zeichen ersetzt, also „maskiert". Dadurch erhält man alle Einträge zum Begriff, unabhängig von der Schreibweise.

Bsp.: Tos?ana oder Tos*ana zeigt alle Einträge unter „Toscana" und „Toskana".

Mediaanalysen
Zeitungs- und Zeitschriftenverlage sowie Hörfunk- und Fernsehsender lassen regelmäßig in Mediaanalysen ihre Leser- bzw. Hörer- oder Zuschauerstruktur und die Verbreitung erheben. Aufbauend auf den so gewonnenen Mediadaten kann zielgruppengerecht die Werbung platziert werden. Es gibt einige wichtige Mediaanalysen, die für die gesamte Bundesrepublik von Belang sind: Allensbacher Werbeträger Analyse (AWA), MA (Mediaanalyse der AG.MA), Verbraucheranalyse (VA).

Mehrfachverwertung → Zweitverwertung

Meldenummern
Sie sind eine numerische Verschlüsselung der Gründe, warum ein oder mehrere Titel nicht geliefert werden können. Verlagsauslieferungen verwenden seit 1989 einheitliche Meldenummern:

0 Nicht bei uns – diesen Titel führen wir nicht
1 Lieferbar innerhalb von 14 Tagen, Bestellung vorgemerkt
2 Lieferbar innerhalb von 6 Wochen, Bestellung vorgemerkt
3 Lieferbar innerhalb von 6 Monaten, Bestellung vorgemerkt
4 Noch nicht erschienen, Bestellung vorgemerkt
5 Erscheinen noch unbestimmt. Titel wird vor Erscheinen angeboten
6 Vergriffen, Neuauflage vorgesehen, Termin unbestimmt, Titel wird vor Erscheinen angeboten
7 Vergriffen, keine Neuauflage vorgesehen, Bestellung abgelegt
8 Lieferbar nur fest – bitte neu bestellen
9 Bestellung unklar, bitte mit neuen Angaben neu bestellen

Bei den → Barsortimenten sind die Meldenummern verschieden. Sie werden bereits bei der Onlinerecherche in den Datenbanken angezeigt, um so den Kunden genaue Auskunft über die Lieferbarkeit eines Titels geben zu können. Hier einige Beispiele für häufige Meldenummern beim Barsortiment KNV:
07 vergriffen, keine Neuauflage
11 Erscheint laut Verlag in neuer Auflage 1. Quartal ...
12 Nachdruck. Folgt laut Verlag Neuauflage unbestimmt.
15 Fehlt kurzfristig am Lager
17 Führen wir nicht, bzw. nicht mehr
19 Ladenpreis aufgehoben. Führen wir nicht mehr
21 Noch nicht erschienen. Erscheint laut Verlag Frühjahr ...
24 Erscheint nicht laut Verlag
25 Titel neu aufgenommen. Noch nicht am Lager.
43 Vergriffen - Neuauflage unbestimmt - Bestellung wird nicht vorgemerkt.
80 Fehlt, da der Verlag derzeit nicht liefern kann

Merchandising
Der Begriff wird in zweierlei Hinsicht verwendet. Korrekt wäre es, die Maßnahmen der Hersteller im Hinblick auf Sortimentsberatung und Hilfe bei der Regalpflege als Merchandising zu bezeichnen. Merchandising ist so verstanden ein Teil der → Verkaufsförderung. In der Buchhandelsbranche hat sich jedoch, wie in weiten Teilen der Bevölkerung, ein anderes Verständnis des Begriffes Merchandising festgesetzt. Produkte, die mit populären Figuren bzw. Personen oder Filmen bzw. Büchern in Verbindung stehen (z.B. Harry Potter Non-Book-Artikel), werden als Merchandising-Artikel bezeichnet.

Messen
Auf Messen präsentieren verschiedene Hersteller ihre Produkte, so dass die Einkäufer die Vergleichsmöglichkeit haben. Aber auch die Produzenten selbst können den Austausch mit Fachkollegen pflegen und Informationen über die Konkurrenz gewinnen. Mit der wichtigste Aspekt der Messeteilnahme ist die davon ausgehende Wirkung für das → Image. Streng genommen sollte die Bezeichnung Messe nur verwendet werden, wenn es eine Fachveranstaltung ist. Hat hingegen die breite Öffentlichkeit Zutritt, handelt es sich um eine Ausstellung. Für die deutsche Buchbranche sind die Buchmessen in Frankfurt und Leipzig maßgeblich. International nimmt die London Book Fair eine starke Position ein. Spezifisch in Frankfurt und London spielt das internationale Lizenzgeschäft auch eine große Rolle. Für den Buchhändler bietet die Messe die Möglichkeit der persönlichen Kontaktaufnahme durchaus auch mit jenen Verlagen, von deren Vertretern er nicht besucht wird. Außerdem winkt der Messerabatt (→ Rabattarten).

Mikrotypografie
Die Mikrotypografie betrifft das, was zwischen den Buchstaben, Wörtern und Zeilen passiert.

Buchstabenabstand
(Laufweite = horizontaler Buchstabenabstand), auch Kerning genannt. Der Begriff Kerning wird meist nicht allgemein als Synonym für Buchstabenabstand verwendet, sondern häufig auf das Aus- bzw. Nachjustieren kritischer Abstände bei bestimmten Buchstabenkombinationen. In Fachkreisen liest man gelegentlich davon, es gäbe innerhalb eines Schrift-Fonts ca. 80.000 definierte Kerning-Paare wie z.B. AV AvAwAy Fa Fe Fi Fo Fr Fu. (www.typolexikon.de, gesehen im März 2008). In Fachkreisen spricht man im Falle der nachträglichen Verbesserung des Buchstabenabstandes auch vom Tracking. Der freie Raum zwischen den Buchstaben sollte bei serifenhaltigen Schriften so stark sein, dass sich die Serifen nicht berühren; bei serifenlosen Schriften orientiert sich der Buchstabenabstand an den Senkrechten der jeweiligen Schrift.

XXXXXX	schmallaufend
XXXXXX	normal
XXXXXX	weitlaufend

Wie ersichtlich, sowohl die schmale Laufweite als auch die erweiterte Laufweite sind zumindest im Rahmen von Lesetexten problematisch – für einen knappen Werbetext mag die weitlaufende Version angemessen sein.
Die Breite eines Buchstabens bezeichnet man auch heute noch mit einem Ausdruck aus der Bleisatzzeit als Dickte. Der Buchstabe selbst beansprucht auch einen Freiraum zum vorherigen und zum folgenden Buchstaben. Diese Abstände heißen Vor- und Nachbreite. Die Buchstaben haben zudem einen Innenraum, den man Punze nennt.

Der Buchstabenabstand wird durch den Innenraum des Buchstabens n gegeben.

in diesem Fall also 4 mm. (Die Grafik ist der folgenden Webseite entnommen: www.janaszek.de/t/laufweite.htm, gesehen im März 2008)

Wortabstand
Als idealer Wortabstand wird 1/3 der Punktgröße der Schrift bzw. der n-Abstand angesehen. (Bruckmanns Handbuch der Drucktechnik, München, 1992, S. 52) Faustregel: Der Wortabstand innerhalb einer Zeile muss immer kleiner sein als der Zeilenabstand! (Hans Peter Willberg, in: Streifband, Heft 2, Oktober 1996, S.12) Willberg begründet diese Regel mit „Fixationen“ unseres Auges beim Lesen.

Zeilenabstand
Der freie Raum zwischen den Zeilen wird als Zeilenabstand oder Durchschuss bezeichnet, es ist also der Freiraum zwischen den Unter- und Oberlängen der Buchstaben untereinander gesetzter Zeilen. Der Abstand zwischen zwei Zeilen wird von Schriftlinie zu Schriftlinie gemessen. Breite Schriften brauchen weniger Durchschuss als schmale. Die zu wählende Größe ist abhängig von der Schriftgröße und der Zeilenlänge. Als Angabe des Durchschusses hat sich folgende Schreibweise durchgesetzt: 10/12 bedeutet z.B. eine Schriftgröße von 10 Punkt bei einem Durchschuss von 2 Punkt (12 Punkt minus 10 Punkt ergibt 2 Punkt als Zeilenabstand). Bei Druck ohne Durchschuss spricht man von Kompressen-Satz. Von welch eminenter Bedeutung der Zeilenabstand ist, sieht man in einem Vergleich der jeweils gleichen Seite im Lexikon der Publizistik 1988 und 1995 und erkennt damit den enormen Effekt einer Durchschussvergrößerung. (Elisabeth Noelle-Neumann, Winfried Schulz (Hrsg.), Publizistik, Frankfurt 1989 und 1995)

Absatz
Die wesentliche Funktion der Absätze und des Einrückens der Absätze ist es, dass sie gliedern. Sie sollen die Struktur eines Textes verdeutlichen, den Verlauf der Gedankengänge visuell darstellen. Im Zusammenhang mit dem Absatz muss auch der erste von der Größe her hervorgehobene Buchstabe eines Absatzbeginns gesehen werden, den man Initial nennt. Aus der Buchkunst sowohl vor als auch nach Gutenberg sind hier große künstlerische Leistungen bei der Darstellung der Initialien zu rühmen. Bei der Absatzsetzung kann es zu typografischen Fehlern kommen, für die sich aus der Zeit des Bleisatzes die Begriffe in die Desktop-Ära gerettet haben. Diese Satzfehler sind mit den Begriffen Hurenkind und Schusterjunge bezeichnet. Das Hurenkind ist ein etwas herber Ausdruck aus der Setzersprache und bezeichnet eine Ausgangszeile eines Absatzes, die als erste Zeile auf einer Buchseite steht. Das Pendant dazu ist der Schusterjunge; er bezeichnet die erste Zeile eines Absatzes, häufig eingerückt, die als letzte Zeile auf einer Buchseite steht.

Trennregeln
Bei der Trennung ist die Typografenregel zu beachten: Nach Möglichkeit soll bei langen Zeilen nicht öfter als dreimal hintereinander getrennt werden, bei kurzen Zeilen nicht mehr als fünfmal. Ferner ist vom Wort- und Satzsinn darauf zu achten, Trennungen, die den Lesefluss stören, zu vermeiden. Standard-Negativ-Beispiel in der Typografenzunft ist die Trennung von Urin-stinkt statt Urinstinkt in einem psychologischen Werk oder Chipfertigung statt Chip-fertigung in einer Arbeit über die Computertechnologie. (Die amtliche Regelung der deutschen Rechtschreibung, § 107, E2)

Mindestauflage → Auflage

Mischkalkulation
Von einer Mischkalkulation spricht man, wenn der einzelne Artikel nicht selbst seine Kosten tragen muss, weil andere Artikel so viel abwerfen, dass man sich den Verlustbringer leisten kann. Die Verlage betreiben häufig eine Mischkalkulation, da nur so die → Werke jüngerer, wenig bekannter Autoren auch ihren Platz im Verlagsprogramm bekommen können. Möglich ist das in Deutschland, weil die → Preisbindung dafür sorgt, dass die gut verkäuflichen Titel auch zu den geplanten Preisen vermarktet werden können.

Modernes Antiquariat
In vielen Buchhandlungen wird das Moderne Antiquariat genutzt, um durch vor dem Laden oder im Eingangsbereich platzierte günstige Bücher die Kunden hereinzuziehen. Das Moderne Antiquariat besteht teilweise aus preisgebundenen Sonderausgaben (→ Mehrfachverwertung, → Imprint). Doch für die Kunden besteht aufgrund der nicht mehr der Preisbindung unter-

liegenden Restauflagen und Mängelexemplare oft der Eindruck, als wären alle Bücher des Modernen Antiquariats nicht preisgebunden. Der Bezug der Titel für das Moderne Antiquariat erfolgt in der Regel über → Großantiquariate.

Monatskonto

Beim Monatskonto kann der Kunde Ware auf Rechnung beziehen und erhält einmal monatlich eine Sammelabrechnung über die seit der letzten Abrechnung angefallenen Lieferungen; der dabei ermittelte Betrag ist dann vom Kunden ohne weitere Verzögerung zu begleichen. Um das Monatskonto für beide Seiten mit möglichst wenig Arbeitsaufwand abwickeln zu können, empfiehlt sich der Kontoausgleich durch Lastschrifteinzug. Das Monatskonto als Zahlungsbedingung verstößt nicht gegen die Buchpreisbindung, auch wenn die Preise nach dem → Preisbindungsgesetz Barzahlungspreise sind. Die Vereinfachung des Zahlungsverkehrs überwiegt gegenüber der Tatsache, dass einzelne Lieferungen dem Kunden erst nach knapp einem Monat effektiv belastet werden.

Monografie

[griechisch: monos = einzeln; graphein = schreiben] Wörtlich übersetzt sind Monografien Abhandlungen über ein einzelnes Thema. Das kann ein Sachthema sein oder eine Person (z.B. Reihe: rowohlts monografien). Die → Deutsche Nationalbibliothek fasst diesen Begriff noch weiter: Als Monografien werden alle → Werke bezeichnet, die selbstständig erschienen sind und nicht zu den periodisch erscheinenden Publikationen (→ Periodika) gehören.

Musikalien

Publikationen von Musikwerken mit Noten, Notenhefte, Partituren, aber auch musikrelevantes Schrifttum werden als Musikalien bezeichnet. Sie sind mit einer → ISMN gekennzeichnet und werden vom Deutschen Musikarchiv in Berlin gesammelt und verzeichnet. Der Vertrieb erfolgt in der Regel nicht über den Buch-, sondern den Musikalienhandel. Sie unterliegen dem → Urheberrecht.

MVB Marketing- und Verlagsservice des Buchhandels mbH

Die MVB ist der publizistische Arm des Börsenvereins. Sie ist der Verleger des → Börsenblatts und vertreibt aufgrund einer Kooperation mit der → Deutschen Nationalbibliothek die → Deutsche Nationalbibliographie mit ihren verschiedenen Reihen. Die MVB erstellt das → Verzeichnis lieferbarer Bücher. Doch wie der Name schon andeutet, sind die publizistischen Aktivitäten nur die eine Seite der MVB, daneben bietet sie ein breites Angebot an buchhändlerischen Werbemitteln (von der Plastiktüte mit Branchenlogo bis zum Dekopaket zum → Welttag des Buches) an. Außerdem betreibt die MVB den Werbeanschriftenservice, der Adressen von Verlagen und Buchhandlungen vermarktet. In jüngster Zeit kam die Übernahme der → BAG hinzu.

N

Nachauflage → Auflage

Nachräumliste → Warenwirtschaftssystem

Nachschlagewerke
Als Nachschlagewerke bezeichnet man → Enzyklopädien, → Lexika, Fach- und Sprachwörterbücher, Tabellenwerke, Statistische Berichte, Handbücher, Adressbücher und bibliographische Werke. Der Markt für Nachschlagewerke unterliegt momentan einem starken Wandel. Durch die kostenlose Abrufbarkeit von Informationen im Internet und die günstigere Produktion von Nachschlagewerken in Form Neuer Medien (CD-ROM, DVD-ROM) verlieren die traditionellen Druckausgaben an Bedeutung. Hinzu kommt, dass die Verlage teilweise Nachschlagewerke auf kostenpflichtige Datenbankdienste umstellen. Dadurch verändert sich zum Teil die Vertriebsstruktur hin zum → Direktvertrieb, wenngleich auch der stationäre Buchhandel als Vermittler beim Lizenzerwerb im Spiel bleiben kann. Für den Endkunden bietet die Datenbanklösung freilich den Vorteil, dass er auf eine laufende Aktualisierung bauen kann.

Neuauflage → Auflage

Neuausgabe → Ausgabe

Nielsen-Gebiete
Das Marktforschungsunternehmen A.C. Nielsen Company hat auf der Basis eines Einzelhandelspanels die Bundesrepublik Deutschland in sieben Regionen eingeteilt. Da für diese Regionen verschiedene Auswertungen bezogen werden können, hat sich diese Einteilung inzwischen weiter verbreitet und spielt bei der Planung von Mediawerbung eine große Rolle, weil etwa die Belegung von bestimmten Medien in ausgewählten Nielsen-Gebieten angeboten wird. Die Gebiete sind folgendermaßen aufgebaut: 1 = Schleswig-Holstein, Hamburg, Bremen, Niedersachen; 2 = Nordrhein-Westfalen; 3a = Hessen, Rheinland-Pfalz, Saarland; 3b = Baden-Württemberg; 4 = Bayern; 5 = Berlin; 6 = Mecklenburg-Vorpommern, Sachsen-Anhalt, Brandenburg; 7 = Sachsen, Thüringen. Mit Ausnahme der Gebiete 5 und 6 gibt es für alle Nielsen-Gebiete auch noch eine feinere Einteilung in Nord/Süd bzw. Ost/West innerhalb der einzelnen Region. In der Buchbranche sind die Nielsen-Gebiete für die Verlage und die großen Filialisten bei der Werbeplanung relevant.

Non-Books
Alle Medientypen, die nicht Buchform haben, kann man als Non-Books bezeichnen. In der buchhändlerischen Praxis werden jedoch nicht nur die

neuen Medien (CD-ROM; DVD-ROM) oder die audiovisuellen Medien (Tonträger und Video bzw. DVD-Video) so genannt. Vielmehr meint der durchschnittliche Sortimenter mit dem Begriff Non-Books alle möglichen Artikel, die er neben seinem Mediensortiment führt, also kleine Spielzeuge in der Kinderbuchabteilung ebenso wie Lesezeichen oder → PBS. In vielen Buchhandlungen werden die Non-Books als eigene → Warengruppe ausgewiesen.

Normvertrag
Inhalt der Normverträge ist die Rechte- und Pflichtenverteilung der Vertragspartner. Der Normvertrag ist eine Konkretisierung des Verlagsgesetzes und stellt den Branchenstandard dar. Sofern im Normvertrag Angaben offen gelassen wurden, die durch eine Übereinkunft zwischen Verlag und Autor festzulegen sind und keine Entscheidung getroffen wurde, greift das → Verlagsgesetz.
Als Beispiel soll hier ein Paragraph herausgegriffen werden:
§ 5, Absatz 2: „Ist die Zahl der Abzüge nicht bestimmt, so ist der Verleger berechtigt, tausend Abzüge herzustellen."

Neben dem Normvertrag für den Abschluss von Verlagsverträgen gibt es auch noch speziellere Vorlagen:
- Mustervertrag für Anthologien (Autorinnen/Autoren)
- Mustervertrag für Anthologien (Herausgeberinen/Herausgeber)
- Normvertrag für den Abschluss von Übersetzungsverträgen
- Normvertrag für wissenschaftliche Verlagswerke

Nutzungsrechte → Urheberrecht

O

Öffentlichkeitsarbeit
Die Öffentlichkeitsarbeit ist Teil der → Kommunikationspolitik. Häufig findet man anstelle des deutschen Begriffs das Fremdwort Public Relations. Die Maßnahmen der Öffentlichkeitsarbeit beziehen sich auf Medienvertreter und relevante Multiplikatoren. Ziel ist es, Informationen zu verbreiten und die Beziehungen zur Öffentlichkeit im Hinblick auf das gewünschte → Image zu gestalten. Eine zentrale Rolle kommt dabei der Pressearbeit zu. Aber auch Veranstaltungen, die das Unternehmen initiiert, um Kontaktmöglichkeiten zu schaffen (z.B. Jubiläen, Preisverleihungen), sind wichtige Mittel der Öffentlichkeitsarbeit. Verglichen mit anderen kommunikationspolitischen Maßnahmen ist Öffentlichkeitsarbeit eher preiswert. Voraussetzung ist aber, dass die erforderlichen persönlichen Kontakte aufgebaut werden können und anschließend auch gut gepflegt werden.

Offsetdruck → Flachdruck

Opazität
Es geht um die Lichtundurchlässigkeit des Papiers, eine Beurteilungskategorie bei der → Papierherstellung und Verwendung. Der Gegenbegriff zu Opazität ist Transparenz.

Optimierte Weiterleitung
Hierbei handelt es sich um eine Dienstleistung der → Bestellanstalt. Dabei wird eine Bestellung, die das → Barsortiment nicht direkt erfüllen kann, automatisch auf den → Verlag umgelenkt, sofern dieser lieferfähig ist.

Optionsvertrag
Unter einem Optionsvertrag versteht man im → Normvertrag die folgende Klausel: „Gegenstand dieses Vertrages ist das noch zu verfassende Werk des → Autors.“
Wobei zu beachten ist, dass sich der Verlag mit der Option lediglich die Möglichkeit freihält, über das Werk den Verlagsvertrag abzuschließen, nicht aber die Verpflichtung.

Originalausgabe
Der Titel erscheint zum ersten Mal auf dem Markt und wird bei Taschenbüchern oft mit dem Vermerk (OA) versehen. Im Gegensatz zur → Lizenzausgabe liegen bei der Originalausgabe alle Rechte beim Verlag, der diese vom → Autor oder dessen Vertreter erworben hat. Der Verlag kann seinerseits wieder Lizenzen an Dritte vergeben.

P

Pagina: lat. Seitenzahl → Kolumnentitel

Papierarten

Die unterschiedlichen Papierarten ergeben sich aufgrund des eingesetzten Rohstoffs (z. B. Recyclingpapier) und der Form der Oberflächenbearbeitung.

Maschinenglattes Papier, im Buchbereich auch Werkdruck-Papier genannt. Papier, wie es die Langsiebmaschine verlässt, bezeichnet man als maschinenglatt. Maschinenglattes Papier ist von der Oberflächenbeschaffenheit das qualitativ minderwertigste und wird hauptsächlich beim Zeitungsdruck und für die Buchherstellung (Ausnahme: hochwertige Bildbände, Fachbücher mit technischen Illustrationen und Ähnlichem) verwendet. In der Buchproduktion spricht man von Werkdruckpapier und meint damit holzhaltiges bis holzfreies Papier mit größerem Volumen für Kataloge und Bücher.

Das Papier kann nachträglich geglättet werden, indem man die Papierbahn durch ein umfangreiches Walzensystem, einen sogenannten Kalander, laufen lässt. Man spricht dann von einem satinierten oder auch kalandrierten Papier. Dieses glänzende, satinierte Papier nennt man auch Naturdruck. Durch die Satinage (frz. „Seide") verringert sich allerdings die Reißfestigkeit und das Durchscheinen nimmt zu, d.h. also die Opazität (Undurchsichtigkeit bzw. Deckungsfähigkeit) nimmt ab. Anwendungsgebiete sind vorwiegend einfache Illustrierte. Satiniertes Papier von ca. 70-100 g wird auch als Illustrationsdruckpapier bezeichnet. Es eignet sich gut zur Wiedergabe von auch fein gerasterten Bildvorlagen und findet u.a. Verwendung für im Tiefdruck hergestellte Zeitschriften.

Durch nachträgliches Auftragen einer Streichmasse (Kaolin, Kreide, Leim, Titandioxyd, Kunststoffe) mit sogenannten Streichmaschinen auf beiden Seiten der Papierbahn kann die porige Oberfläche geschlossen werden. Die Papierflächen sind dann gleichmäßig glatt. Damit ist der höchste Grad der Opazität erreicht. Gestrichene Druckerzeugnisse sind z.B. Der Spiegel (ganz leichter Strich) oder Madame. Auf dem Markt für Zeitschriften und Werbemittel spielen leichte, gestrichene Papiere, die sogenannten LWC- Papiere (LWC=light weight coated) eine entscheidende Rolle. In der Buchherstellung wird das gestrichene Papier (matt oder glänzend gestrichen) für Kalender, Werke mit technischen Abbildungen, Fachbücher, Kinder- und Schulbücher mit Illustrationen verwandt.

Kunstdruckpapier nennt man besonders hochwertiges gestrichenes Papier, d.h. die Oberfläche wird durch einen Aufstrich von Kreidemasse oder der Porzellanerde Kaolin völlig geschlossen. Durch zusätzliche starke Satinage erhält es eine hohe Oberflächenglätte. Kunstdruckpapier wird hauptsächlich zur feinen Bildwiedergabe mit hohen Rasterzahlen (60 – 120) verwendet. Gestrichene Papiere können einen lästigen Spiegelungseffekt haben, der das Lesen und Betrachten von Bildern vor allem bei Kunstlicht erschwert. Daher wird auch Kunstdruckpapier matt angeboten. Hinsichtlich der Grammatur spricht man ab 20 g/m^2 Aufstrichsubstanz von Kunstdruckpapier.

Genarbtes, granuliertes oder gehämmertes und geprägtes Papier mit geriffelter Oberfläche wird für Akzidenzdrucksachen wie z.B. Visitenkarten und Briefpapier verwendet. Bei → Gebundenen Büchern spielt das haptisch auffällige Papier beim sogenannten → Vorsatzpapier eine wichtige Rolle. Das Vor- und Nachsatzpapier erfüllt die technische Funktion, Buchdeckel und Buchblock zusammenzuhalten; mindestens genau so wichtig ist aber seine ästhetische Wirkung auf den potentiellen Käufer. Von daher sind auch Marketingaspekte von Bedeutung.

Papierherstellung

Die Papierherstellung

I. Die Roh- und Hilfsstoffe
Mechanisches oder chemisches
Aufschließen des Holzes
Füllstoffe, z.B. Mineralien
Recyclingpapiere

II. Die Oberflächenbearbeitung
→ Papierarten
Maschinenglattes Papier
Satiniertes Papier
Gestrichenes Papier
Kunstdruckpapier

Weitere Beurteilungskriterien für Papierqualität sind der Zuschnitt, die Papierlaufrichtung und die Formate, die Grammatur und das Volumen.

III. Ökologische Gesichtspunkte:
1. Der Rohstoff Holz ist knapp.
2. Wohin mit dem Deinkingschlamm aus dem Recyclingprozess?
3. Die Zukunft: Der Einsatz von Frischfasern aus nachhaltiger Waldwirtschaft – FSC-zertifiziert.

P

Roh- und Hilfsstoffe
Die Faserstoffe stellen dabei etwa 70 Prozent des Anteils an der Papiermasse. Sie bestimmen im Wesentlichen die Qualität des Papiers. Wegen der langen Fasern wird Nadelholz bevorzugt. Im Allgemeinen sind die Fasern zwischen 2,3 und 3,7 mm lang. Hinsichtlich der Art der Zerfaserung unterscheidet man zwischen Holzschliff und Zellstoff.
Holzschliff entsteht durch die mechanische Zerfaserung des Holzes unter Wasserzugabe und enthält neben Zellulose auch Lignin, Harze und andere Holzstoffe. Die Vorteile der Holzschliffverwendung liegen in der nahezu hundertprozentigen Rohstoffausbeute und der relativen Undurchsichtigkeit (= Opazität) des Papiers. Holzschliffhaltiges Papier hat allerdings eine geringere Festigkeit, weil die Fasern nur bedingt ausfransen und damit weniger verfilzen können. Durch das vorhandene Lignin vergilbt holzschliffhaltiges Papier in relativ kurzer Zeit und ist daher für Dokumente unbrauchbar.

Zellstoff entsteht durch die chemische Zerfaserung des Holzes. Er enthält ebenfalls Zellulose und andere Holzstoffe, jedoch kein oder nur wenig Lignin. Zellstoff wird gewonnen, indem kleingehackte Holzschnitzel in lauge- oder säurehaltiger Flüssigkeit gekocht werden, wodurch sich die unzerstörten Fasern von den nicht faserhaltigen Bestandteilen des Holzes (Lignin, Harze, Mineralien, etc.) lösen. Die Rohstoffausbeute ist dabei allerdings im Vergleich zum Holzschliff entschieden geringer (ca. 50 Prozent!), sodass holzfreies Papier teurer ist. Es ist aber haltbarer, weißer und kaum vergilbungsanfällig. Die Fasern sind von relativ gleichmäßiger Länge und verfilzen leichter, sodass die Reißfestigkeit höher ist. Man spricht von holzfreiem Papier, wenn die Papiersubstanz weniger als 5 Prozent verholzte Fasern enthält.

Neben den Rohstoffen (Holzschliff, Zellstoff, Altpapier) benötigt man noch Hilfsstoffe, um zur fertigen Stoffmischung (dem Ganzstoff) für die Papiermaschine zu kommen. Hilfsstoffe sind Füllstoffe, optische Aufheller, Bleichmittel, Leime sowie Farben. Mineralien wie Kaolin (Calciumcarbonat), Kreide, Kalkstein, Marmor und Magnesiumsilikat (allgemein spricht man auch von Pigmenten) füllen bei der Papierherstellung die Faserzwischenräume aus und führen zu einer glatteren Oberfläche des Papiers und somit zu einer verbesserten Bedruckbarkeit.

Pappband → Einbandarten

Parkmodelle
Zur Vermeidung von überproportional teuren Kleinsendungen bieten → Verlagsauslieferungen sogenannte Parkmodelle. Dabei werden die von einer Buchhandlung bestellten Bücher gesammelt, bis ein bestimmter Warenwert oder ein bestimmtes Gewicht zusammenkommt. Damit die Ausführung von wichtigen Kundenbestellungen sich nicht über

Gebühr verzögert, gibt es allerdings auch eine Obergrenze, wie viele Arbeitstage maximal die Ware zurückgehalten wird. Sofern dieser Schwellenwert überschritten wird, geht doch eine Kleinsendung auf die Reise.

Partie
Partie ist die im Buchhandel übliche Form des Naturalrabatts. Die Verlage bieten Partie-, d.h. → Freiexemplare an, um das Sortiment zur Bestellung einer höheren Stückzahl desselben Werkes zu bewegen. So bedeutet eine Partie 11/10, dass elf Stück geliefert, aber nur zehn Stück berechnet werden. Für das Sortiment ist die Partie vorteilhaft, wenn tatsächlich alle elf Exemplare verkauft werden, dann erhöht sich z.B. der Nachlass auf 40 Prozent (sogenannter → Effektivrabatt), wenn der → Verlag auf das Einzelexemplar 34 Prozent gewährte.

Berechnung:

10 Exemplare × 34 Prozent =	340 Prozent	
1 Partieexpl. × 100 Prozent =	100 Prozent	
	440 Prozent : 11 Expl. = 40 Prozent Effektivrabatt	

Von einer gemischten Partie spricht man, wenn das Sortiment die Partie aus verschiedenen Titeln zusammenstellen kann.
Eine Reizpartie wird gewährt, wenn die Zahl der Freistücke überproportional zunimmt, z.B. 58/50 statt 55/50.
Wissenschaftliche Verlage offerieren bei Fachbüchern Partien zu 7/6 oder 6/5.
Ist sich das Sortiment von vorneherein nicht sicher, ob der Absatz der Partieexemplare tatsächlich möglich ist, bieten die Verlage die Partieergänzung an. D. h. die Buchhandlung kann die ursprüngliche Bestellung innerhalb eines festgelegten Zeitraumes (maximal sechs Monate nach § 3 Nr. 5 VeO) zu einer vollständigen Partie ergänzen.

Pauschalhonorar → Honorararten

PBS
Diese Abkürzung steht für Papier, Büroartikel und Schreibwaren, das wohl am häufigsten anzutreffende Nebensortiment im Buchhandel.

Periodika
Periodika (periodisch: wiederkehrend) sind fortlaufende → Sammelwerke. Sie müssen folgende Kriterien erfüllen: Die Veröffentlichung erscheint in einer Folge von Teilen und strebt von vornherein unbegrenztes Erscheinen an, die einzelnen Teile tragen den Sachtitel der Folge (Gesamttitel) und ihre Zählung (Num-

mer) und sie erscheinen periodisch in regelmäßigen oder unregelmäßigen Abständen. Im Unterschied zu → Monografien erhalten sie eine → ISSN. Als Periodika gelten z.B.: Zeitungen, Zeitschriften, Serien, zeitschriftenartige Reihen, periodische Kongressberichte, Jahrbücher.

Pflichtexemplare
Verlage müssen von ihren Publikationen aufgrund gesetzlicher Regelung zwei Exemplare an die → Deutsche Nationalbibliothek abliefern. Dabei hängt es vom Verlagssitz ab, ob die Ablieferung bei der Deutschen Bibliothek in Frankfurt am Main oder der Deutschen Bücherei in Leipzig zu erfolgen hat. Die Deutsche Nationalbibliothek sorgt intern dafür, dass jeweils an beiden Standorten ein Exemplar aller nationalen Verlagspublikationen archiviert wird. Hinzu kommen Ländergesetze, die die Pflichtablieferung auf Landesebene regeln. Ziel ist es, die Archivfunktion der jeweiligen Bibliotheken umfassend erfüllen zu können, obwohl nicht hinreichend Erwerbungsmittel vorhanden sind. Denn nur bei sehr geringer Auflage eines sehr teuren Werkes wird der Verlag für die Ablieferung der Pflichtexemplare entschädigt.

Pflichtfortsetzung → Fortsetzungswerk

Plagiat
Aus dem Lateinischen plagium „Menschenraub". Mit einem Plagiat bezeichnet man die unrechtmäßige Aneignung der Urheberrechtsleistung eines Anderen. Obwohl die Römer noch keinen Sinn für → Urheberrechte hatten, muss ihnen die Urheberrechtsverletzung befremdlich erschienen sein. Aber auch hochentwickelte nationale und internationale Urheberrechte können derzeit illegale Übernahmen, Raubdrucke und Plagiate nicht verhindern. Der → Autor kann sich gegen Plagiate mit Unterlassungsklagen, gerichtlich angeordneten Beschlagnahmungen, Schadenersatzforderungen und sogar Schmerzensgeld zur Wehr setzen.

Portfolio-Analyse
Dieses Konzept dient dazu, die Geschäftsfelder eines Unternehmens zu klassifizieren und zu entscheiden, wo künftig investiert bzw. desinvestiert wird. Dabei wird mit einer Vierfeldermatrix gearbeitet. Auf der X-Achse erfolgt die Einteilung entsprechend dem relativen Marktanteil des Unternehmens (niedrig oder hoch) und auf der Y-Achse wird das Marktwachstum des entsprechenden Bereichs erfasst (ebenfalls niedrig oder hoch). Geschäftsfelder im linken unteren Quadranten (niedrig/niedrig) werden als Poor Dogs bezeichnet, hier sollte man sich zurückziehen. Der rechte untere Quadrant weist zwar ein niedriges Marktwachstum auf, gleichzeitig hat das Unternehmen einen hohen Marktanteil. Solche Geschäftsfelder werden als Cash Cows bezeichnet, die gutes Geld abwerfen, in die man aber gerade so viel wie nötig investiert.

Im linken oberen Quadranten befinden sich Geschäftsfelder, bei denen zwar der Markt stark wächst, das eigene Unternehmen aber bislang schwach ist. Diese Geschäftsfelder werden Question Marks genannt, weil hier fraglich ist, wohin die Entwicklung gehen könnte. Sowohl Desinvestition als auch Ausbau sind mögliche Strategieoptionen. Im rechten oberen Quadranten finden sich die Geschäftsfelder, bei denen das Unternehmen eine starke Position hat und der Markt schnell wächst. Sie werden Stars genannt und sollen durch Investitionen weiter ausgebaut werden. Die Portfolio-Analyse ist ein Instrument, mit dem insbesondere größere → Verlage oder Verlagsgruppen arbeiten, theoretisch wäre sie aber auch auf → Warengruppen im Buchhandel anwendbar.

Portomodelle
Grundsätzlich hat der Buchhändler den Transport der Ware vom → Verlag zu sich zu bezahlen. Im Rahmen von Großaufträgen kann allerdings auch über diese Frage verhandelt werden. Es gibt die Möglichkeit, dass Portoersatz in Form von → Freiexemplaren gewährt wird. Hierbei zahlt der Sortimenter zwar die Transportkosten, bekommt aber auf der anderen Seite mehr Ware, als er bezahlt, wodurch sich der → Effektivrabatt erhöht. Eine andere Variante besteht darin, dass der Verlag sich in Höhe eines bestimmten Prozentsatzes vom Rechnungsbetrag an den Versandkosten beteiligt.

POS
Die Abkürzung steht für Point of Sale, also den Verkaufsort, sprich letztlich den Laden. Im Zusammenhang mit Kartenzahlungen gibt es ein Verfahren, bei dem der Kunde mit der EC-Karte und der Eingabe der Geheimzahl die Zahlung auslöst. Da die Zahlung wirklich in diesem Moment vonstatten geht, wird das Verfahren auch als POS-Verfahren (alternativ electronic cash-Verfahren) bezeichnet. Im Gegensatz dazu wird beim Bezahlen mit EC-Karte und Unterschrift (= ELV-Verfahren) nur eine Einzugsermächtigung erteilt und die Bezahlung erfolgt erst mit einer Verzögerung. Für den Buchhändler ist allerdings das ELV-Verfahren wesentlich billiger, dafür muss er aber das Risiko in Kauf nehmen, dass er sein Geld doch nicht erhält, weil die Lastschrift nicht eingelöst wurde. Wird dagegen das POS-Verfahren verwendet, ist die Zahlung garantiert.

Postversandarten
Die Deutsche Post gewährt für den Versand von Waren unter bestimmten Bedingungen Vergünstigungen. Neben der → Büchersendung gibt es auch die Warensendung, hier können auch Waren versandt werden, die nicht unter die Bestimmungen für Büchersendungen fallen.
Für Werbesendungen an Kunden gewährt das Unternehmen günstigere Bedingungen, wenn die Versandarten Infobrief oder Infopost gewählt werden, Voraussetzung hierfür ist der Ver-

sand größerer Mengen (Infobrief: ab 50 Stück; Infopost: Vergünstigungen nach Zustellbereichen).
Für Verlage bietet die Post verschiedene Möglichkeiten, Zeitungen und Zeitschriften zustellen zu lassen, nämlich mithilfe der Versandformen Pressesendung, Postvertriebsstück und Streifbandzeitung. Die Streifbandzeitung ist vor allem bei geringen Stückzahlen gut geeignet und bietet sich auch für Buchhandlungen beim Versand von Zeitungen und → Zeitschriften an.

Potsdamer Protokoll
Das → Preisbindungsgesetz sieht vor, dass für Parallelausgaben eines Titels unterschiedliche Preise festgelegt werden können, wenn das sachlich gerechtfertigt ist. Das heißt, dass ein Ausstattungsunterschied und zeitlicher Abstand des Erscheinens gegeben sein müssen. Da der Gesetzgeber sich nicht auf eine präzise Frist festlegen wollte und es für die → Buchgemeinschaften wesentlich ist, mit dem Preisunterschied möglichst attraktiver Titel werben zu können, gibt es zwischen den Buchgemeinschaften und dem → Börsenverein eine Übereinkunft hierzu, das Potsdamer Protokoll. Es ist möglich, dass zuerst die Buchgemeinschaftsausgabe erscheint und erst danach die normale → Ausgabe. Grundsätzlich ist das Potsdamer Protokoll eine freiwillige Vereinbarung der beteiligten Parteien. Es hat in der Vergangenheit Bestrebungen vonseiten einzelner Buchgemeinschaften gegeben, sich davon zu lösen, und daher dürfte es auch künftig ein heißes Eisen bleiben.

Preisänderungen und -aufhebungen
In der → Gelben Beilage des → Börsenblatts veröffentlichen die Verlage gemäß den Vorgaben der → Verkehrsordnung mindestens 14 Tage vorher die bevorstehenden Preisänderungen und -aufhebungen. Dadurch erhalten die Sortimenter eine wichtige Information für ihre Bestelldispositionen (teurer werdende Werke werden schnell noch zu den alten Konditionen geordert; bei einer kommenden Preissenkung wird man sich hüten, mehr als unvermeidbar vor dem Stichtag zu bestellen). Außerdem können die Buchhändler die fällige → Differenzgutschrift bzw. → Remission bei Preissenkungen sowie die Remission bei Preisaufhebungen schon vorbereiten. Nicht zuletzt aber muss die Umzeichnung mit dem dann gültigen Preis zum Stichtag vorgenommen werden.

Preisangabenverordnung
Aus Gründen des Verbraucherschutzes ist in der Preisangabenverordnung geregelt, dass und wie im Einzelnen in den verschiedenen Dienstleistungsbranchen und im Handel die Preisauszeichnung zu erfolgen hat. Das geht soweit, dass in der Preisangabenverordnung eine spezielle Formel für die Ermittlung des Effektivzinses bei Verbraucherdarlehen enthalten ist. Für den Buchhandel ist wichtig, dass alle seine Waren mit Ausnahme von Antiquitäten (kostbare

antiquarische Werke) und Kunstwerken (Originalgrafiken etc.) mit Preisen versehen sein müssen. Dabei müssen die Preise inklusive Umsatzsteuer angegeben werden. Sofern die → Verlage mit aufgedruckten Preisen arbeiten, muss nur bei einer Preisänderung eine Etikettierung vorgenommen werden. Ansonsten dienen alternativ zu Preisetiketten auch die Angabe auf der → Buchlaufkarte oder ein Eintrag mit Bleistift direkt im Buch als Preisauszeichnung. Alternativ zur Auszeichnung des einzelnen Titels kann auch eine Preisauszeichnung am Regal oder einem anderen Behältnis erfolgen, wenn verschiedene Bücher den gleichen Preis haben oder gar nach Gewicht verkauft werden (→ Modernes Antiquariat).

Preisbindung

Deutschsprachige Neuerscheinungen und Neuauflagen unterliegen in der Bundesrepublik Deutschland einer Preisbindung. Die Aufhebung der Preisbindung eines Titels darf frühestens 18 Monate nach seinem Erscheinen erfolgen bzw. bei einem kürzeren Erscheinungsrhythmus (z.B. Jahrbücher) oder vorzeitiger Veralterung auch bereits eher. Es gibt zulässige Nachlässe auf gebundene Preise für → Autoren (= Autorenrabatt, gilt nur für Bücher des Verlages, in dem sie publizieren); Mitarbeiter von buchhändlerischen Unternehmen und Verlagen (= Kollegenrabatt); Lehrer, die prüfen wollen, ob ein Werk im Unterricht verwendet werden kann (= Prüfstücknachlass) sowie für → Mängelexemplare. Außerdem kann der Verlag Sonderpreise festlegen, die zwar nicht dem Normalpreis entsprechen, aber ihrerseits auch gebundene Preise darstellen.

Seit 1888 existierte die Preisbindung zunächst auf der Basis wechselseitiger Verpflichtungen von Verlagen und Buchhandlungen, seit 2002 ist aus Gründen des Europäischen Wettbewerbsrechts diese Regelung durch das Preisbindungsgesetz ersetzt worden. Das Gesetz wurde 2006 erstmalig novelliert. Rechtfertigung der Preisbindung, die ja einen Eingriff in das freie Spiel der Wettbewerbskräfte darstellt, ist die Tatsache, dass Bücher als Kulturgüter gesehen werden und daher eine besondere Schutzwürdigkeit existiert. Ziel des Preisbindungsgesetzes ist es, die Vielfalt des Buchangebots zu fördern und auch die flächendeckende Verbreitung von Büchern zu gewährleisten. In diesem Zusammenhang ist bedeutsam, dass durch die Preisbindung eine → Mischkalkulation möglich wird. In den USA, wo die Preisbindung in der Vergangenheit gefallen ist, hat das Fehlen der Mischkalkulation zu einer Einschränkung des Buchangebots geführt. Überdies wurde nur ein kleines Segment von Büchern (v. a. Bestseller und medienwirksame Titel) durch den Wegfall der Preisbindung billiger, während die Masse der Titel teurer wurde.

Nachdem kürzlich (2007) in der deutschsprachigen Schweiz die Preisbindung entfallen ist, muss mit erhöhtem Druck von Wettbewerbstheoretikern auf die deutsche Preisbindung gerechnet werden. Diese Kritiker führen an, dass die bisherige Preisbindung nur die Marktmacht der großen Filialunternehmen begünstigt habe und keineswegs gut für die kleinen Buchhandlungen war. Andererseits könnten gerade kleine Buchhandlungen bei dem zu erwartenden Preiswettbewerb der gut verkäuflichen Best- und Steadyseller niemals mithalten, und nur über den besseren Service lässt sich das kaum kompensieren. Hinzu kommt, dass über die Internetbestellmöglichkeit die Konkurrenz auch des kleinen Buchhändlers in der Provinz beträchtlich erweitert wurde und die Großen der Branche auch bundesweit Mediawerbung treiben können.

Preisbindungsgesetz → Preisbindung

Preisbindungstreuhänder
Nach dem Preisbindungsgesetz können einzelne betroffene Wettbewerber oder auch Verbände Klage wegen eines Verstoßes gegen die → Preisbindung erheben. Der → Börsenverein bestellt als klageberechtigter Verband einen Rechtsanwalt als sogenannten Preisbindungstreuhänder. Dessen Aufgabe ist es, die Einhaltung der Preisbindung zu sichern. Er wird sich der von Mitgliedern des Börsenvereins vorgetragenen Beschwerden annehmen und im Namen des Börsenvereins gegebenenfalls Klage einreichen und Musterverfahren führen, sofern nicht auf gütlichem Wege eine Unterlassungserklärung erwirkt werden kann.

Preiskalkulation nicht preisgebundener Artikel
Bei → Non-Books und anderen nicht (mehr) der Preisbindung unterliegenden Artikeln kann der Sortimenter eine freie → Kalkulation nach dem folgenden Schema durchführen.

Listeneinkaufspreis
– Lieferrabatt

Zieleinkaufspreis
– Lieferskonto

Bareinkaufspreis
+ Bezugskosten

Einstandspreis (andere Bezeichnung: Bezugspreis)
+ Handlungskosten

Selbstkostenpreis
+ Gewinn (Prozentualer Aufschlag)

Barverkaufspreis
+ Kundenskonto

Zielverkaufspreis
+ Kundenrabatt

Listenverkaufspreis

In der Regel gewähren Buchhändler auch bei den nicht preisgebundenen Artikeln keinen → Rabatt und keinen → Skonto, so dass mit dem Barverkaufspreis (inklusive Umsatzsteuer – Steuersatz für Non-Books derzeit 19 Prozent) ausgezeichnet wird.

Wenn der Sortimenter sich aufgrund der Wettbewerbssituation nicht in der Lage sieht, den von ihm gewünschten prozentualen Gewinn aufzuschlagen, so liegt seine kurzfristige Preisuntergrenze für Sonderangebote beim Selbstkostenpreis.

Preispolitik
Die Preispolitik ist Teil des → Marketing-Mix. Anstelle von Preispolitik ist auch der Ausdruck Kontrahierungspolitik gebräuchlich, weil es nicht nur um den Preis allein, sondern auch um die Lieferungs- und Zahlungsbedingungen geht. In der Buchbranche sind nur die Verlage völlig frei in ihrer Preispolitik. Der Buchhändler ist aufgrund der → Preisbindung eingeschränkt in seinen Möglichkeiten. Er kann aber bei der → Sortimentspolitik sich bewusst für ein bestimmtes Preisniveau bzw. bei einem größeren Betrieb eine bestimmte Preislagenstufung innerhalb des Sortiments entscheiden und so das gewünschte Preisimage erreichen. Bei nicht preisgebundener Ware (z.B. Hörbücher) kann auch der Sortimenter über die Preisgestaltung versuchen, Marktanteile zu gewinnen bzw. zu verteidigen (→ Preiskalkulation nicht preisgebundener Artikel). Dabei kommt den sogenannten Schwellenpreisen eine große verkaufspsychologische Bedeutung zu. 9,90 € wirkt wesentlich billiger als 10,00 €. Ein hoher Preis einer Ware muss nicht immer abschreckend wirken, er kann vielmehr auch signalisieren, dass der Verbraucher auch mehr für sein Geld erwarten darf (Premiumstrategie). Die Platzierung der Ware im Raum ist unter preispolitischen Aspekten auch nicht zu vernachlässigen. Wer das → Moderne Antiquariat vor dem Laden oder in Eingangsnähe präsentiert, macht sich zunutze, dass der Verbraucher gerne generalisiert, also von einigen günstigen Preisen auf ein insgesamt niedriges Preisniveau schließt.

Presse-Grosso
Sofern Buchhandlungen Zeitungen und Zeitschriften anbieten wollen, sind sie auf diese Bezugsquelle angewiesen. Es handelt sich um Großhändler mit Gebietsmonopolen, von denen nur der → Bahnhofsbuchhandel ausgenommen ist. Der Presse-Grosso genießt auch ein Dispositionsrecht, das heißt, aufgrund der ihm vorliegenden Daten über den Absatz in seinem Gebiet weist er den Einzelhändlern zu, welche Titel sie verkaufen dürfen und welche Stückzahl sie erhalten. Im Kundenauftrag können die Einzelhändler auch andere Titel besorgen.

Pressemappe
Die Pressearbeit ist Teil der → Öffentlichkeitsarbeit. In einer Pressemappe sind grundsätzlich die wichtigsten Informationen über das Unternehmen, aktuelle Veranstaltungen oder über neue Produkte/Dienstleistungen (also im Verlag über die Autoren und deren Bücher) in für die Journalisten aufbereiteter Form enthalten. Üblicherweise liegen in der Pressemappe auch Aus-

schnitte aus früheren Medienberichten.

Pressemitteilung
Der Text der Pressemitteilung sollte in einem journalistischen Schreibstil gehalten sein, so dass die Meldung unbearbeitet oder gekürzt direkt ins Blatt übernommen werden kann. Dafür sind grundsätzlich vier Aspekte zu beachten: Aktualität, Verständlichkeit, Wahrheit und Zuverlässigkeit. Nur so kann das Vertrauen der Journalisten erlangt werden und auch künftig Aufmerksamkeit für die → Öffentlichkeitsarbeit gefunden werden.

Presserecht
Das deutsche Presserecht ist föderalistisch organisiert, das heißt, es gibt kein Bundespresserecht, sondern die Bundesländer und Stadtstaaten haben für ihre Region Grundsätze zum öffentlichen Auftrag der Presse, zur Verantwortlichkeit und zum Gegendarstellungsanspruch in den Landespressegesetzen festgelegt.

Primärbibliografie → Bibliografie

Printing on Demand (PoD)
Die Herstellung von Publikationen nach Bedarf durch Digitaldruckmaschinen. Bekanntester Anbieter ist → Book on Demand, für weitere Informationen siehe dort.

Produktmanager
In Fachbuchverlagen bezeichnet man die Lektoren gelegentlich als Produktmanager.

Profit-Center
Das Unternehmen wird in verschiedene Teileinheiten, die sogenannten Profit-Center, eingeteilt. Die Steuerung durch die Unternehmensführung erfolgt über die Setzung von Gewinnzielen. Auf welche Weise die Profit-Center den angestrebten Gewinn erreichen, bleibt ihnen überlassen.

Pseudonym
Das Pseudonym ist ein Deck-, Falsch- oder auch Künstlername. Es kann lebenslang oder nur für bestimmte Schaffensperioden verwendet werden und dient hauptsächlich der Wahrung von Anonymität.

Publikumsverlag → Verlagstypen

Publishing on Demand → Selbstverlag

R

Rabatt

Rabatt ist ein Preisnachlass, der meist in bestimmten Prozentsätzen vom Preis ausgedrückt wird. Man unterscheidet verschiedene Rabattarten: Aktions-, Mengen-, Messe-, Natural- (→ Partie), Reise-, Staffelrabatt. Nach Abzug des Rabatts vom Verkaufspreis (einschließlich Umsatzsteuer) - dem festen Ladenpreis - erhält man den Einkaufspreis (→ Nettopreis).

Rabattarten

Aktionsrabatt:
wird von den Verlagen bei besonderen Anlässen gewährt; z.B. bei Jubiläen, Lesungen oder Signierstunden, Schaufensterwettbewerben. Der Zeitraum, in dem der Aktionsrabatt gewährt wird, ist üblicherweise begrenzt.

Einführungsrabatt:
wird bei der Einführung neuer Reihen u. Ä. gewährt.

Bündelungsrabatt:
wird von Taschenbuchverlagen gewährt, wenn im Rahmen einer → Jahresabschluss-Vereinbarung von einzelnen Titeln größere Stückzahlen bestellt werden.

Mengenrabatt:
wird bei der Abnahme einer höheren Stückzahl gewährt. (→ Partie, → Staffelrabatt)

Messerabatt:
wird von den Verlagen während der Buchmessen gewährt.

Naturalrabatt: s. Partie.

Reiserabatt:
auch als Vertreterrabatt bezeichnet, wird von den Verlagen gewährt, wenn die Buchhandlung den Verlagsrepräsentanten empfängt, der das Frühjahrs- bzw. Herbstprogramm der Verlage vorstellt.

Staffelrabatt:
wird mit zunehmender Stückzahl der bestellten Titel gewährt, z.B. 1 – 10 Expl. 35 Prozent, 11 – 20 Expl. 37,5 Prozent, 21 – 30 Expl. 40 Prozent usw. Staffelrabatte werden bei der Abnahme einzelner Titel, aber auch bei der Abnahme von → Reihen gewährt. (→ Jahresabschluss).

Rack-Jobber

Ein Rack-Jobber bestückt eine ihm überlassene Fläche in einem Einzelhandelsgeschäft mit seiner Ware und übernimmt die Regalpflege sowie die Dekoration. Der Einzelhändler verkauft diese im eigenen Namen für fremde Rechnung und erhält vom Rack-Jobber eine Umsatzbeteiligung. Im Bereich der Nebenmärkte spielt Rack-Jobbing eine große Rolle.

Ramsch

Als Ramsch werden Bücher bezeichnet, die als → Mängelexemplare oder wegen Aufhebung der Preisbindung billigst verkauft werden können. Der Ramsch bildet also den Kern des → Modernen Antiquariats. → Verramschen

Rechnung

Die Rechnung gehört wie der Lieferschein zu den Warenbegleitpapieren. Sie stellt eine Aufforderung zur Zahlung dar. Bei Rechnungen, die man erhält, wird geprüft, ob sie den Anforderungen nach dem Umsatzsteuergesetz genügt, also folgende Bestandteile aufweist: Name und Anschrift des Rechnungsstellers, Name und Anschrift des Rechnungsempfängers, Menge und Bezeichnung der gelieferten Sachen/ Dienstleistungen, Lieferungszeitpunkt, Steuerliches Entgelt (= zu zahlender Nettobetrag im steuerlichen Sinne) und der Betrag der zu zahlenden Umsatzsteuer sowie die Umsatzsteueridentifikationsnummer des liefernden Unternehmens. Darüber hinaus wird kontrolliert, ob die Angaben zu Menge und gelieferten Leistungen korrekt sind und → Rabatt sowie → Zahlungsbedingungen mit den vereinbarten → Konditionen übereinstimmen.

Für die eigene Debitorenbuchhaltung ist es hilfreich, wenn man bei der Rechnungsstellung mit Kundennummern und Rechnungsnummern arbeitet, die bei der Zahlung anzugeben sind, denn so lassen sich die Zahlungseingänge besser mit den offenen Posten abstimmen. Wenn aus Gründen der Arbeitsersparnis bzw. aus Marketingsgesichtspunkten nicht zu jeder Lieferung eine Einzelrechnung erstellt werden soll, kann stattdessen mit Sammelrechnungen gearbeitet werden (z.B. → Monatskonto).

Recht am eigenen Bild

Das Kunsturhebergesetz von 1907 (zuletzt geändert 2001) regelt das Recht am eigenen Bild: § 22 KUG besagt, dass eine Verbreitung ohne Zustimmung des Abgebildeten unzulässig ist. Die Ausnahmen regelt § 23 KUG:

- Bilder aus dem Bereich der Zeitgeschichte
- Bilder, in denen Personen als Beiwerk neben einer Landschaft o.Ä. stehen
- Bilder von Versammlungen, Aufzügen, Demonstrationen u. Ä.

Bilder von Prominenten im privaten Rahmen gelten (seit 1996) nicht mehr automatisch als „Zeitgeschichte", so dass hier evtl. mit hohen Schadensersatzklagen zu rechnen ist!

Unabhängig vom Recht am eigenen Bild gelten auch für fotografische Werke Urheberrechte. Dabei haben wir zwei Kategorien zu beachten:

- Wenn eine eigenschöpferische Leistung des Lichtbildners nicht vorliegt (z.B. bei Passbildern, Abbildungen in Versandhauskatalogen = „einfache Fotografien"), werden die Bilder analog geschützt.
- Fotos als Kunstwerke fallen natürlich in den Werkbegriff des § 2 UrhRGes. Hingegen gibt es eine Sonderregelung bei der Schutzfrist, diese beträgt nur 50 Jahre ab der Herstellung oder Veröffentlichung des Bildes.

Regelhonorar → Honorararten

Reihe → Schriftenreihe

Reingewinn
Gegenstück zum Reingewinn wäre der Reinverlust. Zur Ermittlung des Gesamtergebnisses eines Unternehmens wird die Summe der Erträge der Summe der Aufwendungen gegenübergestellt. Sind die Erträge größer als die Aufwendungen, liegt ein Reingewinn vor, im umgekehrten Fall ein Reinverlust. Der Reingewinn bezieht sich auf die gesamten erfolgswirksamen Vorgänge im Unternehmen, nicht nur auf die Situation bezüglich der Handelswaren, wie das beim → Rohgewinn der Fall ist.

Reiseauftrag
Der Ausdruck stammt ursprünglich von den Aufträgen, die der → Vertreter während der Frühjahrs- bzw. Herbstreise beim Besuch der Buchhandlungen aufnahm. Für diese gewährt der → Verlag bessere Konditionen, die sogenannten Reisekonditionen, man spricht in diesem Zusammenhang auch vom Vertreterrabatt (→ Rabatt). Mittlerweile hat es sich eingebürgert, dass alle Aufträge, die Buchhandlungen unter Einschaltung des Vertreters übermitteln, als Reiseaufträge behandelt werden. Dadurch erhalten nicht nur die Sortimenter vorteilhaftere Konditionen, sondern der Vertreter erhält auch auf diese Aufträge Provision. In Zeiten fortschreitender Konzentration in der Branche ein nicht zu vernachlässigendes Argument. Zudem animieren die Reisekonditionen die Buchhandlungen dazu, kleinere Positionen zu sammeln und über den Vertreter nachzubestellen, anstatt die kurzfristige Lagerergänzung über das → Barsortiment durchzuführen.

Reisender
Außendienstmitarbeiter, die fest beim → Verlag bzw. einer Verlagsgruppe angestellt sind und auch nur für diesen bzw. die jeweilige Verlagsgruppe aktiv sind, sind keine Handelsvertreter im Sinne des Handelsgesetzbuches. Man bezeichnet sie als Reisende. In der Regel erhalten sie ein Fixgehalt, seltener ist auch eine erfolgsabhängige Entlohnungskomponente vereinbart. Für den Verlag sind Reisende günstiger als Handelsvertreter, wenn ihr Umsatz so hoch ist, dass bei den üblichen Provisionssätzen die Vergütung eines Handelsvertreters höher wäre als das Fixgehalt des Reisenden. Nur sehr große Verlage bzw. Verlagsgruppen arbeiten mit Reisenden.

Remission
[lat. von remittere: zurückschicken] Im Handel bedeutet Remission das Zurücksenden von Ware. Im Buchhandel remittiert man in der Regel aus folgenden Gründen: Es liegen Mängel vor, es wurden falsche Titel geliefert, der Verlag startet einen → Rückruf oder es gibt eine neue → Auflage eines → Werkes. In diesen Fällen braucht es keine Remissionsgenehmigung. Bei den beiden letztgenannten Gründen führt man häufig eine vereinfachte oder körperlose Remission

durch: Zurückgeschickt werden lediglich die Titelblätter der Exemplare (daher auch der Name Titelblattremission). Remissionen aus Kulanzgründen müssen durch den → Verlag oder seinen → Vertreter genehmigt werden. Dies kann bereits während der Bestellung geschehen, indem um „RR" (Rückgaberecht) gebeten und das auch auf der Rechnung vermerkt wird. Vor allem für Veranstaltungs-Büchertische ist das eine gängige Praxis. Verlage zeigen sich nicht selten kulant, wenn es um die Rücknahme nicht verkaufter Titel geht, diese sollten sich jedoch in einwandfreiem, wiederverkaufsfähigem Zustand befinden. → Barsortimente vereinbaren mit ihren Kunden eine Kulanz-Remissionsquote, sie liegt bei 3 Prozent vom Umsatz.

Rentabilität

Der absolute Gewinn eines Unternehmens ist für sich genommen wenig aussagekräftig. Setzt man den Gewinn jedoch ins Verhältnis zu den für seine Erzielung nötigen Mitteln, kann man erkennen, ob ergiebig gewirtschaftet wurde. Diese Messgröße nennt man dann Rentabilität. Sie bietet eine Möglichkeit zum Vergleich zwischen verschiedenen Geschäftsjahren bzw. verschiedenen Unternehmen. Es gibt unterschiedliche Rentabilitätskennziffern:

Gesamtkapitalrentabilität :

$$\frac{(\text{Gewinn} + \text{geleistete Zinszahlungen}) \times 100}{(\text{Eigenkapital} + \text{Fremdkapital})}$$

Der Betrieb arbeitet rentabel, wenn der Wert für die Gesamtkapitalrentabilität höher ist als der Zinssatz für das Fremdkapital.

Eigenkapitalrentabilität:

$$\frac{\text{Gewinn} \times 100}{\text{Eigenkapital}}$$

Die so ermittelte Rendite des Eigenkapitals sollte höher liegen als der Wert, der bei einer Geldanlage auf dem Kapitalmarkt erzielt werden könnte. Denn nur in diesem Fall ist es ökonomisch vernünftig, sein Geld im Unternehmen zu belassen, statt es anderweitig zu investieren.

Umsatzrentabilität:

$$\frac{\text{Gewinn} \times 100}{\text{Umsatz}}$$

Diese Kennziffer gibt an, wie viel Prozent vom Umsatz der Gewinn betrug. In der Buchbranche liegt die Umsatzrentabilität der Sortimentsbuchhandlungen traditionell viel zu niedrig – auch im Vergleich mit anderen Handelszweigen.

Warenlagerrentabilität:

$$\text{Kalkulationsaufschlag in Prozent} \times \text{LUG}$$

Mithilfe der so ermittelten Rentabilitätsziffer kann man unter der Voraussetzung, dass die Artikel gleich viel

Umsatz bringen, erkennen, an welchem man am meisten verdienen wird.

Reprint
Ein fotomechanisch erzeugter Nachdruck eines früher erschienenen Werkes, das nicht mehr lieferbar ist. Dabei muss das → Werk nicht wie beim → Faksimile ganz originalgetreu reproduziert werden, es kann auch einen anderen → Satzspiegel, eine andere → Papierart oder → Einbandart als das ursprüngliche haben.

Reproduktion
In der grafischen Industrie versteht man unter der Reproduktion die Produktion von Druckformen, mit deren Hilfe reproduziert werden kann. Historisch wäre hier das Bleistereo beispielhaft zu nennen, aktuell etwa digitale fotografische Daten oder die Datensätze, mit denen die Offsettdruckplatten erneut hergestellt werden können.

Restauflage → Auflage

Rezensionsexemplare
Sie gehören zu den → Freiexemplaren und werden kostenlos an Redaktionen von Zeitungen und Zeitschriften, Funk und TV oder an bedeutende Persönlichkeiten und Kritiker verschickt, damit sie besprochen werden. Es handelt sich dabei um Neuerscheinungen, die auf diesem Weg die Aufmerksamkeit der Leserinnen und Leser erhalten sollen.

Rohbogen → Bogen

Rohgewinn
Der Rohgewinn, bzw. im negativen Fall der Rohverlust, bezieht sich auf den Erfolg, der im Warenverkauf erzielt wird. Zur Ermittlung des Rohgewinns zieht man von den Umsatzerlösen den Wareneinsatz (= Aufwendungen für Waren) ab. Der Rohgewinn alleine sagt noch nichts darüber aus, ob das Unternehmen insgesamt Gewinn oder Verlust (→ Reingewinn) erzielt, dafür müsste man die übrigen Erträge und Aufwendungen mit in die Betrachtung einbeziehen.

Rotationsdruck → Druckarten

Rückenpräsentation → Warenpräsentation

Rücklaufquote
Die Rücklaufquote gibt den prozentualen Anteil der Antworten auf die Aussendungen einer Fragebogenaktion oder eines → Mailings an.

Rückruf
Der typische Rückruf erfolgt wegen → Preisaufhebung. Der Verlag muss in diesem Fall nach der → Verkehrsordnung die Exemplare zurücknehmen, die in den letzten 12 Monaten bei ihm bestellt wurden. Daneben könnte auch bei einer Preissenkung ein Rückruf durchgeführt werden. Ein weiterer Fall, in dem der Verlag die Buchhandlungen auffordert, die noch vorhandenen Exemplare zurückzuschicken, ist ein gerichtliches Verbreitungsverbot. Die Ko-

sten für den Transport trägt der Verlag, da die Rücksendung auf seine Initiative hin erfolgt. Die Buchhandlungen erhalten eine Gutschrift.

Rückrufrechte des Urhebers → Urheberrecht

S

Sachbuch

Sachbuch ist der Oberbegriff für wissenschaftliche, populärwissenschaftliche und Fachliteratur (→ Fachbuch). Es ist im weitesten Sinn ein nicht-belletristisches Buch, das auf Fakten statt auf Fiktion beruht (non-fiction) und dessen Text durch Bildmaterial, Grafiken, Übersichten oder Tabellen aufgelockert ist. Es gehören dazu ebenso die gesamte Ratgeberliteratur und das sogenannte „erzählende Sachbuch“, Biografien, Reisebeschreibungen, Lehr- und Handbücher, Lexika und → Enzyklopädien. In diesem Sinn sind ca. 80 Prozent der jährlichen Neuerscheinungen Sachbücher.

Der Buchhandel definiert das Sachbuch enger: Hier wird es stärker am populärwissenschaftlichen Bereich orientiert. Es behandelt ein bestimmtes Thema (Politik, Wirtschaft, Naturwissenschaft, Personen, Ereignisse) und stellt dieses allgemeinverständlich für ein breites Publikum dar. Im Unterschied zur wissenschaftlichen oder Fachliteratur schreiben hier oft populäre Autoren. So erscheinen Sachbücher in → Publikumsverlagen und werden wie → Belletristik rabattiert, während Fachbücher deutlich weniger Rabatt erzielen und häufig auch über andere Vertriebswege als den Buchhandel verbreitet werden. Der Umsatzanteil des Sachbuchs nach dieser Betrachtungsweise liegt im stationären Buchhandel bei ca. 20 Prozent. Der Markt für dieses Segment wächst noch immer, auch eine eigene Sachbuch-Bestsellerliste unterstreicht dessen Bedeutung. Es gibt nicht nur Bücher über seine Geschichte, im Fernsehen beschäftigt sich außerdem eine eigene Sendung „bookmark“ mit dem Sachbuch.

Sammelrevers

Bis zum Jahr 2002 wurde die gesamte Buchpreisbindung über die Unterzeichnung freiwilliger Selbstverpflichtungen im Rahmen eines kollektiven Abkommens der Branche, dem sogenannten Sammelrevers gewährleistet. Heute gibt es den Sammelrevers nur noch aus zwei Gründen, zum einen, um die Preisbindung für Fachzeitschriften sicherzustellen, zum anderen für die Vertragsstrafenregelung. Da das → Preisbindungsgesetz nur die Sanktionen der Unterlassung im Hinblick auf künftige Verstöße und des Schadenersatzes (hierfür muss der Geschädigte Nachweis führen) kennt, hat man sich auf eigene Vertragsstrafen geeinigt, die aber nur von den Unternehmen zu zahlen sind, die den Sammelrevers seit 2002 unterzeichnet haben. Das → Börsenblatt druckt regelmäßig die → Verkehrsnummern und Namen der neuen Unterzeichner ab. Die Geldstrafen fließen an das Sozialwerk des Deutschen Buchhandels und liegen - je nach Anzahl der Abnehmer und je nachdem, ob eine Wiederholungstat vorliegt - zwischen 1.500 € und 5.000 €.

Sammelwerk
Darunter versteht man die Vereinigung von mindestens zwei Einzelwerken in einer ein- oder mehrteiligen Veröffentlichung, die nicht von demselben Verfasser stammen. So ist eine Zeitschrift ein fortlaufendes und eine → Anthologie ein begrenztes Sammelwerk. Eine Sammlung hingegen ist die Zusammenstellung mehrerer Werke ein und desselben Verfassers. Sammelwerke genießen unabhängig vom Urheberrecht an den aufgenommenen Werken ein selbstständiges → Urheberrecht (§ 4 UrhG).

Satzspiegel
Unter dem Satzspiegel versteht man das Maß der zu bedruckenden Fläche einer Seite ausschließlich der Seitenzahl. Gleichfalls außerhalb des Satzspiegels finden wir gelegentlich → Bogennorm und Bogensignatur. Die Größe des Satzspiegels wird durch die Breite des Außen- und Bundstegs sowie durch die Höhe des Kopf- und Fußstegs beeinflusst. Dabei gilt im Allgemeinen die Regel:
Außensteg > Bundsteg und:
Fußsteg > Kopfsteg (> größer als)
→ Makrotypografie

Satzverfahren
Oberbegriff für → Bleisatz, → Fotosatz und das heutige → Desktop Publishing

Schlagwort
Das Schlagwort ist die knappste Formulierung des Inhalts eines Werkes und kann unabhängig vom Titel frei gewählt werden. Das Schlagwort ordnet den Buchtitel in einen Oberbegriff ein. Man unterscheidet weites Schlagwort (z.B. Kunst) und enges Schlagwort (z.B. Expressionismus). Elektronische Bibliografien stellen für eine Themensuche Schlagwortketten zur Auswahl.

Schmutztitel: → Makrotypografie

Schnellschiene
Sie wird von → Verlagen oder → Verlagsauslieferungen hauptsächlich zur Weihnachtszeit angeboten und ist kostenintensiver als herkömmliche → Bezugswege. Bestellungen, die per Telefon oder Fax bis meist maximal 12 Uhr eingehen und diesen ausdrücklichen Vermerk tragen, werden noch am gleichen Tag fakturiert und dem Transportführer (DPD, Post) übergeben. Somit kann die Lieferung am nächsten Tag erfolgen. Dabei verpflichtet der Verlag einen Paketdienst oder Spediteur, der die Ware zu einem Sonderpreis befördert, so dass die Kosten nicht wesentlich über denen des Büchersammelverkehrs liegen. Teilweise übernehmen die Verlage sogar komplett die Kosten für den Transport über die Schnellschiene. Was allerdings nicht zum Konzept der fixen Abwicklung passt, ist die Tatsache, dass die Bestellungen für die Schnellschiene vielfach nicht über die Bestellanstalt elektronisch aufgegeben werden können, sondern per Fax oder E-Mail

separat geschickt werden sollen. Mit dem → Bücherwagendienst ist Schnellschiene nicht möglich.

Schnellschuss

Verlage reagieren mitunter auf aktuelle Ereignisse oder überraschende Trends mit in kürzester Zeit durch Lektorat und Herstellung geschleusten Neuerscheinungen, die nicht in der regulären Vorschau angekündigt werden konnten und deshalb separat vom Vertrieb beworben werden. Solche Veröffentlichungen werden als Schnellschuss bezeichnet. Nicht zu verwechseln ist der Schnellschuss mit der → Schnellschiene.

Schriftenreihe

Bibliografisch versteht man unter einer Schriftenreihe (oder auch Serie, Reihe) fortlaufende → Sammelwerke mit einem übergeordneten Titel, der auch als Gesamttitel der Schriftenreihe bezeichnet wird. Dabei sind die einzelnen, abgeschlossenen Titel der Reihe sogenannte Stücktitel und tragen eine eigene Zählung.

Die Einheitlichkeit einer (Schriften-) Reihe kann durch Thema, Optik, Ausstattung, Format, Preis oder auch den herausgebenden Verlag bestimmt werden. Sie werden oft im Gesamttitel ausgedrückt. Beispiele sind:

- nach Thema: Edition Buchhandel (Bramann Verlag)
- nach Optik: Diederichs Gelbe Reihe
- nach Ausstattung: Reise-Taschenbuch (Dumont)
- nach Format: Quarthefte (Wagenbach)
- nach Preis: Pixi (Carlsen)
- nach Verlag: Suhrkamp Bibliothek

Schulbuch

Als solches gelten Bücher, die als Lehrmittel für Schüler von Grund- und Hauptschulen, Realschulen, Gymnasien, Wirtschaftsgymnasien und Sonderschulen bestimmt sind, sowie die dazu erscheinenden Arbeitsmaterialien wie Testblätter, Arbeitshefte usw. und die bibliographisch dazugehörigen Bände für Lehrer. Nicht als Schulbücher gelten Textausgaben für den Schulgebrauch (z.B. Klassenlektüren), Bücher für Berufs- und Fachschulen und Lernhilfen, die zur Ergänzung benutzt werden.

Schulbücher müssen von den zuständigen Ministerien der Länder auf sprachliche und fachliche Korrektheit sowie Übereinstimmung mit den Lehrplänen geprüft und zugelassen werden; erst dann darf man sie im Unterricht einsetzen. Um sie zu angemessenen Preisen an den Endverbraucher abgeben zu können, ist für Buchhändler der Rabatt beim Schulbuch eher gering, er liegt bei durchschnittlich 15-20 Prozent. Auf genehmigte, von öffentlicher Hand erworbene Schulbücher können entsprechend dem Preisbindungsgesetz § 7 Abs. 3 Nachlässe gegeben werden.

Schulbuchnachlässe

Laut → Preisbindungsgesetz sind Schulbuchnachlässe nur für Käufe zulässig, die unmittelbar Eigentum der Schule

S

werden, also nicht für Bestellungen, bei denen ein Dritter (z.B. Förderverein) die Bücher erwirbt, um sie der Schule zukommen zu lassen. Seit der Novellierung des Preisbindungsgesetzes 2006 ist es unerheblich, wer die Geldmittel für den Kauf zur Verfügung stellt. Auch Privatschulen haben Anspruch auf Schulbuchnachlässe. → Schulbücher sind dabei alle Bücher, die im Unterricht eingesetzt werden, es muss sich nicht um Titel handeln, für die eine förmliche Zulassung durch das zuständige Kultusministerium vorliegt. Sofern die Bücher von der Schule aus eigenem Budget erworben werden, beträgt der Rabattsatz unabhängig vom Auftragswert pro Titel einheitlich 12 Prozent. Dort, wo nicht die Schule selbst, sondern der sogenannte Sachaufwandsträger (in der Regel eine kommunale Körperschaft) bestellt, gilt eine Regelung, bei der bis zu einem Auftragswert von 25.000 Euro differenziert wird nach der Anzahl der Exemplare pro Titel (8 - 12 Prozent) und oberhalb von 25.000 Euro verschiedene Auftragsgrößenklassen existieren (13 - 15 Prozent). Die Schulbuchnachlässe sind gesetzlich vorgeschrieben, der Buchhändler kann hiervon nicht abweichen. Bei der öffentlichen Ausschreibung von Schulbuchaufträgen werden für die Ermittlung des günstigsten Angebots daher die Nebenleistungen (Lieferung, Stempeln etc.) entscheidend sein. Häufig werden die Aufträge unter den Anbietern auch verlost, wenn alle die gleichen Bedingungen anbieten. Der → Börsenverein bietet zum Thema Schulbuchaufträge auch ein extra Merkblatt an, dem der Sortimenter entnehmen kann, was bei der Abwicklung des Schulbuchgeschäfts alles zu beachten ist. Sofern die ausgeschriebenen Aufträge sowohl preisgebundene Schulbücher als auch nicht preisgebundene Lehrmittel umfassen, ist selbstverständlich ein Preiswettbewerb möglich.

Schusterjunge: → Mikrotypografie

Schutzfristen → Urheberrecht

Sekundärbibliografie → Bibliografie

Selbstverlag
Dass Autoren selbst die Veröffentlichung ihres Werks betreiben, hat eine lange Geschichte. Der Selbstverlag ist traditionell ein Weg, um Werke mit einer kleinen → Zielgruppe zu veröffentlichen. Häufig wird an den → Verbreitenden Buchhandel ohne Rabatt geliefert (Gelbe Liste), so dass viele Buchhandlungen Titel aus dem Selbstverlag ungern besorgen. Ein anderes Modell ist, dass die im Selbstverlag erschienenen Bücher auf Kommissionsbasis zur Verfügung gestellt werden, um den Vertrieb im Buchhandel zu erreichen. Heute wählen viele Autoren statt des mit einem großen Kostenrisiko behafteten Drucks das → Print-on-Demand-Verfahren beispielsweise über → Books-on-Demand.

Serienpreis

Der Serienpreis ist ein besonderer gebundener Preis, den der → Verlag festsetzen kann. Er wird gewährt, wenn ein Endkunde eine komplette → Reihe abnimmt.

Service

Hierunter sind alle neben dem Warensortiment angebotenen Dienstleistungen der Buchhandlung zu verstehen. Es gibt eine Reihe von in der Branche (z.B. Bibliographieren, Literaturlisten, Ansichtssendungen) bzw. im Einzelhandel allgemein (z.B. Ware zurücklegen, Kartenzahlung) üblichen Serviceleistungen. Daneben kann eine Buchhandlung sich aber auch über ungewöhnliche Serviceleistungen profilieren (z.B. Lesebrillenverleih, Kinderbetreuung → Convenience-Prinzip). Service kann kostenlos sein, aber auch gegen ein Entgelt (z.B. Versand von Büchern) erbracht werden. Er ist ein sehr wirksames Mittel zur Kundenbindung, insbesondere dann, wenn die Wettbewerber weniger Service bieten.

Siebdruck

Der Siebdruck ist ein Durchdruckverfahren: Die Farbe wird durch die Druckform gepresst. Die Druckform wird produziert, indem ein Siebgewebe durch fotochemische Techniken stellenweise undurchlässig gemacht wird. Künstlergrafiken mithilfe des Siebdruckes heißen Serigrafie. Eine große Rolle spielt der Siebdruck in der großflächigen Außenwerbung. Eine weitere Domäne ist das Bedrucken von Folien und PVC-Materialien sowie aller anderen Materialien in festen Formen, wie zum Beispiel T-Shirts.

Sigelung

[lat.: Abkürzung] Sigel wird in unterschiedlichen Zusammenhängen mit verschiedenen Bedeutungen verwendet. Im Buchhandel spielt die Sigelung in → Bibliografien eine Rolle. Im → VLB wird zum Beispiel gesigelt, bei welchem → Barsortiment (U steht hier z.B. für Umbreit) oder bei welcher → Verlagsauslieferung (VM steht beispielsweise für Verlegerdienst München) ein Titel lieferbar ist.

Skonto

Der Skonto ist ein Nachlass, der für eine besonders schnelle Zahlung gewährt wird. Skontogewährung setzt voraus, dass der Schuldner ansonsten ein längeres Zahlungsziel beanspruchen könnte. Der Verzicht auf den Skonto bei Ausschöpfung des Zahlungsziels ist der Preis für die Beanspruchung des Lieferantenkredits. Ob die Zahlung mit Skontoabzug unter Inanspruchnahme eines Bankkredits lohnend ist oder das Zahlungsziel voll ausgenutzt werden sollte, kann mithilfe folgender vereinfachender Formel ermittelt werden:

$$\frac{\text{Skontosatz} \times 360}{(\text{Zahlungsziel in Tagen} - \text{Skontofrist in Tagen})}$$

S

Ist der so ermittelte überschlägige Jahreszinssatz höher als der des Kontokorrentkredits bei der Bank, sollte der Skontoabzug genutzt werden.

Sonderausgaben
Von einer Sonderausgabe spricht man, wenn ein Titel im Zuge der Mehrfachverwertung in veränderter Aufmachung zu einem günstigeren Preis angeboten wird. Nach den Vorgaben des Preisbindungsgesetzes muss neben der unterschiedlichen Ausstattung auch ein Zeitabstand zwischen dem Erscheinen der Sonderausgabe und der Originalausgabe vorliegen. Je größer der zeitliche Abstand, desto billiger darf die Sonderausgabe sein. In jüngerer Zeit sind Sonderausgaben produziert worden, die exklusiv über einzelne Händler verbreitet wurden. Teilweise tragen die Sonderausgaben auch andere Titel als die Originale, insbesondere dann, wenn sie speziell für Discounter produziert werden. Der Originalverlag will dann um seines → Image willen nicht, dass man erkennen kann, welcher Originaltitel zugrunde lag. In jedem Falle gilt, dass nur mit dem Preisunterschied geworben werden darf, wenn deutlich wird, dass es sich nicht um die Originalausgabe handelt. Häufig erscheinen die Sonderausgaben auch gar nicht im Originalverlag, sondern bei einem → Imprint.

Sonderpreise
Nach dem → Preisbindungsgesetz sind verschiedene ihrerseits gebundene Sonderpreise zulässig, die der Verlag festlegt:

- Sonderpreis für Institutionen, die an der Herausgabe dieses Werkes maßgeblich beteiligt waren
- Sonderpreis für Abonnenten einer Zeitung oder → Zeitschrift für von der Zeitung/Zeitschrift veröffentlichte → Werke
- Mengenpreis für den Kauf einer größeren Menge eines Titels durch den Letztabnehmer
- → Subskriptionspreis für Bestellung vor Erscheinen bzw. bis zu maximal drei Monate nach Erscheinen
- Serienpreis für die Abnahme der kompletten Reihe
- Teilzahlungszuschläge

Sofern der → Verlag die Sonderpreise nicht bekannt gemacht hat, muss er auf Nachfrage Auskunft darüber geben. Es ist nicht Sache des Sortimenters, solche Sonderpreise festzulegen.

Sortimenter-Ausschuss
Die drei Fachgruppen mit ihren jeweiligen Ausschüssen spielen im Gefüge des → Börsenvereins eine zentrale Rolle. Der Sortimenter-Ausschuss vertritt die Interessen der Buchhandlungen sowohl innerhalb des Vereins wie auch nach außen. Für den Buchhändler ist der Sortimenter-Ausschuss allerdings viel wichtiger als Dienstleister mit seinen hilfreichen Publikationen: über buchhändlerische Fachliteratur, zur vereinfachten → Remission oder auch

die Gelbe Liste (Verlage, die nicht, nur gegen Vorauskasse oder ohne Rabatt an die Buchhandlungen liefern). Der Sortimenter-Ausschuss steht den Buchhandlungen auch sonst mit Rat und Tat insbesondere rund um die Gründung und Führung des Betriebs zur Seite.

Sortimentskommissionär

Der → Bücherwagendienst und auch die → Bestellanstalt werden als Sortimentskommissionäre bezeichnet. Es handelt sich nicht um ein Kommissionsverhältnis im Sinne des Handelsgesetzbuchs, sondern um ein sogenanntes buchhändlerisches Kommissionsverhältnis.

Sortimentskomittent

Der Buchhändler, der als Auftraggeber für → Bücherwagendienst bzw. → Bestellanstalt auftritt, ist der Sortimentskommittent. (→ Sortimentskommissionär)

Sortimentspolitik

Die Sortimentspolitik ist Teil der → Produktpolitik. Bei der Sortimentspolitik geht es um die Zusammenstellung des Waren- und Dienstleistungsangebots eines Unternehmens. Dabei orientiert man sich an der → Zielgruppe und versucht inhaltlich und preislich ein angemessenes Niveau zu bieten. Es gibt drei grundsätzliche sortimentspolitische Optionen, wenn ein vorhandenes Sortiment verändert werden soll: Sortimentserweiterung (Expansion), Sortimentsverkleinerung (Reduktion) und → Diversifikation. Wobei die Sortimentserweiterung oder -verkleinerung sich jeweils auf die Breite (Anzahl der angebotenen → Warengruppen) und/ oder Tiefe (Umfang des Angebots innerhalb einer Warengruppe) des Sortiments beziehen kann.

Sozialversicherung

Das System der deutschen Sozialversicherung wurde Ende des 19. Jahrhunderts begründet. Für die Arbeitnehmer besteht Sozialversicherungspflicht (Ausnahme: geringfügige bzw. kurzfristige Beschäftigung). Zur Sozialversicherung gehören die Arbeitslosen-, die Kranken-, die Pflege-, die Renten- und die Unfallversicherung. Außer der Unfallversicherung, deren Kosten allein vom Unternehmen getragen werden, ergeben sich die Beiträge zur Sozialversicherung aus den Zahlungen des Arbeitnehmers und des Unternehmens. Das ursprüngliche Prinzip, dass Arbeitnehmer und Arbeitgeber die Beiträge jeweils zur Hälfte tragen, wurde in den letzten Jahren aufgegeben und ist z. Z. nur noch bei der Arbeitslosen- und Rentenversicherung gegeben. Die Beitragshöhe ist mit Ausnahme der Krankenversicherung (richtet sich nach der jeweiligen Krankenkasse) einheitlich geregelt und beträgt zurzeit (Stand 2008) rd. 42 Prozent (Arbeitnehmer- und Arbeitgeberentgelt). Die Höhe der einzelnen Beiträge werden in einem bestimmten Prozentsatz vom Bruttogehalt ermittelt, bis zu einer bestimmten Höchstgrenze (= Beitragsbemessungsgrenze). In der Krankenversicherung kann der Arbeitnehmer ab einer bestimmten Entgelthöhe (= Versicherungspflichtgrenze) entscheiden, ob er Mitglied der gesetzlichen Krankenversicherung bleiben will oder in eine private Krankenversicherung wechselt. Der Gesamtbeitrag für den einzelnen Arbeitnehmer wird vom Arbeitgeber an die Krankenversicherung entrichtet, diese leitet die anderen Beiträge an die verschiedenen Versicherungsträger (Arbeitslosengeld: Bundesagentur für Arbeit, Rentenversicherung: Deutsche Rentenversicherung) weiter. Der Unfallversicherungsbeitrag wird direkt an die zuständige Berufsgenossenschaft (Buchhandel: Berufsgenossenschaft Handel und Warendistribution) gezahlt. → Künstlersozialversicherung

Sponsoring
Diese Form der → Kommunikationspolitik ist für die meisten Buchhandlungen unerschwinglich, Verlage praktizieren sie teilweise. Der Sponsoringgeber unterstützt einen bestimmten Zweck oder eine Veranstaltung finanziell oder mit Sachleistungen und wird im Gegenzug von der geförderten Organisation entsprechend gewürdigt (z.B. Namensnennung auf den Plakaten oder im Programmheft). Das Grundprinzip des Sponsoring ist Leistung und Gegenleistung, darin liegt der Unterschied zum reinen Mäzenatentum. Die Balance bezüglich der kommunikativen Gegenleistung zu finden, ist allerdings schwierig, da viele Menschen die häufige Nennung der Sponsoren im Rahmen einer Veranstaltung als störend empfinden und sich die Stimmung dann sogar gegen den Sponsoringgeber wenden könnte. Auch gibt es Situationen, in denen rechtliche Schranken entgegenstehen (z.B. Schulsponsoring).

Stärken-Schwächen-Analyse
Häufig findet man auch den Begriff SWOT-Analyse. Das Akronym SWOT steht für strengths (= Stärken), weaknesses (= Schwächen), opportunities (= Chancen) und threats (= Risiken). Das Unternehmen selbst hat im Vergleich mit der Konkurrenz Stärken und Schwächen aufzuweisen. Aus den Beziehungen zu den Kunden und der Entwicklung der übrigen Umwelt erwachsen Chancen und Risiken. Wenn man beide Dimensionen der Analyse zusammenführt, ergeben sich Handlungsempfehlungen, so sollen Geschäftsfelder, in denen eine Chance und eine Stärke zusammentreffen, ausgebaut werden. Wird hingegen eine Stärke durch ein Risiko bedroht, soll man das entsprechende Geschäftsfeld absichern. Schwächen in Bereichen, die eigentlich Chancen bieten, muss man durch Aufholen beseitigen. Sofern aber die eigene Schwäche auf einem ohnehin riskanten Gebiet liegt, sollte man das entsprechende Geschäftsfeld meiden. Die Stärken-Schwächen-Analyse liefert einfache Ratschläge und kann ohne großen Aufwand durchgeführt werden.

Staffelexemplare → Staffelrabatt

Standing Order

Darunter versteht man den fortgesetzten Bezug von einzelnen Titeln, → Reihen oder bestimmten Programmbereichen ohne eine vorhergehende Einzelbestellung der Buchhandlung. Die Lieferung erfolgt praktisch in Form eines Dauerauftrags oder Abonnements. Der Bezug kann fest, fest mit RR, fest mit UR oder in Kommission erfolgen. Der Begriff Standing Order wird hauptsächlich im Hardcover-Bereich und bei Fachbüchern verwendet, im → Taschenbuch spricht man in der Regel vom Fortsetzungsbezug. Hier wird den Fortsetzungsbeziehern häufig ein volles Umtauschrecht innerhalb eines bestimmten Zeitraums gewährt. → Bezugsformen

Stationärer Buchhandel

Die → Betriebsformen, bei denen ein Ladengeschäft erforderlich ist, werden unter dem Sammelbegriff stationärer Buchhandel zusammengefasst. Das Gegenstück zum stationären Buchhandel ist der → ambulante Buchhandel.

Steadyseller

Ein alternativer Begriff für → Longseller.

Stichwort

Das Stichwort ist ein sinntragendes Wort aus dem Sachtitel eines → Werkes. Während eine Themensuche in einem Bücherverzeichnis durch Eingabe eines → Schlagwortes durchgeführt wird, verknüpft man Stichworte (keywords, Schlüsselwörter) zum Auffinden eines bestimmten Titels.

Stiftung Buchkunst

Die Stiftung Buchkunst hat sich zum Ziel gesetzt, die deutsche Buchherstellung kritisch zu begleiten. Im Mittelpunkt dabei steht das Gebrauchsbuch, besonders gewürdigt werden Gestaltung, Konzeption und Verarbeitung. Die Stiftung zeichnet alljährlich Bücher aus in den Kategorien: allgemeine Literatur, wissenschaftliche Bücher und → Fachbücher, → Taschenbücher, Kinder- und Jugendbücher, → Schulbücher u.a. Daraus wählt eine Sonderjury drei Preisträger aus, die die mit insgesamt 10.000 € dotierten Auszeichnungen erhalten.

Alle eingesandten Bücher werden im Rahmen der Frankfurter Buchmesse ausgestellt. Die Kollektion der „Schönsten deutschen Bücher“ ist in → Bibliotheken und Universitäten in vielen Orten Deutschlands zu sehen, ebenso auf Messen im In- und Ausland. Die Stiftung Buchkunst wird u. a. getragen vom → Börsenverein des Deutschen Buchhandels, den Städten Frankfurt am Main und Leipzig und der → Deutschen Nationalbibliothek.

Stiftung Lesen

Die Stiftung Lesen existiert seit 1988. Ihr Ziel ist es, das Lesen innerhalb der Medienkultur zu stärken. Um dies zu erreichen, arbeitet die gemeinnützige Organisation mit vielen Medienpartnern zusammen und wird von zahlreichen Kultursponsoren unterstützt. Sie steht unter der Schirmherrschaft des Bundespräsidenten. Neben der Durchführung von Forschungs- und Modellprojekten für Bund und Länder liegt der Schwerpunkt der Arbeit in breitenwirksamen Projekten, vor allem in den Feldern Kindergarten, Schule, → Bibliothek, Buchhandlung sowie in den Medien. Ein weiterer Zweck der Stiftung Lesen ist die Förderung von Buch, → Zeitschrift und Zeitung in allen Bevölkerungskreisen sowie die Pflege und Erhaltung einer zeitgemäßen Lese- und Sprachkultur, nicht zuletzt in den neuen Medien. Projektpartner sind u.a. der → Börsenverein des Deutschen Buchhandels, die → Ausstellungs- und Messe-GmbH des Börsenvereins, diverse → Verlage, die Bundesministerien für Bildung und Forschung sowie für Familie, Senioren, Frauen und Jugend. Partner für den Buchhandel ist die Stiftung Lesen auch beim → Welttag des Buches, z.B. mit der Buchgutschein-Aktion „Ich schenk Dir ein Buch“.

Studienausgabe

Dieser Begriff wird im Buchhandel in zweifacher Bedeutung verwendet. Zum einen bezieht sich Studienausgabe auf die Ausstattung eines → Werkes. So wird z.B. bei Nachschlagewerken eine inhaltlich identische → Ausgabe hergestellt, bei der geringwertigeres Papier und eine einfachere → Einbandart verwendet wird. Dadurch kann diese wesentlich preiswerter an Lernende abgegeben werden. Zum Zweiten kann es sich hierbei um eine → kritische Ausgabe handeln, die mit wissenschaftlicher Einleitung und kritischem Apparat versehen ist und Studienzwecken dient.

Stuffer

So bezeichnet man Kleinwerbematerialien, die einem → Mailing beiliegen.

Subskriptionspreis

Der Subskriptionspreis ist ein besonderer gebundener Preis, den der Verlag festsetzt, um bei einer Neuerscheinung einen Anreiz zur frühzeitigen Bestellung zu geben. Die Dauer der Subskriptionsfrist ist unterschiedlich, sie kann mit dem Erscheinen enden oder aber bis zu drei Monate darüber hinausgehen. Falls der Subskriptionspreis noch nach dem Erscheinen gewährt wird, darf er höchstens um 20 Prozent unter dem Normalpreis liegen. Üblich ist dieser Anreiz bei hochpreisigen Werken, insbesondere mehrbändigen Veröffentlichungen (→ Nachschlagewerke, Werkausgaben etc.). Laut → Verkehrsordnung gilt der Subskriptionspreis für Buchhändler noch bis zu sieben Werktage nach Ablauf der Frist für Endkunden. Dadurch soll den Sortimentern genug Zeit für die Bestellübermittlung eingeräumt werden.

T

Taschenbuch

Das Taschenbuch lässt sich nicht eindeutig definieren, treffen doch viele seiner Merkmale auch auf andere Publikationsformen zu.

1869 erschien der erste Band von Reclams Universalbibliothek, der Durchbruch erfolgte ab 1935 mit Penguin und 1950 ging in Deutschland der Rowohlt Verlag an den Start. Bei einer → Auflage von 100.000 Exemplaren pro Titel im Rotationsdruckverfahren (Rowohlts Rotations Romane - rororo) sollte sich so ein breites Publikum Literatur leisten können. Der dem → Hardcover gegenüber deutlich niedrigere Preis resultierte auch aus den verminderten Lizenzgebühren für die Zweitverwertung. Heute ist die Preisdifferenz zum HC bei vielen Taschenbuchausgaben geringfügiger, da der Anteil an → Original- und → Erstausgaben hoch ist. Nicht nur für Kunden ist es schwierig, zwischen einem Taschenbuch und einem anderen → Softcover zu unterscheiden, da immer mehr Taschenbuchverlage für einzelne Reihen das standardisierte Format verlassen und hochwertiges Papier verwenden (dtv premium), während andere Verlage manche Neuerscheinungen in broschierter Form erscheinen lassen (rowohlt paperback). Steht beispielsweise „Taschenbuch" im Buchtitel, muss es sich nicht unbedingt um ein solches handeln, z.B. ist „Taschenbuch der Telekommunikation" ein Hardcover. Die wesentlichen Merkmale, an denen man ein „echtes" Taschenbuch erkennen kann:

- standardisiertes Format: 11-18 cm Buchrückenhöhe
- kartonierter Einband
- meist Klebebindung
- relativ niedriger Preis, der meist aufgedruckt ist
- relativ hohe Auflage
- regelmäßige Erscheinungsweise, meist monatlich
- durch einheitliche Gestaltung und Ausstattung Reihencharakter; die Reihe hat eine Bezeichnung (Beltz Gulliver)
- am wichtigsten: Bandzählung; eine aufgedruckte Taschenbuchnummer, die Bestandteil der ISBN ist und an der sich oft das einzelne Segment des Verlags erkennen lässt (Kinder- und Jugendtaschenbuch bei dtv beginnen immer mit 7, bei Fischer Schatzinsel mit 8)

Ungefähr die Hälfte aller Taschenbuchnovitäten sind der → Belletristik zuzuordnen, heute gibt es jedoch kaum eine Warengruppe, in der keine Taschenbücher erscheinen. Hinsichtlich des Vertriebs unterscheidet sich das Taschenbuch von anderen Editionsformen im Bucheinzelhandel: Durch die regelmäßige monatliche Erscheinungsweise kann → standing order vereinbart werden, zudem plant der → Verlag mit dem Sortiment einen → Jahresabschluss und durch regelmäßige → Remissionen nicht verkaufter Titel wird das Lager aktuell gehalten. Der Vertrieb über Nebenmärkte (Kaufhäuser, Tankstellen, Supermärkte, Kioske) erfolgt häufiger. Auch bei der Inventur wird das Taschenbuch steuerrechtlich anders behandelt: Es gilt als Reihe und darf einmalig pauschal mit 70 Prozent abgeschrieben werden.

Teilzahlungspreise
Das Preisbindungsgesetz sieht als einen möglichen → Sonderpreis Teilzahlungszuschläge vor. Für den Buchhandel ist es wichtig zu wissen, dass für Teilzahlungsgeschäfte besondere Rechtsvorschriften (§§ 501ff BGB) gelten. So müssen derartige Geschäfte schriftlich festgehalten werden und folgende Angaben mindestens enthalten sein: Barzahlungspreis; Teilzahlungspreis; Anzahl, Höhe und Fälligkeit der Raten; effektiver Jahreszins; ggf. Vereinbarung des Eigentumsvorbehalts; ggf. Kosten einer mit dem Teilzahlungsgeschäft verbundenen Versicherung. Der Teilzahlungspreis ist insbesondere bei umfangreichen mehrbändigen Werken (z.B. Lexika) ein Verkaufsargument, da viele Käufer den hohen Betrag, der bei Barzahlung anfiele, nicht aufbringen könnten. Der Käufer hat das Recht zur vorzeitigen vollständigen Bezahlung. In diesem Fall ist der Rückzahlungsbetrag um die Zinsen für den Zeitraum, wo der mit dem Teilzahlungsgeschäft eingeräumte Kredit nicht beansprucht wird, zu mindern.

Tendenzbetriebe, Tendenzschutz
Der dritte Abschnitt des Betriebsverfassungsgesetzes definiert im § 118 Tendenzbetriebe als Unternehmungen, die sich auf den Art. 5 des Grundgesetzes berufen. Ferner wird die Schlussfolgerung gezogen, dass „die Vorschriften dieses Gesetzes keine Anwendung (finden), soweit die Eigenart des Unternehmens oder des Betriebs dem entgegensteht."
Die Rechtssetzungen aus dem Gesetz, die keine Anwendung finden, sind diejenigen, die dazu führen können, die geistige Tendenz des Verlegers zu beeinflussen, etwa durch Mitbestimmung bei der Einstellung des journalistischen oder des Lektoratspersonals.

Tiefdruck
Wie beim Hochdruck gibt es auch beim Tiefdruck höher und tiefer liegende Teile der Druckform. Allerdings wird hier die Farbe in die Vertiefungen eingebracht und beim Druckvorgang auf das Papier herausgepresst. Nach diesem Prinzip wird beim Kupferstich, der Heliografie und der Radierung ebenso wie beim industriellen Tiefdruckverfahren gearbeitet. Im 20. Jahrhundert gelingt das Scannen von Fotografien und Schriften, die computergesteuerte Umrechnung der Farbtonwerte in das

Volumen der Zylindervertiefungen sowie die elektronische Gravur durch Diamantnadeln in die Chromschicht des sogenannten Trimetallzylinders. Ein Stahlkern erhält eine Oberflächenschicht aus galvanisch aufgebrachtem Kupfer. Am Ende der Zylinderproduktion wird nach der Gravur eine dünne Chromschicht wiederum galvanisch aufgebracht, um die erwünschte Härtung für den Auflagendruck zu erreichen. Die Vertiefungen heißen „Näpfchen“. Maßeinheit für diese winzigen Vertiefungen sind 1/1000 mm = 1 m. Man spricht auch vom Rakeltiefdruck. Der Zylinder rotiert in einer Farbwanne, ein Rakelmesser entfernt die Farbe von der Oberfläche, so dass nur die Näpfchen Farbe aufnehmen und auf das Papier übertragen. Mit diesem Verfahren lassen sich unbegrenzte Auflagen drucken. Die Zylinderproduktion ist aber zeitaufwendig, so dass sich die Technik nicht für Tageszeitungen eignet. Anwendungsgebiete des industriellen Tiefdrucks sind alle Illustrierten in der entsprechenden Auflagenhöhe (etwa von vier- bis fünfhunderttausend Exemplaren an) von der „Tina“ bis zum „Spiegel“ sowie die umfangreichen Versandhauskataloge in Auflagen von 20- bis 30 Mio. Exemplaren. Drucktechniker und Grafiker behaupten, die Domäne des Tiefdrucks sei die feinste Farbtonwertwiedergabe. Erkennungsmerkmal im gedruckten Werk ist die mit einem Fadenzähler erkennbare Rasterung der Bilder und Schriften.

Titelschutz

Der Titelschutz ist im Markengesetz (§ 5 Abs. 3) verankert. Voraussetzung für den Titelschutz ist, dass ein unterscheidungskräftiger Titel (ggf. Haupt- und Untertitel) berechtigterweise benutzt wird. Ein unterscheidungsfähiger Titel inkl. Untertitel (auch starker Titel genannt) ist beispielsweise von Uwe Johnson: „Jahrestage. Aus dem Leben von Gesine Cresspahl“. Ein nicht unterscheidungsfähiger (auch schwacher Titel genannt) wäre: „Industrielles Rechnungswesen. Lehr- und Übungsbuch“. Titel können in den sogenannten Titelschutzanzeigern (zum Beispiel im → Börsenblatt des deutschen Buchhandels) publiziert und somit in Anspruch genommen werden. Für die Inanspruchnahme ist eine gesetzliche Frist von maximal einem halben Jahr gesetzt – wird der Titel innerhalb dieser Frist nicht realisiert, ist er wieder frei. Ob die Frist zwei, fünf oder sechs Monate währt, hängt von der Planungskomplexität eines Objektes ab. Für die Titelrecherche ist das → Verzeichnis lieferbarer Bücher notwendig. Hrsg.: → MVB Marketing- und Verlagsservice des Buchhandels GmbH. (www.vlb.de) Bei der Schaltung von Titelschutzanzeigen ist zu beachten, dass die Titelschutzanzeiger gleichzeitig stark der Konkurrenzbeobachtung ausgesetzt sind.

Titelstammdaten

Man versteht darunter die wichtigsten Informationen zu einem Titel. Bibliografische Angaben wie Autor, Titel, Untertitel, Ausgabe, Umfang, → Impressum, Einband, → ISBN und Preis sind wichtige Bestandteile der Titelstammdaten. Sie werden beispielsweise von den → Verlagen an die Redaktion des → VLB und an die → Barsortimente gemeldet. Das geschieht vorwiegend elektronisch unter Nutzung eines eigens dafür entwickelten einheitlichen Datenaustauschformats (ONIX). In den einzelnen Bereichen der Branche können die Titelstammdaten unterschiedlichen Umfang haben und auch differenzierte Angaben enthalten. So sind im Verlag zusätzlich zu den wichtigsten bibliografischen Daten Lektorat, Honorarsatz, Herstellungskosten, Anzahl und Umfang der Auflagen, Übersetzer, Originalverlag usw. vermerkt.

Transkription

[lateinisch: Umschrift) Die Übertragung eines nicht in lateinischen Buchstaben geschriebenen Textes in die lateinische Schrift mithilfe phonetischer (lautlicher) Umschrift (z.B.: 4exoB, = Tschechow). Das bedeutet, dass beispielsweise Autorennamen in → Bibliografien so angesetzt werden, wie man sie spricht. Dadurch sind verschiedene Schreibweisen des Namens möglich.

Transliteration

Die Transliteration ist im Gegensatz zur → Transkription eine exakte buchstabengetreue Übersetzung, die jeden Laut oder Buchstaben genau festlegt (z.B.: exo = echov) und daher auch umkehrbar ist. Dafür werden diakritische Zeichen verwendet. Der Vorteil: eine einheitliche Schreibweise von Autorennamen in → Bibliografien. Es gibt keine international gültigen Regeln für die Transliteration.

Trunkieren

[lateinisch: truncare = abschneiden] Eine Methode, um bei der Recherche Suchwörter nicht auszuschreiben, sondern einen sogenannten Platzhalter zu setzen (meist * oder ?). Beschränkt man sich somit beispielsweise nur auf den Wortstamm, ergänzt das System bei seiner Suche auf alle möglichen Variationen und Endungen und erhöht dadurch die Trefferquote. Internetsuchmaschinen trunkieren automatisch und ohne extra Zeichen.

Typografie

Zur Systematik der Typografie

I. Die → Makrotypografie

- Gesamtkonzeption
- Format und Satzspiegel
- Aufbau
- Verhältnis von Schrift zu Bild
- Bedeutung der Schrift und Schriftwahl
- Schriftgröße
- Auszeichnungen

II. Die → Mikrotypografie

Die Mikrotypografie betrifft das, was zwischen den Buchstaben, Zeichen und Wörtern passiert:

- Buchstabenabstand, hier auch Kerning
- Wortabstand
- Zeilenabstand
- Absatz
- Trennregeln

Quelle: Peter Willberg, Lesetypografie; Peter Willberg, in: Streifband, Heft 2, Oktober 1996, S.12

Typografische Grundregeln:
- Alles ist zielgruppenabhängig.
- Ziel ist es, das Verständnis zu erleichtern und Leselust zu gewinnen und zu erhalten. Alles dient der Leseführung.
- In der Typografie ist alles erlaubt, was zielführend im Sinne der beiden genannten Maximen ist!

Typografisches Maßsystem → Makrotypografie

U

Umbruch
Allgemein versteht man unter dem Begriff die Einordnung von Text und ggf. von Bildern in den → Satzspiegel bzw. in die Spalten des Satzspiegels. (→ Makrotypografie) Die Desktop-Publishing-Layouter (DTP-Layouter) erhalten aus dem → Lektorat das Manuskript auf einem Datenträger; dieses wird von ihnen in das Layout eingespielt. Dabei werden die Bilder und die Bildunterschriften platziert und es wird unter Berücksichtigung der typografischen Regeln (→ Typografie) der Seitenumbruch erstellt.

Umsatzsteuer-Identifikationsnummer
Diese Nummer wird vom Bundesamt für Finanzen erteilt und ist verpflichtend auf der → Rechnung und auf Gutschriften anzugeben. Wenn ein Unternehmen keine Umsatzsteuer-Identifikationsnummer hat, muss es stattdessen seine Steuernummer aufführen.

Unverlangtsendung
Bei einer Unverlangtsendung erhält eine Buchhandlung Ware, die sie nicht bestellt hat. Laut → Verkehrsordnung sind solche Sendungen nur gestattet, wenn die Buchhandlung erklärt hat, dass sie diese wünscht. Sinnvoll ist das, wenn man gewährleisten möchte, dass man wichtige neue → Werke auf jeden Fall erhält, ohne gleich eine → Standing Order zu erteilen. Falls die Buchhandlung kein Einverständnis für Unverlangtsendungen erteilt hat, trägt der Verlag das volle Transportrisiko und auch die Kosten für eine etwaige Rücksendung, da er den Remissionsgrund zu vertreten hat. Nach dem Handelsgesetzbuch kommt im Falle einer Unverlangtsendung unter Kaufleuten ein Kaufvertrag zustande, wenn eine ständige Geschäftsbeziehung besteht und der Empfänger auf den Erhalt der Ware hin schweigt.

Urheber
Als Urheber bezeichnet man im → Urheberrecht den Schöpfer eines → Werkes. Bezüglich der Formalerschließung sind auch Körperschaften Urheber, nämlich dann, wenn sie ein anonymes Werk veranlasst bzw. herausgegeben haben.

Urheberpersönlichkeitsrechte → Urheberrecht

Urheberrecht
Das Urheberrecht gehört zu dem Bereich des → Geistigen Eigentums, welches wie das materielle Eigentum durch den Artikel 14 GG geschützt ist.
Geschützt sind durch § 2 UrhG (Urheberrechtsgesetz) Werke der Literatur, Wissenschaft und Kunst. Dazu gehören:
- insbesondere Sprachwerke wie Schriften und Reden oder im Zusammenhang mit Musik die Musiktexte,

- Werke der Musik, wobei im Mittelpunkt die Melodie steht,
- pantomimische Werke einschließlich Werke der Tanzkunst,
- Werke der bildenden Künste,
- Lichtbildwerke (künstlerische Fotografie),
- Filmwerke,
- Darstellungen wissenschaftlicher oder technischer Art.

Der Begriff des → Werkes steht im Mittelpunkt des Urheberrechtsgesetzes. Ein Werk muss in formeller oder inhaltlicher Hinsicht etwas Neues darstellen. Es gelten drei Bedingungen für Urheberrechte:

1) Es muss sich um eine persönliche geistige Schöpfung handeln. Aus der Rechtssprechung geht hervor, dass der Anspruch nicht sehr hoch ist. Auch Gebrauchsanweisungen oder einfache Schlagertexte gelten bereits als persönliche geistige Schöpfungen.
2) Das Werk muss Werkcharakter besitzen – hier ist zur Abgrenzung der Vergleich mit einem Werbespot hilfreich. Ein kreativer Spot ist eine persönliche geistige Schöpfung, die Rechtsprechung verneint aber den Werkcharakter.
3) Es ist anzumerken, dass ein Urheberrecht nur geltend gemacht werden kann, wenn das Werk im Werkkatalog des § 2 genannt ist, wobei der oben hervorgehobene Ausdruck „insbesondere“ darauf aufmerksam macht, dass der Katalog durch den Gesetzgeber erweiterbar ist

Im Urheberrecht wird unterschieden zwischen

Urheberpersönlichkeitsrechten:
- auf Lebzeit nicht übertragbar -

Veröffentlichungsrecht
Recht auf Anerkennung der Urheberschaft
Recht zum Verbot von Entstellungen (z.B. Änderungen des Werkes)

Drei Rückrufrechte:
1. Wegen Nichtausübung seitens des Verlags
2. Wegen gewandelter Überzeugung
3. Wegen gewandelter Eigentumsverhältnisse

Urheberverwertungsrechten:
- sind übertragbar –

Vervielfältigungs- und Verbreitungsrechte
Ausstellungsrechte
Vortrags-, Aufführungs- und Vorführungsrecht
Sendungsrecht

Wir unterscheiden: einfache und ausschließliche Nutzungsrechte
Einfache Nutzung: mehrere Verwerter
Ausschließliche Nutzung: nur ein Verwerter
(in Deutschland die übliche Rechteübertragung)

Wenn ein Urheber seinen wahren Namen nicht offenbaren will, so kann er unter einem → Pseudonym publizieren. Möchte er trotzdem alle Urheberrechte in Anspruch nehmen, muss er sich in die → Urheberrechtsrolle des Deutschen Patentamtes eintragen. (§ 138 UrhRGesetz)

Besondere Urheberrechtsregelungen gelten für → Bearbeitungsrechte und → Sammelwerke.

Hinsichtlich der Dauer des Urheberrechts sind die §§ 64-66 UrhG zu beachten. In § 64 UrhG heißt es: „(1) Das Urheberrecht erlischt siebzig Jahre nach dem Tode des Urhebers." Hinsichtlich des Fristbeginns ist geregelt, dass der Fristbeginn mit dem auf das Todesjahr folgenden 1. Januar festgelegt ist. Bei mehreren Urhebern beginnt die Frist erst mit dem Tod des letzten Urhebers. Für anonyme oder unter Pseudonym veröffentlichte Werke läuft die Schutzfrist ab dem Erscheinungsjahr, es sei denn zwischenzeitlich würde die Person des wahren Urhebers bekannt, dann richtet sie sich nach dessen Sterbedatum.

Urheberrechtsgesetz
Das Urheberrechtsgesetz regelt die Ansprüche der → Urheber von innerhalb der Grenzen der Bundesrepublik Deutschland entstandenen bzw. publizierten Werken (→ Urheberrecht). Für die Durchsetzung der Ansprüche auf internationaler Ebene gelten andere Vorschriften (→ Internationales Urheberrecht).

Urheberrolle
Ist der Name eines Urhebers nicht bekannt, erlischt das → Urheberrecht nicht siebzig Jahre nach dem Tod des Autors, sondern siebzig Jahre nach der Veröffentlichung des → Werkes. Dieser Mangel kann dadurch beseitigt werden, dass der in der Öffentlichkeit anonym verbleibende Autor seine Autorenrechte durch die Eintragung in die Urheberrechtsrolle beim Deutschen Patentamt mit seinem wahren Namen geltend macht. (§ 138 Urheberrechtsgesetz)

UWG → Gesetz gegen den unlauteren Wettbewerb

V

Vakat → Makrotypografie

Valuta
Valuta heißt Wertstellung. Im Buchhandel gehört Valuta zu den Zahlungsbedingungen. Mit der Valuta wird der eigentliche Zahlungstermin weiter nach hinten geschoben. Das wirkt sich auf den Termin für die Zahlung unter Skontoabzug und auf das Zahlungsziel aus. Deshalb muss die Ware in geringerem Ausmaß vorfinanziert werden.

Verbreitungsrecht
Darunter ist grundsätzlich das Recht zu verstehen, eine Publikation zu vertreiben (→ Urheberrecht). Bezogen auf den → Verlagsvertrag ist das Recht und die Pflicht gemeint, über → Zwischenbuchhandel und → Verbreitenden Buchhandel ein Werk der Öffentlichkeit anzubieten.

Verfasser → Autor

Verkaufsförderung
Diese kommunikationspolitische Maßnahme wird vielfach auch mit dem englischen Begriff Sales Promotion bezeichnet. Ziel ist es, durch Aktionen den Markt kurzfristig und unmittelbar zu stimulieren. Wie bei der Werbung geht es auch bei der Verkaufsförderung um Information und Beeinflussung. Allerdings wendet sich die Verkaufsförderung der Verlage nur zum Teil an die Verbraucher (Consumer Promotion), wenn Aktionen an der Verkaufsstelle (Point of Sale) durchgeführt werden. Daneben sind der eigene Außendienst (Staff Promotion) oder der Handel (Trade Promotion) Zielgruppen von Verkaufsförderungsaktivitäten. Dort stehen dann Schulung und temporäre Anreize für größere Verkaufsanstrengungen im Vordergrund. Außerdem erhält der Handel im Rahmen der Trade Promotion auch Werbekostenzuschüsse, Hilfe bei Dekoration und Warenpflege sowie zumindest in anderen Einzelhandelsbereichen auch Unterstützung bei der Einrichtung neuer Verkaufsräume. Auch die Überlassung von Werbematerialien und speziellen Displays gehört zur Trade Promotion. Bei Aktivitäten der Trade Promotion und der Consumer Promotion, die im Laden des Händlers stattfinden, spricht man auch von sogenannten Instore-Maßnahmen.

Verkehrsnummern
Die Verkehrsnummern wurden 1963 eingeführt und sollten Bestellungen und Abrechnungen im Buchhandel rationalisieren. Die Verkehrsnummer dient den Verlagen auch zur Erkennung der Geschäftspartner im Sortiment. Die Verkehrsnummern werden v. a. in der Buchhaltung verwendet, sie gelten als

Identifikationsmerkmal im Schriftverkehr und bei der DFÜ zwischen Buchhandlungen, → Zwischenbuchhandel und → Verlagen, außerdem ist sie notwendig, um am Abrechnungsverfahren der → BAG teilzunehmen. Verkehrsnummern erhalten die Mitglieder des → Börsenvereins.

Man vergibt Verkehrsnummern für _Kreditoren (= Kreditgeber, Gläubiger) im Bereich zwischen 10.000 und 19.999 und für → Debitoren (= Kreditnehmer, Schuldner) im Bereich zwischen 20.000 und 59.999. Außerdem ist eine Reihe von Verkehrsnummern für ausländische Verleger und Buchhändler für den Abrechnungsverkehr der BAG reserviert.

Aktualisierungen und Löschungen werden von der → MVB im → Börsenblatt veröffentlicht. → Internationale Lokationsnummer (ILN).

Verkehrsordnung

In der „Verkehrsordnung für den Buchhandel" (VeO) werden die Handelsbräuche zwischen den Geschäftspartnern im Buchhandel systematisch erfasst. Handelsbräuche sind durch gemeinsame Übung verbindlich gewordene Geschäftssitten. Das Handelsgesetzbuch legt fest, dass unter Kaufleuten „auf die im Handelsverkehr geltenden Gewohnheiten und Gebräuche Rücksicht zu nehmen" ist (§ 346 HGB). Der → Börsenverein spricht im Vorwort zu den „Regeln des Buchhandels" (vom 9. November 2006), dass die in der VeO genannten Bedingungen „im Interesse eines geordneten Geschäftsverkehrs angewendet werden sollen." Die VeO soll in allen Fällen zur Anwendung kommen, in denen sich die Geschäftspartner aus → Verlagen, → Zwischenbuchhandel und Sortiment nicht ausdrücklich für andere Bedingungen entschieden haben. Die VeO definiert die Aufgaben der verschiedenen buchhändlerischen Unternehmen, die Gegenstände des Buchhandels, die Bezugsbedingungen, → Remissionen, Partieergänzungen und vor allem Begriffe. Im November 2006 wurde durch den Börsenverein eine modifizierte Fassung der bis dahin geltenden Regelung von 1989 verabschiedet. Die wichtigsten Unterschiede zur alten Fassung sind:

- der Begriff des „Importeurs" wurde eingeführt (§ 1 Nr. 2);
- das → „Börsenblatt" wird als offizielles Mitteilungs- und Veröffentlichungsorgan des Börsenvereins benannt (§ 1 Nr. 8);
- Verlage dürfen unter Hinweis auf das Buchpreisbindungsgesetz keine sachlich ungerechtfertigten Benachteiligungen ihrer Abnehmer vornehmen und branchenfremde Händler gegenüber den Buchhandlungen begünstigen (§ 3 Nr. 3) ;
- Verlage dürfen nicht mehr Bezugskosten in Rechnung stellen, als sie vorher → Rabatt gewährt haben (§3 Nr. 4);
- die Anzeigepflicht der Verlage bei → Ladenpreisänderungen und -aufhebungen (§ 3 Nr.);
- der Eigentumsvorbehalt der Verlage (§ 3 Nr. 12);

- die Anbringung von → EAN-Code und → ISBN auf dem Werk vonseiten des Verlags (§ 5 Nr. 10);
- eine Verhaltensregelung für Verlage bei der Veröffentlichung „eingeschränkt vertriebener Parallelausgaben“ (§ 14);
- die Situation, die sich bei „Abmahnungen, einstweiligen Verfügungen und sonstigen Entscheidungen im Zusammenhang mit → Werken“ ergibt (§ 19). Dieser Paragraf wird gegenwärtig noch einmal überarbeitet.
- die alten §§ 19 und 20 (Rechnungsstellung und Verrechnung von Hörerscheinen) wurden gestrichen.

Verlag

Der Verlag ist ein verlegergeführtes Wirtschaftsunternehmen, das die → Gegenstände des Buchhandels herstellt. Im Gegensatz zu anderen betriebswirtschaftlich geführten Betrieben steht im Vordergrund ein geistiges Anliegen (→ Verlagsprofil), weshalb Verlage auch als → Tendenzbetriebe bezeichnet werden. Neben Buchverlagen gibt es Zeitungs- und Zeitschriftenverlage, Adressbuchverlage, Musikalienhersteller und Verlage, die Lehrmittel herstellen und verbreiten.

Sie kaufen Rechte an geistigem Eigentum und verwerten diese weiter im Sinne des → Urheberrechts. Geregelt wird dieser Vorgang im → Verlagsvertrag.

Der → Verleger oder die Verlagsleitung koordiniert die Arbeit der einzelnen Abteilungen im Verlag. Diese sind bei einer reinen Linienorganisation: das → Lektorat (in Zeitungs- und Zeitschriftenverlagen die Redaktion), die Herstellung und der → Vertrieb. Hinzu kommen die Rechte- und Lizenzen-Abteilung und die kaufmännische Abteilung mit Rechnungswesen, Verwaltung, Personalwesen und Controlling. Presse- und Öffentlichkeitsarbeit, Marketing, PR und → Werbung sind entweder eigenständige Abteilungen oder dem Vertrieb zugeordnet. Nur noch wenige Buchverlage unterhalten eine eigene Auslieferungsabteilung, meistens ist diese Aufgabe an eine → Verlagsauslieferung delegiert worden.

Die Konzentration in der Buchbranche zeigt sich auch auf der Verlagsseite stark. Immer häufiger sind die Verleger keine eigenständigen Unternehmer mehr, sondern Angestellte eines Konzerns. Allerdings zeigen die erfolgreichen Verlagsneugründungen der letzten Jahre auch, dass trotzdem noch genug Platz für Verlage mit einem eigenständigen → Verlagsprofil, das sich von der Masse der Publikumsverlage abhebt, besteht.

Verlagsauslieferung

Die Verlagsauslieferung ist ein Dienstleister des → Zwischenbuchhandels, der im Auftrag der Verlage deren Ware lagert und versendet. Daneben bietet die Verlagsauslieferung noch weitere Dienstleistungen an, z.B. Bestellannahme, Factoring, Debitorenbuchhaltung, Statistiken und Remittendenbearbeitung, bei denen es ganz auf die Vereinbarung mit dem jeweiligen Verlag ankommt, welche

Leistungen dieser in Anspruch nimmt. Die Vergütung der Verlagsauslieferung erfolgt zum Teil durch umsatzabhängige Provisionen und zum Teil durch Gebühren je nach Beanspruchung der Leistungen. Die Verlagsauslieferung entstand schon im 19. Jahrhundert und stellt also eine sehr frühe Form des Outsourcings dar. Hintergedanke ist, dass unterschiedliche Verlage verschiedene Zeiten mit Umsatz- und entsprechenden Lagerspitzen haben und die übrige Zeit das Vorhalten einer entsprechenden eigenen Lagerkapazität zu teuer wäre.

Verlagserzeugnisse
Alle Produkte, die Verlage selbst herstellen (lassen), sind Verlagserzeugnisse. Der Begriff ist also nicht synonym mit Gegenstände des Buchhandels zu verwenden. Es gibt sogar Fälle, in denen mit jenem Teil der Verlagserzeugnisse, der nicht zu den Gegenständen des Buchhandels gehört, der größere Umsatz (vom Ertrag ganz zu schweigen) erzielt wird. Dabei spielt das → Merchandising eine große Rolle.

Verlagsgesetz
Das Gesetz aus dem Jahre 1901 (zuletzt geändert 2002) beinhaltet weitgehend dispositives Recht, es können also zu vielen Punkten einzelvertraglich abweichende Regelungen getroffen werden. Die Verlage haben sich daher auf Verbandsebene mit ihren Vertragspartnern auf sogenannte → Normverträge geeinigt, die die Regelungen des Verlagsgesetzes ersetzen.

Verlagskalkulation
Anwendung findet sowohl die Vollkosten- als auch die Teilkostenrechnung. Mittels der Teilkostenrechnung gelingt es, für die unterschiedlichen Auflagen der Verlagsprodukte die jeweilige Gewinnschwelle (→ Break-Even-Punkt) zu berechnen. Man unterscheidet die Vorkalkulation, die die Planung des Verlags bezüglich des Ladenspreises betrifft, und die Nachkalkulation, die den tatsächlichen Ertrag eines Titels ermittelt.

Bei der Vorkalkulation handelt es sich um eine Vorwärtskalkulation mit Zuschlägen, die bei Anwendung der Vollkostenrechnung aus folgenden Positionen besteht:

Herstellkosten
\+ Autorenhonorar
\+ allgemeine Verwaltungskosten
  (= Gemeinkostenzuschlag für
  Verwaltung, Vertrieb und Werbung)
\+ Verlagsanteil

= Nettowarenwert
\+ Vertreterprovision

= Nettobarverkaufspreis
\+ Kundenskonto

= Nettozielverkaufspreis
\+ Kundenrabatt

= Bruttowarenwert
\+ Umsatzsteuer

Ladenpreis

Die Fixkosten der Herstellung (Druckvorstufe) werden für diese Kalkulation auf alle Exemplare der kalkulierten → Auflage verteilt. Je höher also die Auflage, desto niedriger die Herstellkosten pro Stück. Alle weiteren Posten sind Prozentuale Zuschläge.
Auch wenn dieses Schema etwas anderes suggeriert, ist der Verlagsanteil oft bei der Vorkalkulation von vorneherein ein negativer Wert, nämlich dann, wenn Titel aufgrund einer → Mischkalkulation preislich so angesetzt werden, dass sie sich selbst nicht rechnen. Es ist bei einer günstigeren Absatzentwicklung als ursprünglich angenommen (es musste nachgedruckt werden, die Fixkosten der Druckvorstufe fallen daher weniger ins Gewicht) möglich, dass ein mit Verlust vorkalkulierter Titel doch noch Gewinn abwirft. Der umgekehrte Fall, dass ein positiv vorkalkulierter Titel doch ein Minus einfährt, ist leider häufiger anzutreffen.

Anstelle des Kalkulationsschemas kann auch mit der Deckungsbeitragsrechnung, einer Form der Teilkostenrechnung gearbeitet werden.

Brutto-Ladenpreis
– Umsatzsteuer

= Netto-Ladenpreis
– Vertreterprovision
– Auslieferungskosten

= Deckungsbeitrag 1
– Honorar
– Herstellkosten

= Deckungsbeitrag 2
– Werbungskosten

= Deckungsbeitrag 3

Verlagskommissionär
Die → Verlagsauslieferung wird, wenn sie nach dem Mandantenprinzip arbeitet, im Namen und für Rechnung der Verlage tätig. In diesem Fall ist sie buchhändlerischer Kommissionär.

Verlagskommittent
Der Verlag ist der Auftraggeber der Verlagsauslieferung. Daher wird er als Verlagskommittent bezeichnet, sofern überhaupt ein buchhändlerisches Kommissionsverhältnis vorliegt.

Verlagsprofil
Das Verlagsprofil gibt die Identität des Verlages wieder. In seinem Programm zeigt sich, wofür der Verlag inhaltlich und qualitativ steht. Ein scharfes Profil ist notwendig, um sich strategisch von den Wettbewerbern abzugrenzen und in der Wahrnehmung der Endkunden einen Wiedererkennungseffekt zu erzielen. Dazu tragen neben der Titelauswahl die Buchgestaltung und die Ausstattung bei. In diesem Zusammenhang spielt auch die → Corporate Identity eine gewichtige Rolle.

Verlagsrecht → Urheberrecht, Verlagsgesetz, Normvertrag

Verlagstypen

Grundlegend wird zwischen den Fachverlagen (Fachbuchverlage, Wissenschaftsverlage, Fachzeitschriftenverlage) und Publikumsverlagen (wenden sich an die breite Masse der Kunden) differenziert. Wir unterscheiden nach Art der produzierten Publikationen folgende Verlagstypen unter den Publikumsverlagen: Belletristische Verlage, Bild- und Kunstbuchverlage, Kinder- und Jugendbuchverlage, Ratgeberverlage, Touristikverlage, Musikverlage, Theaterverlage und Kalenderverlage.
Daneben gibt es Verlage, die sich auf spezielle Informationsbedürfnisse eingestellt haben: Adressbuchverlage, Schulbuchverlage und Lexikonverlage.
Hinsichtlich der Editionsform sind neben den klassischen Buch- und Zeitschriftenverlagen auch Taschenbuchverlage und Hörbuchverlage zu unterscheiden.

Verlagsvertrag

Der Verlagsvertrag regelt die Rechte und Pflichten von → Autor und → Verlag im Zusammenhang mit einer Publikation. In der Regel wird dabei auf den → Normvertrag als Ausgangsgrundlage zurückgegriffen, bei Abweichungen kann auch das → Verlagsgesetz ins Spiel kommen.

Autor	Verlag
• Manuskriptablieferung • Einräumung von Rechten (Haupt- und ggf. Nebenrechte) • Korrektur und Druckfreigabe	• Vervielfältigung und Verbreitung des Werks • Werbung • Abrechnung und Zahlung von Honoraren • Verwertung der Nebenrechte

Verlagsvertreter

Es wird unterschieden zwischen dem fest angestellten Vertreter (Reisender) und dem Handelsvertreter. Der Reisende erhält ein festes Gehalt vom Verlag plus zusätzlich Erfolgsprovision und vertritt in der Regel nur seinen → Verlag bzw. seine Verlagsgruppe. Der freie Handelsvertreter als selbstständiger Kaufmann hat unterschiedliche, jedoch nicht unmittelbar konkurrierende Verlage in seinem Gepäck und arbeitet ausschließlich auf Provisionsbasis.
Neben der Vermittlung von Kaufverträgen zwischen herstellendem und verbreitendem Buchhandel hat der Vertreter vielfältige und wichtige Aufgaben: In Zusammenarbeit mit den

→ Verlagsauslieferungen kümmert er sich um den Versand der → Verlagsvorschauen, erstellt oder informiert sich über die Verkaufsstatistiken seiner Kunden. Er macht Besuchstermine aus. Zweimal jährlich ist Reisezeit, in der er jeweils bis zu vier Monaten in seinem festgelegten Reisegebiet unterwegs ist. Wichtige Kunden werden dabei auch öfter besucht. Verlagsvertreter müssen ihre Programme genau kennen, neben den Novitäten natürlich auch die → Backlist. Es ist oft nur wenig Zeit, die man vor Ort hat, um den Einkäufer von einem Titel zu überzeugen. Hilfreich ist da die → Vertreterkonferenz. Beim Kunden werden dann Informationen über die einzelnen Titel gegeben, Muster gezeigt, auf Wunsch zusätzliche → Leseexemplare verteilt und informiert, zu welchen Titeln der Verlag welche Werbemaßnahmen geplant hat. Aus Sortimentersicht haben kluge Vertreter nicht nur ihre Provision im Kopf; sie kennen ihre Kunden genau und raten auch manchmal von einem Titel ab, wenn er nicht passt. Die Beratung ist eine Aufgabe, die immer mehr an Bedeutung gewinnt und das Bild des klassischen Vertreters gewandelt hat. Er ist im besten Fall eine wichtige Vertrauensperson, auf deren Einschätzungen und Ratschläge beim Einkauf Wert gelegt wird, und somit für viele Verlage und Sortimenter ein Mittel dauerhafter Kundenbindung. Aber nicht überall wird verkauft, in Filialen großer Buchhandelsketten hat der Vertreter lediglich informierende Funktion. Hier gibt es in den Verlagen eigene Key Account Manager, die mit den zentralen Einkäufern dieser Großkunden verhandeln. Zum Vertretergespräch gehören ebenso die Verhandlung über → Konditionen und die Remissionsgenehmigung für nicht verkaufte Exemplare. Außerdem wird über eventuelle gemeinsame Werbeaktionen gesprochen, wie beispielsweise Lesungen, Veranstaltungen oder Büchertische. Auch wenn es einmal Unstimmigkeiten gibt, ist der Vertreter der erste Ansprechpartner und somit ein wichtiges Bindeglied zwischen Verlag und Sortiment. Am Ende des Gesprächs wird in der Regel ein neuer Besuchstermin ausgemacht.

Aus Zeitgründen wollen oder können nicht alle Kunden besucht werden, daher nehmen sie zweimal im Jahr auf → Vertreterbörsen Bestellungen auf oder haben Dienst auf Buchmessen. Wenn Verlagsvertreter nicht unterwegs sind, arbeiten sie in ihrem Büro z.B. eingegangene Nachbestellungen ab, erstellen Statistiken oder planen die nächste Reise. Für Verlage sind die Vertreter sehr wichtig: Ihre Einschätzung hinsichtlich des Marktpotentials einzelner Titel ist gefragt, sie bringen Vorbestellungen zur genaueren Festlegung der Auflagenhöhe und kennen den Buchmarkt.

Verlagsvorschau

Vorschauen sind Programmankündigungen von → Verlagen, die sich an den verbreitenden Buchhandel wenden. Zweimal jährlich werden sie an

den Zwischen- und Einzelbuchhandel, an Redaktionen und auch an das jeweilige Fachpublikum (bei Verlagen mit wissenschaftlichen Publikationen) versendet: im Dezember/Januar für das Frühjahrs- und im Mai/Juni für das Herbstprogramm. Sie sollen gezielt über die Neuerscheinungen des kommenden Halbjahres informieren. So kann sich der Einzelhändler auf den Besuch des → Verlagsvertreters vorbereiten und den Einkauf planen. Natürlich nutzen Verlage die Vorschau auch zur Selbstdarstellung; in erster Linie werden in ihr jedoch die neuen Titel ausführlich vorgestellt mit Inhaltsangaben in Kurzform sowie oftmals auch mit Auszügen aus dem Originaltext. Hinzu kommen Informationen über den Autor, sein Foto, seine Kurzbiografie, veröffentlichte Werke. Ergänzt werden unter der Coverabbildung die sonstigen bibliografischen Angaben zum Buch: Erscheinungsmonat, Umfang, → Einbandart, Preis, → ISBN, → EAN-Barcode. In der Regel sagt die Reihenfolge der vorgestellten Titel etwas über die Verkaufserwartung des Verlags aus. So sind bei großen Publikumsverlagen häufig Schwerpunkttitel deutlich hervorgehoben, die als gesonderte Verkaufsaktionen mit aufwändig gestaltetem Dekomaterial und Begleitwerbung für den Endkunden (Tüten, Lesezeichen) angeboten werden. Angezeigt werden dazu auch vom Verlag durchgeführte, begleitende Werbemaßnahmen in Presse, Funk und Fernsehen. Schließlich finden sich in den Vorschauen die Kontaktdaten von Ansprechpartnern im Verlag, Vertreter und ihre Reisegebiete sowie die Adresse der Verlagsauslieferung für Bestellungen.
Die äußerliche Gestaltung der Vorschauen ist sehr unterschiedlich und reicht vom einfachen Faltblatt bis hin zur umfassenden, durchweg farbigen Hochglanz-Edelbroschüre. Je nach Umfang der Verlagsproduktion bestehen sie aus einem oder mehreren Heften (meist DIN A 4) und enthalten zusätzlich die → Backlist. Da die Herstellung und der Versand der Verlagsvorschauen sehr kostenintensiv sind, gibt es seit längerem Bestrebungen, sie elektronisch zu versenden. Das konnte sich aus verschiedensten Gründen bisher nicht durchsetzen. Elektronische Vorschau-Post wird daher momentan bei sogenannten → Schnellschüssen bevorzugt.

Verleger
Der Begriff kommt daher, dass früher der Verleger als Kapital-‚Vorleger' fungierte. Die Bezeichnung war nicht ausschließlich dem Buchhandel vorbehalten, auch in anderen Handelszweigen kannte man Verleger. Heute wird der Leiter eines Verlages als Verleger bezeichnet, sofern er auch das Programm verantwortet und nicht nur Managementfunktionen ausübt. Ein Verleger muss also nicht selbstständig sein, er kann auch Angestellter sein.

Verleger-Ausschuss
Der Verleger-Ausschuss ist die Vertretung des Herstellenden Buchhandels im Börsenverein. Einen Schwerpunkt seiner Aktivitäten bildet die Interessenvertretung nicht nur auf nationaler, sondern auch auf internationaler Ebene im Rahmen des Europäischen Verleger Verbandes und der Internationalen Verleger Union.

Verlegerinkassostelle
Die Verlegerinkassostelle ist in Hamburg ansässig und übernimmt den Einzug der Forderungen für die Verlage. Allerdings wird die Verlegerinkassostelle erst ab einer vom jeweiligen Verlag festzulegenden Mahnstufe tätig, die normale Debitorenbuchhaltung betreibt der Verlag entweder selbst oder überlässt sie seiner → Verlagsauslieferung.

Veröffentlichungsrecht
Hierunter ist das Recht zu verstehen, ein Werk der Öffentlichkeit bekannt und zugänglich zu machen (→ Urheberrecht). Vom Erscheinen eines Werkes spricht man dann, wenn die Veröffentlichung durch Vervielfältigung und Verbreitung in körperlicher Form erfolgt.

Verramschen
Lässt sich im Lebenszyklus eines Buches die Auflage nach Ablauf der gesetzlichen 18-monatigen Preisbindung nicht mehr vertreiben, hat der Verleger das Recht zum Verramschen, wenn der Verkauf in zwei aufeinanderfolgenden Jahren eine vorher im → Normvertrag festgelegte Menge unterschreitet. Die Firmen des → Modernen Antiquariats sind mit ihrer Vertriebserfahrung und mit ihren speziellen Vertriebswegen für diese Aufträge eingerichtet.

Versteckte Bibliografien → Kryptobibliografie

Vertreterbörse

Vertreterbörsen sind Einkaufsbörsen. An einem oder mehreren Tagen treffen sich → Verlagsvertreter und Sortimenter, um Novitäten und → Backlist zu ordern. Der große Vorteil liegt in der Zeitersparnis für beide Seiten. Der Sortimenter kommt gut vorbereitet zu den Gesprächsterminen und kann dadurch an nur einem oder zwei Tagen seinen Einkauf bei den für ihn wichtigen Verlagen zu Reisekonditionen rationell erledigen, statt über mehrere Wochen hinweg mit großem Zeitaufwand Vertreterbesuche zu empfangen. Auch für die Vertreter bedeuten die Börsen Zeitersparnis, denn es liegen keine längeren Fahrten zwischen den Terminen und die Betreuung mancher kleinerer, aus Zeitgründen nicht besuchter Sortimenter kann dadurch gewährleistet werden. Der Nachteil: oft Stress und Zeitdruck auf beiden Seiten, denn die Gesprächszeit ist begrenzt durch enge Terminabfolge und für jeden Verlag oder Sortimenter bleibt zu wenig Zeit. Eine wirkliche, intensive Beratung durch den Verlagsvertreter kann daher nicht erfolgen.

Vertreterkonferenz

„Auch wenn die Konferenz perfekt vorbereitet, die Vertreter frühzeitig mit Manuskripten, Informationen, Kurz- und Langtexten versorgt wurden - sobald wir vor ihnen sitzen, zeigt sich, ob der Funke überspringt oder nicht. Triumphal rühmen wir unsere Entdeckung, arrogant oder kleinmütig reagieren wir auf Einwände. Wir sind abhängig von ihrer Gunst.“ Katharina Raabe, Lektorin des Suhrkamp Verlags, gefunden im → Börsenblatt des Deutschen Buchhandels vom 27.03.2008.

Vertreterkonferenzen finden zweimal im Jahr, ungefähr zwei Monate vor Beginn der Reise statt. Sie sind entscheidend für den Erfolg der Titel und ihren Absatz.

Vom Lektorat werden die neuen Bücher vorgestellt. Es wird versucht, die Aufmerksamkeit der → Verlagsvertreter auch auf solche Titel zu lenken, die auf den ersten Blick nichts Besonderes darstellen. Dabei wird erklärt, warum gerade diese Bücher herausgebracht werden sollen, welche Besonderheiten sie haben, für welche Zielgruppe sie gedacht sind, und es werden Hintergrundinformationen zu Autor und Titel geliefert. Es handelt sich um einen ersten Testlauf für das neue Buch, denn anschließend erfolgt die Diskussion, in der die Vertreter die Verkaufschancen aus ihrer Sicht beurteilen. Da sie ja sehr nah am Sortiment sind und den Buchmarkt gut kennen, kann es durchaus noch zu Änderungen kommen. Nicht nur einmal wurde nach einer solchen Konferenz beispielsweise ein Buchcover, der Vorschautext oder die Ausstattung geändert, weil die Vertreter die Bücher aus der Perspektive der Kunden sehen. Gemeinsam werden Verkaufsargumente erarbeitet, welche die Vertreter wiederum an den Buchhandel weitergeben. Anhand von Vorbestellungen aus dem Sortiment können Auflagenhöhen endgültig festgelegt werden. Ferner bespricht man noch alle Aktionen und Marketingstrategien.

Vertrieb
Der Vertrieb ist die Abteilung des Verlages, die in Zusammenarbeit mit den → Verlagsvertretern und der → Verlagsauslieferung die Kunden betreut. Ein wichtiger Teil der Vertriebsabteilung ist das → Key Account Management. Die Vertriebsabteilung bereitet die → Vertreterkonferenzen vor, organisiert den Vorschauversand (→ Verlagsvorschau), verschickt Werbematerialien, entwickelt Aktionen (→ Verkaufsförderung), vermittelt Autoren für Veranstaltungen, kontrolliert die Umsatzdaten und bereitet sie auf. Außerdem zählt die Suche nach alternativen Absatzwegen zu den Aufgaben des Vertriebs. In vielen Verlagen gibt es keine eigene Werbeabteilung, dann übernimmt der Vertrieb auch deren Aufgaben, das heißt, sie lässt Werbematerialien produzieren und schaltet Mediawerbung.

Vertriebswege
Der → Herstellende Buchhandel bringt seine Erzeugnisse auf verschiedenen Vertriebswegen zum Endkunden. Beim zweistufigen Vertriebsweg liefert der Verlag an den → Zwischenbuchhandel und dieser wiederum an den Verbreitenden Buchhandel. Somit liegen zwischen Produzent und Verbraucher zwei Handelsstufen. Beim einstufigen Vertriebsweg entfällt die Großhandelsstufe, der Verlag liefert unmittelbar an den → Verbreitenden Buchhandel. Daneben gibt es den → Direktvertrieb, bei dem der Handel völlig außen vor bleibt und der Verlag selbst das Geschäft mit dem Endkunden betreibt.

Vervielfältigungsrechte → Urheberrecht

Vervielfältigungen sind zugunsten der Rechtspflege und der öffentlichen Sicherheit zulässig. Vervielfältigungen und Verbreitungen sind im Rahmen von Sammlungen für Kirchen- und Schulzwecke zulässig. In diesem Falle ist der Autor oder der Inhaber des Nutzungsrechts zu informieren und ein Honorar zu zahlen.
Von Schulfunksendungen dürfen Vervielfältigungsstücke angefertigt, jedoch nur bis zum Ende des folgenden Schuljahres aufbewahrt werden.
Von besonderer Bedeutung für Schulen ist der § 53, Absatz 3 UrhG: Er erlaubt die Vervielfältigung von kleinen Teilen eines Druckwerks im Unterricht in der für eine Klasse erforderlichen Anzahl. Der Urheber (bzw. → VG Wort) hat jedoch gegenüber dem Hersteller und dem Betreiber der eingesetzten Kopiergeräte einen Vergütungsanspruch. Die Zentralstelle Fotokopieren an Schulen (ZFS) macht die Ansprüche der VG Wort und VG Bild-Kunst (→ Verwertungsgesellschaften) geltend.

In der Öffentlichkeit gehaltene Reden dürfen vervielfältigt werden, mit der

Einschränkung, dass das Urheberrecht wieder greift, wenn ausschließlich Reden einer einzigen Person in einer Sammlung veröffentlicht werden sollen. Ähnliches gilt für Ausschnitte aus in Massenmedien verbreiteten Beiträgen. Die Vervielfältigung ist sogar honorarfrei möglich, wenn Ausschnitte aus verschiedenen Publikationen zu einer Übersicht (z.B. Pressespiegel) vereinigt werden. Der reine Inhalt der Meldung darf ohnehin weiter verbreitet werden.

Literatur darf in Form von Zitaten vervielfältigt werden, wenn folgende Punkte beachtet sind:

- einzelne Werke nach dem Erscheinen in ein selbstständiges wissenschaftliches Werk zur Erläuterung des Inhalts aufgenommen werden (Großzitat),
- Stellen eines Werkes nach der Veröffentlichung in einem selbstständigen Sprachwerk angeführt werden (...) (Kleinzitat)“

Zu beachten ist hierbei allerdings die Notwendigkeit, dass das Werk, aus dem zitiert werden soll, erschienen sein muss. Für Großzitate ist ferner zu beachten, dass eine Quellenangabe mit Verlagsangaben erforderlich ist, für Kleinzitate ist die Quellenangabe ohne Verlagsangabe ausreichend. In beiden Fällen ist zudem das Änderungsverbot und einige wenige Änderungsangebote nach § 62 UrhG zu beachten (z.B. Veränderung der Größe bei Fotos).

Zulässig ist auch die Vervielfältigung zum persönlichen Gebrauch. Allerdings bestimmt § 53 UrhG, dass die Vervielfältigungsstücke weder verbreitet noch zu öffentlicher Wiedergabe benutzt werden dürfen. Aus aktueller Rechtsprechung ist die Anzahl der Kopien auf sieben begrenzt.

Verwertungsgesellschaften

Die Verwertungsgesellschaften sorgen dafür, dass die Urheber bzw. die Rechteinhaber Vergütungen für die Aufführung, Austellung und Vervielfältigung ihrer Werke erhalten.

Die GEMA

GEMA ist die Abkürzung von Gesellschaft für musikalische Aufführungs- und mechanische Vervielfältigungsrechte; es handelt sich um einen wirtschaftlichen Verein, der uneigennützig und nicht auf die Erzielung von Gewinnen gerichtet ist. Er hat seinen Sitz in Berlin und arbeitet treuhänderisch mit dem Ziel, die Rechte der Urheber zu wahren. Dazu wird mit dem Berechtigten ein sogenannter Berechtigungsvertrag und evtl. ein Inkassomandat geschlossen. Die GEMA überwacht und berechnet die Ansprüche des Berechtigten und zieht sie ein (www.gema.de, gesehen im März 2008).

Die VG Wort

Die gemeinnützige Verwertungsgesellschaft VG Wort ist der Zusammenschluss der Wortautoren und ihrer Verleger einschließlich wissenschaftlicher und technischer Darstellungen. Die Zielsetzung entspricht der der

GEMA. Über das Tätigkeitsspektrum informiert die Homepage des Vereins wie folgt: „Öffentliche und Fachbibliotheken, Tages- und Fachzeitungen, Hörfunk, Fernsehen und Internet sind Träger und Multiplikatoren geschützter Werke. Doch hier sind Kopien und somit Formen der Nutzung möglich, die der einzelne Urheber nicht kontrollieren kann.“ (www.vgwort.de , gesehen im März 2008)

Die VG Bild-Kunst
Die Verwertungsgesellschaft VG Bild-Kunst leistet wie die beiden oben genannten Gesellschaften entsprechende Dienste für bildende Künstler, Grafikdesigner und Filmemacher. „Die Verwertungsgesellschaft BILD-KUNST ist ein von den Urhebern gegründeter Verein (Künstler, Fotografen und Filmurheber) zur Wahrnehmung ihrer Rechte.“ (www.bildkunst.de, gesehen im März 2008)

Verwertungsrechte → Urheberrecht

VG Bild → Verwertungsgesellschaften

VG Wort → Verwertungsgesellschaften

Verzeichnis lieferbarer Bücher (VLB)
Das VLB ist seit 1971 die einzige lieferantenunabhängige → Bibliografie im deutschsprachigen Raum. Sie ist auch die vollständigste, jedoch beinhaltet sie nicht alle lieferbaren Titel, wie in der Bezeichnung ausgedrückt wird. Vielmehr beruht das VLB auf Titelmeldungen durch die → Verlage. Es wird dabei entweder eine Pauschalgebühr verlangt (bei großen Verlagen mit einer hohen Titelproduktion) oder einzeln pro Titel abgerechnet (bei kleineren Verlagen). Voraussetzung für die Aufnahme einer Veröffentlichung ist, dass sie über eine → ISBN verfügt. Das VLB umfasst heute mehr als eine Million Publikationen aus mehr als 17.000 Verlagen in verschiedener Form: Bücher, Hörbücher, Audio-CD, DVD, Karten, Kalender, Spiele.
Die Genauigkeit der Daten wird durch die Zusammenarbeit mit der → Deutschen Nationalbibliothek gewährleistet, die seit 2003 wie folgt funktioniert: Die Verlage melden bereits im Voraus ihre innerhalb der nächsten Wochen erscheinenden Titel an die VLB-Redaktion. Bis zum Erscheinen der Titel werden sie in der Datenbank des VLB mit dem Vermerk „iVb“ (in Vorbereitung) und zusätzlich in der Reihe ND (Neuerscheinungsdienst) der → Deutschen Nationalbibliografie geführt, denn die Meldung an das VLB ist zugleich die Titelmeldung für die DNB. Sind sie dann erschienen, muss der Verlag zwei → Pflichtexemplare jedes Werkes an die DNB senden, wo sie dann per → Autopsie aufgenommen werden. Die exakten Titeldaten werden anschließend an das VLB übermittelt und mit den bereits vorhandenen abgeglichen. Problemlos und ohne großen Arbeitsaufwand wurde dies möglich, als 2001 ONIX international eingeführt wurde, ein international gültiges Datenaustauschformat. Mit

dessen Hilfe können Verlage und Auslieferungen ihre Daten selbst pflegen, d.h. selbst Preisänderungen eingeben, Lieferbarkeit signalisieren, vergriffene Titel kennzeichnen. Das VLB wurde so zu einer umfassenden, genauen Bibliografie auf aktuellstem Stand.
Nutzer der Onlineversion finden täglich aktualisierte bibliografische Daten wie → Autor, Titel, Untertitel, Auflagebezeichnung, Erscheinungsort, Verlag, Erscheinungsjahr, ISBN, → Einbandart und Preis. Die Titelanzeige wird ergänzt durch Coverabbildung, eine Inhaltsangabe und die → Sigelung der Lieferanten. Zu immer mehr Audio-CDs sind Hörproben hinterlegt. Bestellungen laufen über → IBU. Für den Buchhändler bietet das VLB darüber hinaus weiteren Service: technischen und inhaltlichen Support, eine Telefon- und Mailhotline, Schulungen (auch kostenloser Download von Schulungsunterlagen). Schnittstellenlösungen für problemloses Einbinden des VLB in ein → Warenwirtschaftssystem werden ebenso angeboten wie die Möglichkeit, das VLB in die eigene Homepage zu integrieren.
Herausgegeben und vertrieben wird es durch die → MVB, es erscheint als CD-ROM-Ausgabe und seit 2002 als VLB-Online im Internet. Das Vollabonnement mit monatlicher CD, das Kurzabo mit 2 CDs im Frühjahr und Herbst und auch der Zugang zur Datenbank sind kostenpflichtig. Für Endkunden steht das VLB unter www.buchhandel.de im Netz und kann dort für Recherchen und Bestellung (über Partnerbuchhandlungen) kostenfrei genutzt werden.

VLB → Verzeichnis lieferbarer Bücher

Volksverhetzende Schriften
stellen einen Verstoß gegen das Strafgesetzbuch (§ 130) dar. Daher dürfen sie auch an Erwachsene nicht verbreitet werden. Hierunter fallen z.B. Veröffentlichungen, die zum Rassenhass aufstacheln oder den Holocaust leugnen.

Vorabdruck
Wird ein Werk ganz oder nur als Auszug (= Teilabdruck) bereits vor der Veröffentlichung publiziert, handelt es sich um einen Vorabdruck. Dieses Nebenrecht nach dem → Normvertrag dient dem Marketing.

Vorausrechnung
Wenn der Verlag ausnahmsweise auf Vorkasse besteht (was nur bei einer extrem schlechten Bonität oder einem dem ausländischen Verlag noch nicht bekannten Sortimenter, der selbst Bücher importieren will, der Fall sein wird), schickt er eine Vorausrechnung. Erst nach Begleichung der Forderung erfolgt die Lieferung. Für die Buchhaltung ist es egal, ob die Rechnungsstellung vor oder nach der Lieferung erfolgt, sofern die → Rechnung den Anforderungen des Umsatzsteuergesetzes entspricht.

Vorführungsrecht
Theater-, Opern- und Filmkunst wird auf- bzw. vorgeführt. Auf das Verbrei-

tungsrecht bezogen ist dieses → Urheberrecht den Printmedien gleichgestellt. Das Vorführungsrecht gehört zu den Nebenrechten nach dem → Normvertrag.

Vorlesewettbewerb des Deutschen Buchhandels
Vom → Börsenverein des Deutschen Buchhandels 1959 erstmalig initiiert, findet er seitdem jedes Schuljahr unter Schirmherrschaft des jeweiligen Bundespräsidenten statt. Es handelt sich beim Vorlesewettbewerb um die größte Aktion der → Leseförderung, an der mittlerweile bis zu 700.000 Schülerinnen und Schüler der 6. Klassen bundesweit teilnehmen. Alles beginnt im Oktober mit den Klassenentscheiden. Mitmachen kann jeder. Wer gerne liest und Spaß an Büchern hat, darf sein Lieblingsbuch vorstellen und eine kurze Passage daraus vorlesen. Die Lesezeit beträgt maximal 5 Minuten. Bis Ende Dezember laufen die Schulentscheide. Ab den Kreis- bzw. Stadtentscheiden, die bis Ende Februar durchgeführt werden, gibt es jeweils zwei Sieger: einen ersten Platz für den Schultyp Gymnasium und einen für Haupt- und Realschulen. Beide Sieger nehmen nun am Bezirksentscheid teil, der bis Ende April abgeschlossen sein muss, denn im Mai fällt die Entscheidung auf Landesebene. Im Juni lädt dann der Börsenverein zum Finale nach Frankfurt am Main ein. Drei Tage voller Überraschungen warten auf die jeweiligen Landessieger. Wer hier gewinnt, darf als Bundessieger einen Wanderpokal mitnehmen und gewinnt dazu einen Autor für eine Veranstaltung in der Schule. Außerdem darf man im Fernsehen in der Sendung „quergelesen" einen Büchertipp abgeben und im Jahr darauf in der Jury des Bundesentscheids abstimmen. Natürlich gewinnt man auf jeder Etappe Buchpreise oder → Bücherschecks. Ab dem Stadtentscheid finden die Veranstaltungen breite Aufmerksamkeit in den Medien und sind nicht zuletzt dank der guten Zusammenarbeit mit Buchhandlungen, Bibliotheken und sonstigen kulturellen Einrichtungen mittlerweile fester Bestandteil des Kulturlebens.

Vorsatz → Bindearten
Vorschau → Verlagsvorschau

Vortragsrecht
Damit ist das Recht gemeint, aus einem Werk in der Öffentlichkeit vorzutragen (→ Urheberrecht). Die an sich fällige Vergütung dieses Nebenrechts nach dem → Normvertrag wird selten gezahlt und die → Verlage verzichten in der Regel auf die Durchsetzung des Vergütungsanspruchs, weil der Marketingaspekt auch ins Gewicht fällt, ganz abgesehen von den Kosten für eine rechtliche Verfolgung.

Vorzugsausgabe
Eine limitierte Sonderausgabe eines auch als „Normalausgabe" erhältlichen Buches, das besondere Ausstattungsmerkmale aufweist (z.B. Seiden-Einband, Beigabe einer Grafik o.Ä.).

W

Wareneinsatz

Als Wareneinsatz wird der Einstandspreis der verkauften Waren bezeichnet. Anders ausgedrückt, gibt der Wareneinsatz an, wie viel Geld für den Erwerb der Ware jeweils wirklich eingesetzt werden musste: also der Listeneinkaufspreis abzüglich der erhaltenen Nachlässe und zuzüglich der Bezugskosten. Zieht man den Wareneinsatz von den Umsatzerlösen ab, so erhält man den → Rohgewinn (auch Warengewinn genannt). In der Finanzbuchhaltung kann der Wareneinsatz abgelesen werden, wenn der Saldo des Kontos Aufwendungen für Waren ermittelt wird. Dabei werden die Einkäufe und die Abgänge aus dem Warenbestand berücksichtigt. Der Wareneinsatz geht als Aufwand in die Gewinn- und Verlustrechnung ein.

Warengruppen

Warengruppen sind ein Hilfsmittel bei der betriebswirtschaftlichen Steuerung der Buchhandlung. Es empfiehlt sich, auch in kleineren Betrieben jeden Titel einer Warengruppe zuzuordnen. Dabei kann nach der → Warengruppensystematik vorgegangen werden, man muss aber nicht. Grundidee der Festlegung von Warengruppen ist, dass es eine inhaltliche Ordnung der Titel gibt. Diese muss aber nicht mit der Art und Weise, wie die Aufstellung zur Präsentation im Laden erfolgt, übereinstimmen. Auf der Ebene der Warengruppen kann der Sortimenter verschiedene Lagerkennziffern ermitteln und darauf gestützt die → Sortimentspolitik festlegen. Zur Kontrolle von eingereichten Werbungskostenbelegen lassen sich bisweilen die Finanzämter von den Buchhandlungen deren Warengruppeneinteilung übermitteln.

Warengruppensystematik

Die bei den → Warengruppen schon erwähnte inhaltliche Ordnung wird bei der Warengruppensystematik analog der Praxis im Bibliothekswesen als ein System der Wissenschaften verstanden. Die Warengruppensystematik ist so aufgebaut, dass jedem Titel eigentlich nur eine Stelle zugewiesen werden kann, die seinem Inhalt am Besten gerecht wird. Allerdings ist die notwendige Trennschärfe nicht immer vorhanden. Ob ein Titel nun als Sachbuch einzustufen ist oder als Ratgeber oder gar als wissenschaftliche Publikation, das ist nicht immer eindeutig. Die Warengruppensystematik unterscheidet folgende Hauptwarengruppen: 1 Belletristik; 2 Kinder- und Jugendbuch; 3 Reise; 4 Ratgeber; 5 Geisteswissenschaften, Kunst, Musik; 6 Naturwissenschaften, Medizin, Informatik, Technik; 7 Sozialwissenschaften, Recht, Wirtschaft; 8 Schule und Lernen; 9 Sachbuch. Die Warengruppennummern sind vierstellig: an erster Stelle der Index, der die → Editionsform angibt; an zweiter Stelle die Hauptwarengruppe; die dritte und vierte Stelle dienen der Feingliederung der Warengruppen. Die Verlage müssen bei der Titelmeldung an das → VLB eine Warengruppennummer angeben, auch die → Barsortimente verwenden die Warengruppensystematik bzw. haben eigene entwickelt.

Warenpräsentation

Sie gewinnt im Buchhandel zunehmend an Bedeutung. Längst stehen Bücher nicht mehr nur Rücken an Rücken im Regal (Rückenpräsentation), sondern auch frontal oder werden „inszeniert", um Aufmerksamkeit zu erregen. Durch Verführung zum Hinschauen sollen die Aufenthaltsdauer der Kunden verlängert und Impulse für Zusatzkäufe gegeben werden.

Als wichtigste Regel gilt, die verschiedenen Präsentationen inhaltlich und äußerlich nach den Bedürfnissen der zu erreichenden klar definierten Zielgruppen zusammenzustellen.

Weiterhin ist zu beachten: dass Formen und Farben zusammenpassen oder aber klare Kontraste bilden; dass beispielsweise verschiedene Themen auf einer Fläche durch deutliche Zwischenräume voneinander getrennt werden; dass die Sichtflächen aus der jeweiligen Laufrichtung und aus der Ferne attraktiv wirken und vor allem, dass Präsentationsflächen nie Lagerflächen sind. Kunden sollen mithilfe einer gut durchdachten Präsentation zu neuen Themen oder Themenverbindungen (warengruppenübergreifend) inspiriert werden oder Altbewährtes wieder neu entdecken. Ganztägige Seminare werden zum Thema Präsentation angeboten, in denen viele Anregungen von der Ladeneinrichtung bis zur Inszenierung eines einzelnen Titels vermittelt werden.

Warenwirtschaftssystem (WWS)

Es handelt sich hierbei um ein Datenbanksystem, das den Warenfluss vom Eingang bis zum Ausgang erfasst und somit betriebswirtschaftliche Schlussfolgerungen zulässt. Nahezu jede Phase im Warenkreislauf wird durch dessen Einsatz rationalisiert und beschleunigt. Voraussetzung ist eine Codierung der Ware. Im Buchhandel ist der → EAN-Barcode der Schlüssel, den die EDV verarbeiten kann, die → ISBN, die in ihm enthalten ist, oder aber bei → Nonbooks die Artikelnummer. Im Wareneingang werden alle Daten korrekt erfasst, oft mithilfe eines Scanners, der Barcodes lesen kann. Die Einordnung der Titel in eine → Warengruppe bei der Erfassung lässt bei Bedarf verschiedene zusätzliche statistische Auswertungsmöglichkeiten zu.

Sind alle Daten im System, hat man sofort einen Überblick über seinen Bestand und kann Kunden darüber Auskunft geben, ob ein bestimmter Titel aktuell vorrätig ist. Die Lagerkontrolle wird durch die Datenbank sehr einfach gemacht; schnell lässt sich beispielsweise erkennen, wo eine Reduzierung des

→ Lagerbestands notwendig ist. Hat sich ein → Vertreter angekündigt, ist die Lageraufnahme in Sekundenbruchteilen erstellt und einfach ausgedruckt. (Sie sollte jedoch noch überprüft werden, denn fehlerhafte Daten sind immer möglich und auch Diebstähle werden vom WWS nicht berücksichtigt.) Der Abverkauf läuft über das integrierte Kassensystem, das den Warenausgang bucht. Eine Ausbuchung erfolgt ebenfalls bei → Remissionen. Am Abend kann man die Verkaufsliste(n) aufrufen und sogenannte Nachräumlisten erstellen. (Wie der Name schon sagt, werden hier verkaufte Titel mit dem noch vorhandenen Lagerbestand angezeigt, um diese wieder ins Regal zu räumen.) Je nachdem, was ausgewertet werden soll, hält das System Verkaufslisten nach Verlagen, nach Warengruppen, Menge oder Abverkaufszeitraum bereit. Ist z.B. der Mindestbestand einzelner Bestseller unterschritten, und auch dieser Wert ist mithilfe des WWS einstellbar, lässt man sich die Dispoliste des jeweiligen Verlags zur Einkaufsplanung (Disposition) anzeigen. Auch hier zeigt sich die Arbeitserleichterung durch das WWS sehr deutlich, denn auf dieser Liste werden alle Details angezeigt: der aktuelle Bestand, die bisherige Einkäufe, laufende Bestellungen oder Vormerkungen. Es liegt im eigenen Ermessen des Sortimenters, ob er eine automatische Bestellauslösung ab einem bestimmten Auftragswert im WWS definiert oder ob er die Übertragung der Bestelldaten nach einer nochmaligen Überprüfung selbst manuell auslöst.

Neben den verschiedensten Möglichkeiten der Statistikerstellung zur Auswertung wichtiger betrieblicher Kennzahlen wie beispielsweise der → Lagerumschlagsgeschwindigkeit wird noch ein wichtiger Punkt sehr stark rationalisiert: die → Inventur. Diese findet bei Warenwirtschaftssystemen permanent statt. Das Wichtigste für ein optimales Funktionieren ist jedoch die korrekte Erfassung aller eingehenden und ausgehenden Ware und eine regelmäßige Datenpflege.

Anbieter für buchhandelsspezifische Warenwirtschaftssysteme gibt es viele, angefangen von sehr praktischen Lösungen der → Barsortimente bis hin zu Softwarefirmen, die maßgeschneiderte Programme präsentieren.

Waschzettel

andere Bezeichnung für den → Klappentext.

WBZ

Werbender Buch- und Zeitschriftenhandel (im folgenden WBZ genannt), ein Zusammenschluss von rund 150 selbstständigen Unternehmen, die mithilfe der umgangssprachlich sogenannten „Drücker-Kolonnen“ Abonnenten für Zeitschriften und Buchclubs akquirieren. Nach Aussage des Bundesverbands des WBZ repräsentieren die ca. 150 WBZ-Unternehmungen ein jährliches Umsatzvolumen von rund 1 Mrd. €. Der Auflagenstatistik des Verbands ist zu entnehmen, dass im ersten Halbjahr 2007 mehr als 824.000 Abonnenten neu geworben wurden. Der Gesamtbestand belaufe sich auf knapp 5,7 Mio. Exemplare. → Zeitschriftenvertrieb. Die Aktivitäten des Verbands für die Buchclubs sind nicht ausgewiesen. Internet-Recherchen hinsichtlich der führenden Buchclubs in Deutschland zeigen, dass die Buchclubs außerordentlich gegenwärtig und attraktiv aufgestellt sind, insofern lässt sich die in Fachkreisen vertretene Auffassung vermutlich verifizieren, dass die Bedeutung des WBZ für das Buchgeschäft marginal geworden ist.

Welttag des Buches
Dieser Tag wird alljährlich am 23. April begangen. Eingeführt wurde er 1995 von der UNESCO, der Kulturorganisation der Vereinten Nationen. Dabei hat man an den katalanischen Brauch, sich am Namenstag des hl. Georg (Jordi) Bücher und Rosen zu schenken, angeknüpft. Außerdem wird am 23. April des Todestages Shakespeares und Cervantes' gedacht (1616), die wegen der Gregorianischen Kalenderreform allerdings nicht am selben Tag gestorben sind. An diesem Tag sind auch Schriftsteller wie Vladimir Nabokov (1899) und Halldor Laxness (1902) geboren. Am Welttag des Buches werden viele Aktionen vom Buchhandel, öffentlichen → Bibliotheken, Schulen u.a. Einrichtungen durchgeführt, um auf die kulturelle Bedeutung des Buches hinzuweisen. Der Buchhandel nutzt diesen Tag auch für eine Imagewerbung in eigener Sache.

Welturheberrechtsabkommen (WUA)
→ Internationales Urheberrecht

Werbekostenzuschuss
Verlage gewähren den Buchhandlungen für die Durchführung von Aktionen oder die Schaltung von Mediawerbung häufig einen Werbekostenzuschuss. Diese Zahlung ist als Teil der → Konditionen anzusehen und wird häufig im Rahmen konstanter Jahreskonditionen festgeschrieben. Dem → Verlag bietet sich dadurch die Möglichkeit, über die Rabattstaffel hinaus besonders engagierten Sortimentern bessere Bedingungen zu gewähren. Für den Buchhändler sind viele kommunikationspolitische Maßnahmen mit seinen eigenen finanziellen Mitteln alleine nicht zu bewältigen.

Werbemittel
Ein Werbemittel ist die gestalterische Umsetzung der Werbebotschaft. Man unterscheidet vier Hauptkategorien von Werbemitteln: sprachliche Werbung (Radiospot, Verkaufsgespräch), schriftliche Werbung (→ Mailing, Anzeige, Prospekt, → Katalog), bildliche Werbung (Plakat, TV-Spot) und Ware als Werbung (z.B. Schaufenster, Präsentation im Verkaufsraum).

Werbeplan
Der Werbeplan enthält die Werbeziele, die anzusprechenden Zielgruppen, das

zur Verfügung stehende Budget, die Themen/Inhalte der Werbemaßnahmen sowie die → Werbemittel und → Werbeträger, die zum Einsatz kommen sollen. Aus dem Werbeplan geht ferner die zeitliche Verteilung der einzelnen Maßnahmen hervor.

Werbeträger
Als Werbeträger bezeichnet man das Medium, über das die Werbebotschaft transportiert wird. Ein Werbemittel (z.B. Anzeigenmotiv) kann über verschiedene Werbeträger (z.B. Zeitung, → Zeitschrift, Anzeigenblatt) verbreitet werden.

Werbung
Man spricht auch teilweise von klassischer Werbung in Abgrenzung zu den neueren kommunikationspolitischen Instrumenten wie Public Relations oder Sales Promotion. Ziel der Werbung ist es, durch Information und Beeinflussung Konsumenten als Käufer zu gewinnen. Dafür bedient sie sich verschiedener Medien als Kommunikationskanal. Da sich die Mediennutzer in der Regel nicht vollständig mit der Zielgruppe decken, gibt es immer auch Empfänger der Werbebotschaft, die als Käufer von vorneherein ausfallen (geografisch oder wegen anders gelagerten Konsumverhaltens). Dieses Phänomen bezeichnet man als Streuverlust. Je geringer der Streuverlust, desto besser ist ein Medium für die betreffende Werbung geeignet. Wenn ein Unternehmen das ganze Jahr über mit gleich bleibender Intensität Werbung betreibt, bezeichnet man das als kontinuierliche Werbung. Unternehmen, die sich das nicht leisten können, haben zwei andere Optionen: gezielt in umsatzschwachen Zeiten mit Werbung gegenzusteuern, also antizyklische Werbung zu machen; oder aber dann Werbung zu schalten, wenn bei den Konsumenten ohnehin starke Nachfrage nach den Angeboten der Branche besteht, um sich ein möglichst großes Stück vom Umsatz zu sichern, indem man zyklische Werbung betreibt.

Werk
Nach §2 Absatz 2 des → Urheberrechtsgesetzes ist ein Werk eine geistige Schöpfung eines oder mehrerer → Verfasser oder → Urheber und Gegenstand des Schutzes durch dieses Gesetz.
Dazu zählt jede wissenschaftliche oder künstlerische Urform - unabhängig davon, ob bereits vervielfältigt oder nicht.
Die → Verkehrsordnung definiert in §1 Absatz 3 als Werke „alle Gegenstände des Buchhandels sowie des Zeitschriften- und Kunsthandels, die der → Verlag herstellt oder verbreitet".

Werkausgabe
Herausgabe der möglichst gesamten Schriften eines → Autors inklusive Briefwechsel und Tagebuchaufzeichnungen. Damit wird sein Schaffen gewürdigt oder manchmal auch ein bereits vergessener Schriftsteller wieder in Erinnerung gerufen. Eine Werkausgabe

kann eine → kritische Ausgabe sein, die sich mit dem Gesamtwerk des Autors auseinandersetzt. Sie wird häufig als → Fortsetzungswerk zum → Subskriptionspreis angeboten. Für den → Verlag ist eine Werkausgabe immer auch eine Chance zur nochmaligen Vermarktung.

Wettbewerbsregeln
Die Wettbewerbsregeln des → Börsenvereins wurden 2006 genauso wie die → Verkehrsordnung einer grundlegenden Überarbeitung unterzogen. Im Gegensatz zur Verkehrsordnung bedürfen die Wettbewerbsregeln aber der Zustimmung des Kartellamts (die bis dato noch nicht erfolgt ist), um wirksam zu werden, so dass bislang noch die alte Fassung der Regeln gilt. Auf eine genauere Darstellung der Inhalte der Wettbewerbsregeln wird in Anbetracht dieses Schwebezustandes verzichtet. Grundsätzlich geht es darum, festzulegen, welches Verhalten von Verlagen und Sortimentern bei der Werbung um Aufträge bzw. Kunden nicht toleriert werden kann. Die Wettbewerbsregeln präzisieren für die Buchbranche, was als unlauterer Wettbewerb anzusehen ist. Das Kartellamt ist deswegen involviert, weil die Gefahr besteht, dass der Wettbewerb an sich zu stark behindert werden könnte.

Wirtschaftsstufen im Buchhandel
Der Herstellende Buchhandel gehört zur Stufe der Weiterverarbeitung (= Sekundärer Sektor der Volkswirtschaft). Er bezieht Vorleistungen von anderen Betrieben dieser Stufe, die wiederum zum Teil auf die Urproduktion (= Primärer Sektor der Volkswirtschaft), z.B. Holz zur Papierherstellung, zurückgreifen. Der Zwischenbuchhandel und der Verbreitende Buchhandel gehören zur Stufe Handel/Dienstleistungen (= tertiärer Sektor der Volkswirtschaft).

Z

Zahlungsbedingungen
Zu den Zahlungsbedingungen gehört neben den Zahlungsarten bar, per Scheck, Kartenzahlung oder Überweisung auch das Zahlungsziel. Grundsätzlich sind Rechnungen ohne ausdrückliche Angabe eines Zahlungsziels bzw. mit dem Vermerk „zahlbar nach Empfang" sofort fällig. In diesem Falle gerät der Zahlungspflichtige auch ohne eine ausdrückliche Mahnung 30 Tage nach Erhalt der Rechnung in Verzug (für Privatleute gilt das aber nur, wenn sie ausdrücklich darauf hingewiesen wurden – z.B. mit einem Aufdruck auf der Rechnung). Wenn ein Zahlungsziel eingeräumt wird, versucht der Zahlungsempfänger oft durch die Gewährung von → Skonto einen Anreiz zu geben, dass die Rechnung bereits frühzeitig beglichen wird. Auch die Vereinbarung des Einzugs der Rechnung über die → BAG gehört zu den Zahlungsbedingungen. Darüber hinaus gibt es noch die Möglichkeit der periodischen Abrechnung. In einem festgelegten Rhythmus (meist monatlich) werden die zwischenzeitlich angefallenen Rechnungen und Gutschriften zu einem Saldo zusammengefasst, der dann innerhalb einer bestimmten Frist (z.B. 20 Tage) auszugleichen ist. Dieses Verfahren ähnelt letztlich dem → Monatskonto, wie es die Sortimenter für Endkunden anbieten.

Zeilenabstand (ZAB) → Mikrotypografie

Zeitschriften
Zeitschriften sind periodische Publikationen (→ Periodika). Sie erscheinen in gedruckter Heftform oder im Internet als elektronische Veröffentlichung. Allen gemeinsam ist ein übergeordneter Titel mit Jahrgangs- und Einzelheftzählung. Ein großer Teil sind Wochen- und Monatszeitschriften, es gibt aber auch solche, die nur ein bis zweimal im Jahr erscheinen. Sie enthalten einzelne Beiträge verschiedener → Autoren, die von einer Redaktion zusammengestellt werden; der verantwortliche Chefredakteur muss im → Impressum genannt sein. Anders als Tageszeitungen oder Bücher richten sich Zeitschriften an eine bestimmte Zielgruppe. Man kann sie einteilen in Publikumszeitschriften, Fachzeitschriften und konfessionelle Zeitschriften. Ihre Vertriebsstruktur ist anders als bei Büchern, hier gibt es den → Pressegrosso. Nicht alle Buchhandlungen führen Zeitschriften, bestellen aber für ihre Kunden Einzel- oder Probehefte. Wichtige Bibliografien sind der → Banger und die Zeitschriftendatenbank im Internet.

Zeitschriftenagenturen
Für den Bezug von Zeitschriften aus dem Ausland gibt es eigene Anbieter, die so-

genannten Zeitschriftenagenturen, die auf die Verwaltung von Abonnements spezialisiert sind. Ihre Dienstleistungen bieten sie sowohl Großabnehmern wie → Bibliotheken als auch dem Sortimentsbuchhandel für die Betreuung seiner Kunden an.

Zeitschriftenvertrieb
Die Vertriebsorganisation hängt hier vor allem vom Genre der → Zeitschriften ab. Publikumszeitschriften werden deutschlandweit über ca. 80 Grossobetriebe an die ca. 120.000 Presseverkaufsstellen transportiert. Verschiedene Kulturzeitschriften aber auch die Wochenzeitung DIE ZEIT beziehen die Sortimentsbuchhandlungen daher bei den Pressegrossisten. Das bedeutet, dass die Verlage ihr originäres Dispositionsrecht an die Pressegrossisten übertragen, bei denen man infolgedessen von einem derivaten Dispositionsrecht spricht. Der Vorteil dieser Vertriebsorganisation besteht in der sogenannten Marktorientierten Bezugsregulierung (MoB). Mithilfe einer Vielzahl von Daten aus der Vergangenheit, die regionale, saisonelle aber auch aktuelle Ereignisse wie sportliche oder kulturelle Großereignisse miteinbeziehen, wird versucht, die Bezugsmenge so zu steuern, dass immer genau ein Heft als Remissionsexemplar beim Sortimenter verbleibt. Das bedeutet, dass die Objekte im Verkaufszeitraum einer Erscheinungsnummer im Verkauf präsent bleiben, und es bedeutet zugleich, dass die Null-Remission einerseits durch Nachlieferung und andererseits bei der Bezugsmengenregulierung der Folgenummer vermieden wird. Die Null-Remission hat – entgegen dem Anschein, dass man genau die Bedarfsmenge gedeckt hat – den Nachteil, dass nicht ersichtlich ist, ob noch weitere Nachfrage unbefriedigt geblieben ist. Eine weitere Besonderheit neben dem Remissionsrecht besteht in der Möglichkeit der Preisbindung. Das Gesetz gegen Wettbewerbsbeschränkungen erlaubt im Paragraf 30 Unternehmen, die Zeitungen und Zeitschriften herstellen, „bei der Weiterveräußerung bestimmte Preise zu vereinbaren oder ihren Abnehmern die gleiche Bindung bis zur Weiterveräußerung an den letzten Verbraucher aufzuerlegen".
Soweit nicht wissenschaftlich spezialisierte Buchhandlungen Fachzeitschriften ihrer Klientel anbieten, läuft der Bezug der ca. 30.000 deutschen Fachzeitschriften hingegen fast ausschließlich über die Abonnentenschiene direkt vom → Verlag zum Leser über das relativ kostengünstige Postvertriebsstück der Pressedistribution der Deutschen Post.

Zentrallager
Als Zentrallager bezeichnet man den Ort, an dem ein Filialist seine Waren zur Weiterlieferung an die einzelnen Filialen zwischenlagert. Da die Einrichtung eines eigenen Zentrallagers mit erheblichen Kosten verbunden ist, sind die großen Filialisten dazu übergegangen, dieses Zentrallager von

Dienstleistungsunternehmen führen zu lassen. Diese sind üblicherweise im → Zwischenbuchhandel angesiedelt. In der Praxis ist es in der Regel das Hauptbarsortiment des Filialisten, das das Zentrallager unterhält und die einzelnen Filialen beliefert. Den damit verbundenen Rationalisierungs- bzw. Kosteneinsparungseffekt haben inzwischen auch kleinere Buchhandlungen, die sich zu Einkaufsgenossenschaften (z.B. → eBuch) zusammenschlossen, erkannt und haben vergleichbare Modelle realisiert.

Zielgruppe

In unserer zersplitterten Gesellschaft ist eine Massenmarktstrategie nur noch bei sehr wenigen Produkten möglich, an die alle gesellschaftlichen Gruppen die gleichen Anforderungen stellen. Ansonsten ist es notwendig, seine Marketingaktivitäten an den Bedürfnissen von Zielgruppen zu orientieren. Zu den Verfahren, die bei der Bildung und Beschreibung von Zielgruppen zum Einsatz kommen, mehr unter → Marktsegmentierung. Wenn nur eine oder wenige einander sehr ähnliche Zielgruppen einheitlich angesprochen werden, fährt das Unternehmen eine konzentrierte Marketingstrategie. Bei mehreren, sich stärker unterscheidenden Zielgruppen muss eine differenzierte Marketingstrategie angewendet werden, damit die einzelne Zielgruppe entsprechend individuell angesprochen werden kann.

Zugaben

Nach dem → Preisbindungsgesetz ist es möglich, den Kunden mit einer geringwertigen Zugabe entgegenzukommen. Es handelt sich dabei um andere Waren als preisgebundene Bücher, die dem Kunden als Dank für seinen Kauf geschenkt werden. Im Gegensatz zum Werbegeschenk sind die Zugaben unmittelbar an den Kauf gekoppelt. Als Grenze, wann eine Zugabe noch als geringwertig anzusehen ist, gelten 2-Prozent des Umsatzes. Der Buchhändler darf anstelle der Zugabe beim einzelnen Kauf auch ein Kundenbindungssystem einrichten, bei dem der Kunde Punkte erhält und er bei Erreichen einer gewissen Punktzahl aus einem feststehenden Prämienpool auswählen darf. Allerdings darf auch unter Berücksichtigung des Kumulierungseffekts wiederum die 2 Prozent-Grenze nicht überschritten werden. Sogenannte Payback-Systeme, bei denen der Kunde mit seinen gesammelten Punkten eine Verbilligung bei künftigen Käufen erreichen kann, sind bei preisgebundenen Büchern unzulässig. Bei nicht preisgebundenen Waren steht es dem Sortimenter frei, welchen Wert seine Zugaben haben.

Zweit- bzw. Mehrfachverwertung

Im Rahmen der → Nebenrechte eine zu verhandelnde Verwertungsform, zum Beispiel, wenn der Text eines Romans in der Folge einer Romanverfilmung noch einmal als „Buch zum Film“ mit berühmten Schauspielern auf dem Cover werbewirksam vermarktet wird. Eine Mehrfachverwertung ist dann erreicht, wenn beispielsweise ein Roman übersetzt, verfilmt, für das Theater dramaturgisiert (→ Dramaturgisierung) oder für das → Hörbuch bzw. Hörspiel im Hörfunk eingerichtet wird.

Zwiebelfische
So heißen fälschlich aus anderen Schriften gesetzte Buchstaben in einem Buch oder durcheinanderliegende Buchstaben verschiedener Schrifttypen.

Zwischenbuchhandel
Der Zwischenbuchhandel ist eigentlich, wie es der Name schon ausdrückt, die zwischen Hersteller und Wiederverkäufer liegende Handelsstufe. Zu ihm gehören der Buchgroßhandel und der Importeur, also Unternehmen, die im eigenen Namen und auf eigene Rechnung liefern. Darüber hinaus werden dem Zwischenbuchhandel auch die → Bestellanstalt, die → Verlagsauslieferung, der → Büchersammelverkehr zugerechnet, also die sogenannten Kommissionäre, die im fremden Namen und auf fremde Rechnung handeln. Die VeO definiert in § 1 Nr. 2 und 3 die Begriffsbestimmungen für den Zwischenbuchhandel.

Z

Verkehrsordnung für den Buchhandel

§ 1 Begriffsbestimmungen

1. Die Begriffsbestimmungen für den herstellenden Buchhandel, im Folgenden kurz „Verlag" genannt, den verbreitenden Buchhandel, im Folgenden kurz „Sortiment" genannt, sowie den Zwischenbuchhandel ergeben sich aus der Satzung des Börsenvereins. „Abnehmer" sind Buchhandlungen und Buchgroßhandlungen.
2. Importeur ist ein Unternehmen insbesondere aus dem Bereich des Sortiments oder des Zwischenbuchhandels, das Werke im Sinne von Ziffer 4 Satz 1 aus dem Ausland zum Zwecke des Weiterverkaufs einführt.
3. Für den Zwischenbuchhandel finden folgende Begriffsbestimmungen Anwendung:
   a) Buchgroßhandlungen sind Barsortimente und andere Unternehmen, die im eigenen Namen und auf eigene Rechnung Gegenstände des Buchhandels von den Verlagen kaufen, ein eigenes Lager unterhalten und an Sortimente verkaufen sowie Dienstleistungen erbringen.
   b) Der buchhändlerische Kommissionär handelt im Auftrag, im Namen und für Rechnung des Verlages, des Sortiments oder beider. Buchhändlerischer Kommissionär einer Firma ist der im Adressbuch für den deutschsprachigen Buchhandel oder im BÖRSENBLATT (s. Ziffer 8) bekannt gegebene Kommissionär, solange ein Kommissionswechsel oder die Kommissionsaufgabe nicht gemäß § 2 angezeigt worden ist.
   c) Der Sortiments-Kommissionär fasst Dienstleistungen im Rahmen des buchhändlerischen Bestell- und Lieferverkehrs zusammen. Als Bücherwagen-Dienst übernimmt der Sortiments-Kommissionär im Auftrag des Sortiments-Kommittenten die Übernahme und die Zustellung von Gegenständen des Buchhandels von Verlagen bzw. deren Auslieferung (Beischlüsse) und fasst sie ggf. mit Sendungen der Barsortimente gleichrangig zusammen. Er übernimmt die Abholung von Remittenden bei den Sortiments-Kommittenten und deren Zustellung an die Verlage bzw. deren Auslieferungen entsprechend der Versandanweisung des Sortiments-Kommittenten. Als Bestellanstalt leitet er im Auftrag des Sortiments-Kommittenten dessen Bestellungen an die Verlage bzw. deren Auslieferungen weiter.
   d) Der Verlags-Kommissionär liefert aus dem von ihm verwalteten Auslieferungslager im Auftrag, für Rechnung und nach Weisungen der Verlags-Kommittenten aus (Verlagsauslieferung).
   e) Buchgroßhandlungen, Sortiments-Kommissionäre und Verlags-Kommissionäre erfüllen, ungeachtet der Zusammenfassung von Dienstleistungen, in sich selbstständige und voneinander klar abgegrenzte Funktionen.

4. „Werke“ sind alle Gegenstände des Buchhandels sowie des Zeitschriften- und Kunsthandels, die der Verlag herstellt oder verbreitet. „Gegenstände des Buchhandels“ sind alle Erzeugnisse der Literatur, Tonkunst, Kunst, Kartografie und Fotografie, die durch ein grafisches, phonografisches, fotografisches, fotomechanisches, optisches, magnetisches, digitales oder vergleichbares bestehendes oder neues Verfahren vervielfältigt sind, wie z.B. Bücher, Zeitschriften, Musikalien, Tonträger einschließlich Hörbücher, Daten- oder Bildträger (insbesondere CD-ROM und DVD), Kunstblätter, Kalender, Diapositive, Atlanten, Landkarten, Globen, Schulwandbilder und andere diesen Begriffsbestimmungen entsprechende Lehr- und Lernmittel.
5. „Gebundener Ladenpreis“ ist der vom Verlag oder vom Importeur für den Verkauf an den Endabnehmer festgesetzte Verkaufspreis, „unverbindlich empfohlener Preis“ ist der Preis, den der Verlag für den Verkauf an Endabnehmer empfiehlt, „Abgabepreis“ ist der dem Abnehmer berechnete Preis des Verlages-Verkehrsordnung für den Buchhandel in der Fassung vom 9. November 2006 2 oder des Importeurs. Alle diese Preise enthalten die gesetzliche Mehrwertsteuer. Rabatte und Skonti beziehen sich auf Preisangaben einschließlich der gesetzlichen Mehrwertsteuer.
6. Als „Erscheinungstermin“ eines Werkes gilt der Tag, an dem der Verlag mit der Auslieferung beginnt.
7. Als „Erstverkaufstag“ gilt der vom Verlag festgesetzte Tag, an dem ein Werk erstmals ausgestellt und/oder an Endabnehmer verkauft werden darf.
8. Offizielles Mitteilungs- und Veröffentlichungsorgan des Börsenvereins ist die Verbandszeitschrift „BÖRSENBLATT“ (derzeitiger Titel: „börsenblatt – Wochenmagazin für den deutschen Buchhandel“). Sie erscheint in einer Druckausgabe und ist in einer Online-Version im Internet abrufbar (z. Zt. unter www.mvb-boersenblatt.de).

§ 2 Bekanntmachungen

Die in dieser Verkehrsordnung aufgeführten buchhändlerischen Anzeigen und Mteilungen über geschäftliche Vorgänge, Veränderungen und dergleichen gelten als ordnungsgemäß erfolgt, wenn sie im BÖRSENBLATT veröffentlicht worden sind.

Solange eine anzuzeigende Tatsache nicht in dieser Weise bekannt gemacht ist, kann sie vom Anzeigepflichtigen einem Dritten nicht entgegengehalten werden, es sei denn, dass sie diesem nachweislich bekannt
ist.

§ 3 Bezugsbedingungen

1. Der Verlag setzt die Bezugsbedingungen unter Berücksichtigung der jeweiligen Funktion des Abnehmers fest. Dabei trifft ihn gemäß § 6 BuchPrG in dreierlei Hinsicht im Interesse des Erhalts der Preisbindung die Pflicht, sachlich ungerechtfertigte Benachteiligungen seiner Abnehmer zu vermeiden, nämlich
   – gemäß § 6 Abs. 1 gegenüber kleineren Buchhandlungen („Verlage müssen bei der Festsetzung ihrer Verkaufspreise und sonstigen Verkaufskonditionen gegenüber Händlern den von kleineren Buchhandlungen erbrachten Beitrag zur flächendeckenden Versorgung mit Büchern sowie ihren buchhändlerischen Service angemessen berücksichtigen. Sie dürfen ihre Rabatte nicht allein an dem mit einem Händler erzielten Umsatz ausrichten.“)
   Eine individuelle Konditionenspreizung findet ihre Grenzen dort, wo Marktteilnehmer wegen ihrer Marktstellung ohne sachlich gerechtfertigten Grund bevorzugt oder benachteiligt werden.
   – gemäß § 6 Abs. 2 gegenüber dem Buchhandel in Beziehung zu Abnehmern in Nebenmärkten („Verlage dürfen branchenfremde Händler nicht zu niedrigeren Preisen oder günstigeren Konditionen beliefern als den Buchhandel.“)
   – gemäß § 6 Abs. 3 gegenüber den Barsortimenten („Verlage dürfen für Zwischenbuchhändler keine höheren Preise oder schlechteren Konditionen festsetzen als für Letztverkäufer, die sie direkt beliefern.“).
2. Sofern der Verlag nicht allgemein oder im Einzelfall besondere Bedingungen vorgeschrieben hat, gelten die in den nachstehenden Bestimmungen enthaltenen Regeln als Bezugsbedingungen. Änderungen seiner Bezugsbedingungen muss der Verlag den Abnehmern so frühzeitig mitteilen, dass die Abnehmer darauf reagieren können. Einzelvertragliche Bezugsbedingungen bleiben hiervon unberührt.
3. Änderungen und Aufhebungen von gebundenen Ladenpreisen, auch der Sonderpreise und der Sonderbedingungen, muss der Verlag mit einer Vorlauffrist von 14 Tagen im BÖRSENBLATT oder seinen Abnehmern direkt anzeigen. In gleicher Weise sollen die Ladenpreise von Neuerscheinungen (§ 9) und Ladenpreisänderungen bei Neuauflagen (§ 13) angezeigt werden. Verkehrsordnung für den Buchhandel in der Fassung vom 9. November 2006 3
4. Führen die Bezugsbedingungen dazu, dass der gebundene Ladenpreis eines Werkes, welches nicht über Buchgroßhandlungen oder andere bündelnde Verkehrswege beziehbar ist, unter dem Einstandspreis („Abgabepreis“ des Verlages zzgl. Kosten der Warenbeschaffung) liegt, ist der Abnehmer berechtigt, die Rechnung um den entsprechenden Betrag zu kürzen.
5. Die Vergünstigungen bei Partiebezügen gelten nur, wenn die dafür vorgesehene Stückzahl auf einmal bestellt wird. Gestattet der Verlag eine Partieergänzung,

so ist diese nur innerhalb eines Zeitraumes bis zu sechs Monaten zulässig. Der Erstbezug ist bei Bestellung anzugeben.

6. Erhöht der Verlag oder der Importeur die Preise, sind alle bis zum Stichtag aufgegebenen Bestellungen zum alten Preis auszuführen. Bei Preissenkungen sind die Bestellungen ab Stichtag zum neuen Preis auszuführen.
7. Hebt der Verlag oder der Importeur gebundene Ladenpreise auf oder setzt er Ladenpreise herab oder trifft er Maßnahmen, die einer Aufhebung des Ladenpreises gleichkommen, so ist er verpflichtet, innerhalb der letzten 12 Monate durch den Abnehmer bezogene und dort vorrätige Exemplare gegen Erteilungeiner Gutschrift in voller Höhe und ohne Erhebung einer Bearbeitungsgebühr zurückzunehmen. Bei Lieferungen über Buchgroßhandlungen erfolgt die Remission über diese. Maßgebend für die Frist ist der Zeitpunkt der ordnungsgemäßen Bekanntgabe der Preisherabsetzung. Die remittierten Exemplare bleiben, vorbehaltlich eines noch bestehenden Eigentumsvorbehalts des Lieferanten, bis zur Erteilung der Gutschrift Eigentum des Abnehmers.
8. Bei Preisherabsetzungen kann der Verlag oder der Importeur statt der Rücknahme dem Abnehmer auch den Unterschied der Abgabepreise vergüten, wobei diese nach dem ursprünglich gewährten Rabattsatz zu berechnen sind.
9. Der Anspruch des Abnehmers auf Rücknahme muss beim Verlag oder beim Importeur innerhalb von sechs Wochen ab Bekanntgabe der Preisaufhebung oder -herabsetzung geltend gemacht werden. Für Buchgroßhandlungen gilt eine Frist von drei Monaten. Auf Verlangen des Verlages oder des Importeurs muss der Abnehmer die Voraussetzungen für die Remission gemäß Ziffer 7 durch Angabe der Bezugsdaten nachweisen.
10. Der Übergang von Verlagsrechten an Werken von einem Verlag auf einen anderen sowie die damit etwa vorgenommenen Änderungen der gebundenen Ladenpreise sind vom erwerbenden Verlag unverzüglich im BÖRSENBLATT zu veröffentlichen oder seinen Abnehmern direkt mitzuteilen. Der erwerbende Verlag ist gehalten, die zwischen dem veräußernden Verlag und dem Abnehmer vereinbarten Bezugsbedingungen zu übernehmen, soweit es sich um Rechtsfolgen aus bereits geschlossenen Verträgen handelt.
11. Subskriptionspreise gelten für den Abnehmer bis zu sieben Werktage nach Ablauf der für den Endabnehmer verbindlichen Subskriptionsfrist.
12. Fest gelieferte Werke bleiben bis zur vollständigen Bezahlung Eigentum des liefernden Verlages. Solange der Eigentumsvorbehalt besteht, darf der Abnehmer die Werke nur im ordnungsgemäßen Geschäftsbetrieb veräußern und ohne Zustimmung des Verlages weder verpfänden noch zur Sicherheit übereignen.

§ 4 Änderungen der Bezugsbedingungen

1. Eine Bestellung kann zu veränderten Bezugsbedingungen nur ausgeführt werden, wenn diese rechtzeitig im BÖRSENBLATT oder dem Abnehmer direkt mitgeteilt worden sind. Aufhebung oder Einschränkung der offenen Rechnung gilt in diesem Fall nicht als Änderung der Bezugsbedingungen.
2. Bei Lieferung von Fortsetzungswerken ist der Verlag gegenüber dem Abnehmer der früheren Teile des Werkes zur Änderung seiner Bezugsbedingungen für das Werk nur berechtigt, wenn sich im Laufe eines mehrjährigen Lieferzeitraumes schwerwiegende Umstände ergeben haben, die im Zeitpunkt der Bestellung weder vom Verlag noch vom Abnehmer vorausgesehen werden konnten und die auch unter Verkehrsordnung für den Buchhandel in der Fassung vom 9. November 2006 4 Berücksichtigung der Interessen des Abnehmers ein Festhalten an den bisherigen Bezugsbedingungen für den Verlag billigerweise unzumutbar machen.
   Das Gleiche gilt auch für in Subskription bestellte Werke ohne Rücksicht darauf, ob es sich um Fortsetzungswerke handelt. Der neue Jahrgang, Band usw. eines periodisch erscheinenden Werkes gilt nicht als Fortsetzung im Sinne vorstehender Bestimmung.
3. Bei Zeitschriften ist eine Änderung der Bezugsbedingungen nur zum Ablauf des Bezugszeitraums mit mindestens zweimonatiger Vorankündigung möglich. Der Verlag ist jedoch berechtigt, die Bezugsbedingungen jederzeit zu ändern, wenn der Abnehmer die ihm gegenüber eingegangenen Verpflichtungen aus Lieferungsverträgen im allgemeinen geschäftlichen Verkehr nicht erfüllt hat.

§ 5 Bestellungen

1. Für die Rechtsgültigkeit einer Bestellung genügt die Verwendung von Bestellformularen (Bestellzettel), welche die Firma des Abnehmers aufgedruckt oder aufgestempelt tragen. Bei elektronischer Bestellung genügt eine eindeutig identifizierbare Absenderangabe.
2. Kann eine Bestellung nicht in einer dem Charakter der Bestellung angemessenen Frist ausgeführt werden, so hat der Verlag dem Abnehmer die Lieferungszeit unverzüglich mitzuteilen. Ist er dazu außerstande, so hat er vor Ausführung der Bestellung beim Abnehmer unmittelbar anzufragen, ob die Bestellung noch ausgeführt werden soll. Nichtbeantwortung dieser Anfrage innerhalb von zwei Wochen gilt als Zustimmung zur Ausführung der Bestellung. Hat der Verlag eine wesentliche Lieferungsverzögerung nicht mitgeteilt, so hat er die verspätete Lieferung auf Verlangen und eigene Kosten zurückzunehmen.

3. Angemahnte Bestellungen müssen den deutlich erkennbaren Zusatz „wiederholt“ oder „Reklamation“ enthalten sowie das Datum, den Inhalt und den Bestellweg der ersten Bestellung.
4. Der Bezug des ersten Teiles eines Werkes (Band, Lieferung, Nummer) verpflichtet zur Abnahme der später erscheinenden Teile, falls der Verlag dies in seinen Ankündigungen unmissverständlich zum Ausdruck gebracht hat und diese Verpflichtung auf den beigefügten Rechnungen oder Lieferscheinen auffällig und zweifelsfrei ausgedruckt oder sonst auf andere Weise vermerkt ist (Ausnahme: §§ 7 und 8).
5. Der Verlag hat das Bestelldatum und das Bestellzeichen auf Lieferschein und Rechnung anzugeben. Bei Unklarheiten hat der Verlag unverzüglich den Nachweis der ordnungsgemäßen Bestellung zu führen.
6. Bestellungen gelten grundsätzlich als fest, wenn sie nicht zweifelsfrei anders bezeichnet sind.
7. Beim Verlag direkt eingehende Bestellungen von Endabnehmern, die einem Abnehmer durch Lieferung zur Ausführung überwiesen werden, gelten als Bestellung dieses Abnehmers, falls er dieser Regelung grundsätzlich zugestimmt hat.
8. Die Kosten der traditionellen Bestellübermittlung (per Post oder Telefax) trägt der Abnehmer.
9. Ist ein Werk in verschiedenen Einbandarten (Ausstattungen) lieferbar, ist bei Fehlen detaillierter Bestellangaben, z.B. ISBN, grundsätzlich die preisniedrigste gebundene Ausgabe zu liefern. Entsprechendes gilt, wenn ein elektronisches Werk in verschiedenen Ausstattungen angeboten wird.
10. Der Verlag soll den EAN-Code und die ISBN gut lesbar auf dem Werk oder dessen Umhüllung vermerken.

§ 6 Genehmigte Remission und Rücknahmepflicht des Verlages

1. Liefert der Verlag Werke mit Remissionsrecht (RR), so hat er auf der Rechnung den Termin anzugeben, bis zu welchem er die Rücksendung gestattet; diese Frist soll in der Regel nicht weniger als Verkehrsordnung für den Buchhandel in der Fassung vom 9. November 2006 5 zwei Monate betragen. Der vereinbarte Termin ist einzuhalten. Entscheidend ist das Absendedatum. Mit Umtauschrecht anstelle von RR darf der Verlag nur nach vorheriger Zustimmung des Abnehmers liefern. Die Gutschrift für die Rücksendung ist in voller Höhe zu erteilen.
2. Bei Rücksendung aus Festbezügen gilt folgendes:
   a) Rücksendungen aus Festbezügen sind nur nach vorheriger Genehmigung oder im Rahmen von Sondervereinbarungen zulässig.
   b) Genehmigte Remittenden sind im verlagsneuen Zustand innerhalb von vier Wochen abzusenden. Gefahr und Transportkosten gehen zu Lasten des Abneh-

mers. Bearbeitungsgebühren oder Rabattkürzungen seitens des Verlages sind nur nach ausdrücklicher vorheriger Vereinbarung zulässig.

c) Beanstandungen müssen unverzüglich, spätestens jedoch innerhalb von vier Wochen, gegenüber dem Abnehmer geltend gemacht werden.

3. Das Fehlen der Originalverpackung berechtigt den Verlag nicht, Rücksendungen zurückzuweisen, wenn ihr sonstiger Zustand einwandfrei ist. Er kann aber in solchem Fall die Selbstkosten für die fehlende Originalverpackung fordern.
4. Der Verlag ist zur Rücknahme fest bestellter Werke nur in den in diesem Paragrafen und in den §§ 5, 8, 9, 11, 12, 13 und 14 aufgeführten Fällen verpflichtet. Bei genehmigter Rücknahme oder genehmigtem Umtausch infolge irrtümlicher Bestellung trägt der Abnehmer die Kosten für Hin- und Rücksendung. Der Verlag ist berechtigt, zum Ausgleich seiner innerbetrieblichen Kosten eine angemessene Bearbeitungsgebühr zu verlangen.
5. Der Verlag ist verpflichtet, das Gelieferte innerhalb von zwei Monaten vom Tag der Lieferung an zurück zu nehmen und die Kosten für Hin- und Rücksendung zu tragen, wenn er entweder

a) irrtümlich fest ein anderes als das bestellte Werk geliefert hat oder

b) die Absendung schuldhaft verzögert hat oder

c) eine ausdrücklich gestellte Lieferfrist nicht eingehalten oder sonstige Vorbehalte, z.B. Preisgrenzen, nicht berücksichtigt hat oder

d) zu einem neuen, wesentlich erhöhten Ladenpreis geliefert und wenn er oder der Importeur die Preiserhöhung nicht ordnungsgemäß zuvor bekannt gegeben hat.

In den Fällen a) bis d) kann der Abnehmer binnen vier Wochen nach Eingang der Sendung Rücknahme verlangen. Er hat nur Anspruch auf Aufhebung der Bestellung und Rücknahme der Lieferung, kann jedoch zum Ausgleich seiner innerbetrieblichen Kosten eine angemessene Bearbeitungsgebühr verlangen.

§ 7 Zeitschriften

1. Zeitschriften sind periodisch erscheinende Druckwerke mit mindestens zwei Ausgaben jährlich in gleicher Form und Aufmachung. Das Redaktionskonzept mit einer kontinuierlichen und universellen Stoffdarbietung ist auf bestimmte Zielgruppen ausgerichtet, vom breiten Publikum bis hin zu Spezialisten. Zeitschriften enthalten Beiträge mehrerer Autoren, sind für eine unbegrenzte Erscheinungsdauer konzipiert und können im voraus für einen längeren Zeitraum abonniert werden. Sie haben üblicherweise sowohl einen Einzelbezugspreis als auch einen Abonnementpreis.

2. Bei der Lieferung von Zeitschriften an den Abnehmer darf der Verlag diesen gegenüber den direkten Beziehern zeitlich nicht benachteiligen. Verkehrsordnung für den Buchhandel in der Fassung vom 9. November 2006 6
3. Zur Fortsetzung ohne bestimmte Zeitangabe bestellte Zeitschriften werden bis zur Abbestellung geliefert, Verlage, die zu jedem Berechnungsabschnitt Neubestellungen wünschen, haben rechtzeitig hierzu aufzufordern.
4. Bei Zeitschriften sind grundsätzlich der Bezugszeitraum und die vom Verlag im Impressum oder auf andere Weise mitgeteilten Kündigungsfristen bindend. Abonnentenaufträge, die ohne zeitliche Begrenzung erteilt werden, verlängern sich automatisch um den jeweils nächsten Bezugszeitraum. Soweit Kunden des Abnehmers erst in den letzten 14 Tagen vor dem festgelegten Kündigungstermin das Abonnement bei diesem kündigen, verlängern sich die Kündigungsfristen bis zu sieben Werktagen.
5. Der Abnehmer kann das Abonnement aus wichtigem Grund kündigen, wenn der Kunde verstorben ist, Zahlungsunfähigkeit vorliegt oder eine Zustellung nachweisbar nicht erfolgen kann. Für die bis zum Zugang einer solchen Kündigung beim Verlag bereits durchgeführten Lieferungen erfolgen keine Gutschriften oder Rückerstattungen, wohl aber für später erscheinende, vorausbezahlte Exemplare.

§ 8 Fortsetzungswerke

1. Fortsetzungswerke im Sinne dieser Bestimmung sind Publikationen, die in mehreren Teilen, in mehr oder weniger regelmäßigen Abständen und nicht mit auf einen Zeitraum festgelegten Laden- oder Subskriptionspreis erscheinen. Dabei ist es unerheblich, ob Teile des Fortsetzungswerkes auch einzeln erhältlich sind.
2. Ist dem Abnehmer der weitere Absatz eines zur Fortsetzung auch in Subskription erhaltenen Werkes an den bisherigen Kunden infolge höherer Gewalt oder deshalb unmöglich geworden, weil dieser gestorben, zahlungsunfähig geworden, unbekannten Aufenthaltes oder aus rechtlichen Gründen von seiner Abnahmepflicht frei geworden ist, so muss der Verlag den nicht mehr absetzbaren Teil zurücknehmen, wenn ihm die Unmöglichkeit des Absatzes innerhalb von drei Monaten nach Eingang der letzten Lieferung mitgeteilt und auf Verlangen die letzte Anschrift des Kunden bekannt gegeben worden ist. Die vom Kunden nicht abgenommene Lieferung ist innerhalb der gleichen Frist an den Verlag zurückzusenden.
3. Im Fall der Rücknahme des nach Ziffer 2 nicht mehr absetzbaren Teiles eines in Subskription gelieferten Fortsetzungswerkes ist der Verlag nicht berechtigt, dem Abnehmer den Differenzbetrag zwischen dem subskriptionspreisbezogenen Ab-

gabepreis des Werkes und dem auf Basis des regulären gebundenen Ladenpreises berechneten Abgabepreis nach zu belasten.
4. Die Abnahmepflicht erlischt, falls der Kunde die weitere Abnahme verweigert, weil das Fortsetzungswerk in angemessener Frist nicht abgeschlossen und/oder der in Aussicht gestellte Umfang der weiteren Lieferungen und/oder deren gebundene Ladenpreise gegenüber dem gebundenen Ladenpreis der ersten Lieferung so erheblich überschritten bzw. erhöht werden, dass dem Kunden die Abnahme billigerweise nicht zugemutet werden kann.

§ 9 Neuerscheinungen und unverlangte Sendungen
1. Als Neuerscheinungen gelten Werke, die zum ersten Mal oder in neuer Auflage (§ 13) veröffentlicht werden.
2. Neuerscheinungen dürfen unverlangt nur an Abnehmer versandt werden, die solche Sendungen grundsätzlich erbeten haben.
3. Verlagswerke, die keine Neuerscheinungen sind, dürfen unverlangt nicht zugesandt werden.
4. Für unverlangte Sendungen trägt der Verlag Gefahr und Kosten der Hin- und Rücksendung sowie weitere angemessene, beim Abnehmer entstandene Kosten.

§ 10 Inhalt und Gewicht der Sendung
1. Der Inhalt einer Sendung gilt als mit der Rechnung übereinstimmend, falls der Abnehmer dem Absender nicht spätestens innerhalb von 14 Tagen nach Eingang der Sendung die Abweichung anzeigt.
2. Die einzelnen Packstücke sollen ein Gewicht von 15 kg nicht überschreiten.

§ 11 Beschädigte und fehlerhafte Werke
1. Ist ein Werk offensichtlich vor der Versendung durch den Verlag schadhaft geworden (z.B. angestoßene Einbände, Flecken und dgl.), so hat der Verlag dieses Mängelexemplar auf seine Kosten umzutauschen oder zurückzunehmen, sofern der Abnehmer dem Verlag die Beschädigung unverzüglich nach Eingang des Werkes anzeigt.
2. Defekte Exemplare (Exemplare mit Herstellungsfehlern) sind auf Verlangen kostenlos zurückzunehmen, umzutauschen oder bei vom Käufer gewünschter Minderung anteilig gutzuschreiben, ggf. nach den Vorschriften der „Vereinfachten Remission“. Ist der Verlag zum Umtausch oder zur Ersatzlieferung außerstande, so hat er das Werk auf seine Kosten zurückzunehmen, auch wenn es bereits gebraucht oder vom Käufer individuell bearbeitet wurde.
3. Die ausdrückliche und deutlich hervorgehobene Bemerkung „Vor Absendung verglichen“ auf der Rechnung für eine Sendung, die Seltenheiten des Antiquari-

atsbuchhandels, Luxusdrucke, Tafeldrucke u.a. enthält, verpflichtet den Abnehmer zur unverzüglichen Prüfung des Inhalts der Sendung auf offensichtliche und heimliche Mängel. Unterlässt er die Mängelanzeige, so verliert er das Recht, das gelieferte Werk wegen später entdeckter Mängel zu beanstanden.

§ 12 Sendungen unter Vorbehalt

1. Werden bestellte Werke unter einem Vorbehalt (z.B. Abnahmeverpflichtung für noch nicht erschienene Bände) geliefert und ist dies auf der Rechnung auffällig und unzweideutig vermerkt, so gilt die Sendung als angenommen und der Vorbehalt als genehmigt, wenn der Abnehmer nicht unverzüglich nach Empfang der Sendung widerspricht. Im Falle des Widerspruchs hat der Verlag die Sendung zurückzunehmen; der Abnehmer hat sie dem Verlag nach Aufforderung unverzüglich zuzustellen. Der Verlag trägt Gefahr und Kosten der Hin- und Rücksendung.
2. Die Bemerkung auf der Rechnung, dass das Werk nur in Originalverpackung zurückgenommen wird, gilt nicht als Vorbehalt im Sinne dieser Bestimmung, vielmehr ist in einem solchen Fall § 6 Ziffer 3 sinngemäß anzuwenden.

§ 13 Lieferung neuester Auflagen

1. Bestellte Werke sind in neuester Auflage und in vollständigen und unbeschädigten Exemplaren zu liefern.
2. Steht das Erscheinen einer in Inhalt oder Ausstattung wesentlich veränderten neuen Auflage binnen acht Wochen ab Eingang der Bestellung bevor, so ist der Abnehmer hierauf hinzuweisen und die Bestellung nur bei ausdrücklicher Aufrechterhaltung auszuführen. Wird ohne vorherige Ankündigung geliefert, so ist der Abnehmer zur Rückgabe binnen 14 Tagen nach Erscheinen der veränderten Auflage berechtigt.

§ 14 Eingeschränkt vertriebene Parallelausgaben

Beabsichtigt der Verlag die Veröffentlichung einer nicht für das gesamte Sortiment bestimmten und über dieses vertriebenen, in anderer Ausstattung und zu einem gegenüber dem Preis der lieferbaren Buchhandelsausgabe erheblich geringeren Ladenpreis angebotenen Ausgabe des Werkes, so ist der Abnehmer der Buchhandelsausgabe hierauf so früh wie möglich hinzuweisen, spätestens jedoch 14 Tage vor Erscheinen dieser Ausgabe. In diesem Fall kann er die innerhalb der letzten 12 Monate bezogenen und dort vorrätigen Exemplare der Buchhandelsausgabe gegen Erteilung einer Gutschrift in voller Höhe und ohne Erhebung einer Bearbeitungsgebühr zurücksenden. Bei Bezug über Buchgroßhandlungen erfolgt die Remission über diese. Im Übrigen gilt § 3 Ziffer 7 und 9 entsprechend.

§ 15 Versandwege

1. Der Abnehmer schreibt Art und Wege der Versendung generell oder für den Einzelfall vor. Fehlt eine Vorschrift hierüber, muss der Verlag eingehende Bestellungen auf Kosten des Abnehmers auf dem nach seinem Wissen günstigsten Wege ausführen. Berechnet werden die reinen Porto- bzw. Frachtkosten. Verpackung wird grundsätzlich nicht berechnet. Lieferrückstände einzelner Exemplare sind frei nachzuliefern.
2. Wenn nichts anderes vereinbart ist, werden Sendungen über den Sortiments-Kommissionär geliefert. Nach Vereinbarungen zwischen Verlag und Sortiments-Kommissionär können die Sendungen den Sortiments- Kommissionären kostenfrei zugestellt oder von diesen an einem Auslieferungsplatz des Verlages gegen Entgelt abgeholt werden.
3. Will oder kann der Verlag den vorgeschriebenen Versandweg nicht einhalten, ist der Abnehmer sofort zu verständigen, um eine Vereinbarung zu erzielen.
4. Erfolgt die Sendung ausnahmsweise als Postnachnahme, sind Bestellnummer, Bestelldaten und Inhalt der Sendung außen anzugeben. Auf der Faktur ist deutlich zu vermerken: „Durch Nachnahme erhoben".

§ 16 Versandkosten

1. Die Kosten für Zusendung und Rücksendung trägt der Abnehmer, wenn der Versand nach seiner Vorschrift erfolgt ist; anderenfalls hat der Verlag nachweisbare Mehrkosten zu tragen.
2. Für Rücksendungen infolge irrtümlicher oder vorschriftswidriger Versendung trägt der schuldige Teil die Kosten einschließlich angemessener Bearbeitungskosten gemäß § 6 Ziffer 4.

§ 17 Haftung für Sendungen

1. Für Sendungen oder Rücksendungen, die auf Verlangen des Empfängers erfolgen, haftet dieser vom Augenblick der Übergabe an den Transportführer.
2. Wird entgegen dem ausdrücklichen Auftrag ohne wichtigen Grund anders versandt, haftet der Absender für den dadurch entstandenen Schaden.

§ 18 Haftung des Sortiments-Kommissionärs

1. Die Haftung des Sortiments für zugehende Sendungen beginnt mit der Übergabe an seinen Kommissionär und endet für Rücksendungen mit der Übergabe an den Kommissionär des Verlages oder an den Verlag selbst.
2. a) Der Kommissionär haftet für die nachweislich durch sein Verschulden in Verlust geratenen oder beschädigten Sendungen.

b) Ist eine Schuld nicht festzustellen (insbesondere bei Abgabe der Pakete ohne Quittung des Bücherwagendienstes oder zum Zeitpunkt der Übergabe erstellter Avise), so haben der Abnehmer (als Absender oder Empfänger) und die beteiligten Kommissionäre dem Verlag jeweils die Hälfte des Rechnungsbetrages der in Verlust geratenen oder beschädigten Sendung in gleichen Teilen zu ersetzen.

3. Die Haftung erlischt in allen Fällen und für alle Beteiligten nach Ablauf von drei Monaten nach Sendungsübergabe.
4. Der Abnehmer haftet nicht, wenn der Verlag den von ihm bestimmten Versandweg nicht eingehalten hat.

§ 19 Abmahnungen, einstweilige Verfügungen und sonstige Entscheidungen im Zusammenhang mit Werken

1. Wird dem Verlag wegen des Inhalts oder der Ausstattung eines Werkes dessen weitere Verbreitung durch eine von ihm als rechtlich bindend anerkannte einstweilige Verfügung oder andere vollstreckbare Gerichts- oder Behördenentscheidung untersagt, so hat er dies unverzüglich im BÖRSENBLATT oder seinen Abnehmern direkt anzuzeigen. Soweit die Anzeige gegenüber Buchgroßhandlungen erfolgt, sind diese nach Vereinbarung mit dem Verlag verpflichtet, die Information an ihre Kunden weiterzugeben.
2. Das Sortiment und der Zwischenbuchhandel haben dem Verlag unverzüglich mitzuteilen, wenn sie wegen des Inhalts oder der Ausstattung eines durch sie bezogenen Werkes abgemahnt oder mit einer einstweiligen Verfügung oder anderen Gerichts- oder Behördenentscheidung überzogen werden und ihnen dadurch der weitere Vertrieb dieses Werkes untersagt wird.
3. Der Verlag hat seine Abnehmer unverzüglich zu einem bestimmten, der Sach- und Rechtslage angemessenen Handeln oder Unterlassen anzuweisen. Insbesondere kann er sie anweisen, von der Einschaltung eines Rechtsanwalts zur Abwehr einer Abmahnung, einstweiligen Verfügung oder anderen Gerichts- oder Behördenentscheidung abzusehen. Im Falle einer unverzüglichen Anweisung gemäß Satz 1 trägt der Abnehmer die ihm auferlegten Kosten der Abmahnung oder anderen, ihm den weiteren Vertrieb des Werkes untersagenden Entscheidung selbst. Jedoch hat ihm der Verlag die Kosten zu erstatten, soweit der Abnehmer auf die rechtlich ungehinderte Verbreitung des Werkes vertrauen durfte und der Anweisung nicht zuwider handelt.
4. Weist der Verlag seine Abnehmer entgegen Ziffer 3 Satz 1 nicht unverzüglich zu einem bestimmten, der Sach- und Rechtslage angemessenen Handeln oder Unterlassen an, so hat der Abnehmer die Wahl, sich der gegen ihn ergangenen Abmahnung oder anderen, ihm den weiteren Vertrieb des Werkes untersagenden Entscheidung zu unterwerfen oder - falls die Rechtsabteilung des Börsenvereins

dies ausdrücklich empfiehlt - anwaltliche Hilfe in Anspruch zu nehmen. In jedem dieser Fälle hat der Verlag dem Abnehmer die diesem auferlegten Kosten der Abmahnung usw. sowie der anwaltlichen Inanspruchnahme zu erstatten.

5. Eine Kostenerstattung erfolgt nur insoweit, als der Verlag den Abnehmer nicht unter Erteilung einer Kostendeckungszusage aufgefordert hat, den geltend gemachten Abmahnkosten der Höhe nach zu widersprechen.

§ 20 Beschlagnahme von Werken

1. Werden gelieferte Werke des Inhalts oder der Ausstattung wegen beim Abnehmer beschlagnahmt, so fällt der Schaden dem Verlag zur Last.
2. Die Tatsache der Beschlagnahme hat der Abnehmer, der Schadensersatzansprüche geltend machen will, dem Verlag unverzüglich unter Bekanntgabe der Gründe und der Beschlagnahmeverfügung mitzuteilen.
3. Die Schadensersatzleistung des Verlages erstreckt sich auf die Erstattung des bei der Lieferung berechneten Nettopreises und der entstandenen Versandkosten, nicht dagegen auf die Vergütung eines entgangenen Gewinnes.

(Fassung vom 9. November 2006)

Grundlagenpapier

Die Buchbranche handelt mit einer Ware, die zugleich Kultur- und Wirtschaftsgut ist. Hieraus ergeben sich für uns besondere Verpflichtungen.
Als Kulturbranche erfüllen wir unseren gesellschaftlichen Auftrag, indem wir als Vermittler Brücken schlagen zwischen den Autoren, dem Kultur- und Bildungsbetrieb und dem Lesepublikum mit seinen unterschiedlichen Bedürfnissen. Dies ist der Kern unseres Selbstverständnisses. Er begründet unsere besondere gesellschaftliche Stellung.
In der Kombination aus kultureller Sicherung und wirtschaftlicher Erfolgsorientierung liegt unsere besondere Verantwortung. Nur wenn wir als Wirtschaftsunternehmen erfolgreich sind, können wir in Kultur investieren. Wir begreifen dieses Spannungsfeld nicht als Gegensatz, sondern sehen unsere Chance darin, beide Seiten zu einem für die Gesellschaft fruchtbaren Ausgleich zu bringen. Dieser doppelte innere Antrieb, das Streben nach kulturellem und wirtschaftlichem Gewinn, wirkt sinnstiftend für die gesamte Branche. Dies unterscheidet uns von ausschließlich ökonomisch gesteuerten Branchen.
Im verständlichen Bemühen um den kurzfristigen Erfolg unterstreicht die Branche die Bedeutung einer Orientierung an den beschriebenen langfristigen Aufgaben. Langfristige Ziele und Strategien erfordern klare Regeln und eine offene Kommunikation derselben, damit der Einzelne sie sich zu eigen machen kann. Gemeinsames Handeln basiert auf Vertrauen. Das ist vor allem das Vertrauen, dass sich alle an gemeinsame Regeln halten. Der Gesetzgeber erkennt die besonderen Aufgaben der Branche an, indem er wesentliche Rahmenbedingungen unseres Handelns schützt. Dazu gehören unter anderem die Bindung des Buchpreises und die Gewährung des Umsatzsteuerprivilegs. Die Branche mahnt den Gesetzgeber, bei allen verständlichen Maßnahmen zur Förderung von Bildung und Kultur die wirtschaftlichen Bedingungen ihrer Verbreitung auch im Internetzeitalter nicht zu vernachlässigen. Dieser gesetzliche Rahmen sichert die vier zentralen Ziele unseres Handelns ab und verpflichtet uns zugleich, uns aktiv für diese Ziele einzusetzen: für die Garantie der Vielfalt von Autoren und Inhalten, der landesweiten Verfügbarkeit dieser Inhalte, einer qualifizierten Auswahl von Titeln durch den verbreitenden Buchhandel sowie der umfassenden Information und Beratung des Lesepublikums.

Das bedeutet im Einzelnen:

Verlage

Verleger erkennen das Bedürfnis der Gesellschaft nach Information, Wissen und Kultur als Chance für unternehmerisches Handeln. Sie spüren Autoren und ihre

Potenziale auf – Werteorientierung bestimmt ihre Programmarbeit. Durch intensive Arbeit an Konzept und Text machen sie das Wissen der Autoren für die Leser zugänglich. Der Wettbewerb zwischen Verlagen fördert und ermöglicht eine große Vielfalt an Konzepten und Inhalten. Diese Vielfalt spiegelt die Pluralität und Komplexität der modernen Gesellschaft und wird ihr gerecht. Die Verfügbarkeit von Titeln erfordert vor allem, dass Titel über einen möglichst langen Zeitraum vom Verlag angeboten und lieferbar gehalten werden. Nicht nur einer großen Zahl an Neuerscheinungen, sondern ebenso einer lebendigen Backlist und einem dauernden Einsatz für diese muss das Bemühen der Verlage gelten. Zur Verfügbarkeit gehört auch, dass das verlegerische Angebot einer möglichst großen Zahl von Kunden im verbreitenden Buchhandel zugänglich gemacht wird. Mit der Auswahl der Titel und der Gestaltung des Verlagsprogramms übernimmt der Verleger gegenüber Lesern und Autoren Verantwortung für den Inhalt, dessen Sicherung und dessen Qualität. Medienkonkurrenz und Datenflut erfordern eine immer präzisere und präsentere Information über das Angebot. Dabei ist die Pflege und Gestaltung des Verzeichnisses lieferbarer Bücher (VLB) eine besondere Verpflichtung. Neben den klassischen Informationskanälen gewinnt das Internet immer mehr an Gewicht. Hier gestaltet die Branche mit ihrem Projekt der urheberrechtlich abgesicherten Volltextsuche-Online das Informationsverhalten im digitalen Zeitalter.

Zwischenbuchhandel

Der Zwischenbuchhandel ist die Drehscheibe des buchhändlerischen Verkehrs und damit Garant für die Verfügbarkeit inhaltlicher Vielfalt. Die für die Innovationskraft und für die langfristige Qualität des Angebots notwendigen kleinen Verlage können nur bestehen, wenn sie von den Barsortimenten und Verlagsauslieferungen beachtet werden. Erst die logistische Leistungsfähigkeit des Zwischenbuchhandels, insbesondere die Belieferung auch entlegener sowie kleiner Buchhandlungen garantiert die Verfügbarkeit des verlegerischen Angebots. Bei der Auswahl der Titel sind sich die Barsortimente ihrer Verantwortung für die Meinungsfreiheit und die Pluralität bewusst. Der Gesetzgeber erkennt und unterstreicht diese Bedeutung durch die besondere Stellung im Gesetz. Die Information über die Wahrnehmung und damit faktisch über die Verfügbarkeit eines Werkes. Die Datenbanken haben in dieser Hinsicht eine besondere Bedeutung. Ihre Existenz liegt im Interesse aller Marktteilnehmer. Da nicht alle Titel von Barsortimenten geführt werden, ist die Existenz des VLB als Gesamtverzeichnis aller lieferbaren Titel eine Grundbedingung für den Erhalt der Vielfalt.

Verbreitender Buchhandel

Erst in der Arbeit des verbreitenden Buchhandels mit seinem Sortiment realisiert sich der Erfolg der kulturellen Vermittlungsarbeit der gesamten Branche. Der Buchhändler ist für seine Kunden Wegweiser durch die große Titelvielfalt. Er vermittelt zwischen dem Interesse des Kunden und dem breiten Angebot der Verlage. Der Kunde soll darauf vertrauen können, dass er die wichtigsten und besten Titel im Sortiment findet. Der Buchhändler stellt eine fundierte Auswahl zur Verfügung und beschränkt sich nicht nur auf die bloße Bereitstellung des Angebots. Vielmehr sichert er auf allen Vertriebskanälen beratend den individuellen Zugang zur gesamten Informationswelt. Die Verfügbarkeit eines breiten und tiefen Angebots über einen langen Zeitraum ist nur möglich, wenn der Buchhandel neben den angebotenen Titeln die Besorgung aller lieferbaren Titel aktiv sicherstellt.

Die Information des Kunden ist wesentliche Grundlage für den Verkauf. Der Buchhändler ist auf die breite Information des Publikums in den Medien insbesondere durch den Verlag angewiesen. Die aktive Ansprache des Kunden ist vornehmlich Aufgabe des verbreitenden Buchhandels. Der Buchhändler geht auf Kunden zu, bietet Titel an, präsentiert Alternativen und stellt die Vielfalt aktiv dar. Dazu gehört die systematische Nutzung von Datenbanken, über die auch nicht barsortimentsgängige Werke auf Kundenwunsch ermittelt und besorgt werden.

Stand: 12. April 2007, verabschiedet von Vorstand, Fachausschüssen und Abgeordnetenversammlung in den Sitzungen am 24., 25. und 26. April 2007

Preisbindungsgesetz Deutschland

Gesetz über die Preisbindung für Bücher (Buchpreisbindungsgesetz - BuchPrG) in der Fassung vom 14. Juli 2006

§ 1 Zweck des Gesetzes

Das Gesetz dient dem Schutz des Kulturgutes Buch. Die Festsetzung verbindlicher Preise beim Verkauf an Letztabnehmer sichert den Erhalt eines breiten Buchangebots. Das Gesetz gewährleistet zugleich, dass dieses Angebot für eine breite Öffentlichkeit zugänglich ist, indem es die Existenz einer großen Zahl von Verkaufsstellen fördert.

§ 2 Anwendungsbereich

(1) Bücher im Sinne dieses Gesetzes sind auch
  1. Musiknoten,
  2. kartographische Produkte,
  3. Produkte, die Bücher, Musiknoten oder kartographische Produkte reproduzieren oder substituieren und bei Würdigung der Gesamtumstände als überwiegend verlags- oder buchhandelstypisch anzusehen sind sowie
  4. kombinierte Objekte, bei denen eines der genannten Erzeugnisse die Hauptsache bildet.

(2) Fremdsprachige Bücher fallen nur dann unter dieses Gesetz, wenn sie überwiegend für den Absatz in Deutschland bestimmt sind.

(3) Letztabnehmer im Sinne dieses Gesetzes ist, wer Bücher zu anderen Zwecken als dem Weiterverkauf erwirbt.

§ 3 Preisbindung

Wer gewerbs- oder geschäftsmäßig Bücher an Letztabnehmer verkauft, muss den nach § 5 festgesetzten Preis einhalten. Dies gilt nicht für den Verkauf gebrauchter Bücher.

§ 4 Grenzüberschreitende Verkäufe

(1) Die Preisbindung gilt nicht für grenzüberschreitende Verkäufe innerhalb des Europäischen Wirtschaftsraumes.

(2) Der nach § 5 festgesetzte Endpreis ist auf grenzüberschreitende Verkäufe von Büchern innerhalb des Europäischen Wirtschaftsraumes anzuwenden, wenn sich aus objektiven Umständen ergibt, dass die betreffenden Bücher allein zum Zwecke ihrer Wiedereinfuhr ausgeführt worden sind, um dieses Gesetz zu umgehen.

§ 5 Preisfestsetzung

(1) Wer Bücher verlegt oder importiert, ist verpflichtet, einen Preis einschließlich Umsatzsteuer (Endpreis) für die Ausgabe eines Buches für den Verkauf an Letztabnehmer festzusetzen und in geeigneter Weise zu veröffentlichen. Entsprechendes gilt für Änderungen des Endpreises.

(2) Wer Bücher importiert, darf zur Festsetzung des Endpreises den vom Verleger des Verlagsstaates für Deutschland empfohlenen Letztabnehmerpreis einschließlich der in Deutschland jeweils geltenden Mehrwertsteuer nicht unterschreiten. Hat der Verleger keinen Preis für Deutschland empfohlen, so darf der Importeur zur Festsetzung des Endpreises den für den Verlagsstaat festgesetzten oder empfohlenen Nettopreis des Verlegers für Endabnehmer zuzüglich der in Deutschland jeweils geltenden Mehrwertsteuer nicht unterschreiten.

(3) Wer als Importeur Bücher in einem Vertragsstaat des Abkommens über den Europäischen Wirtschaftsraum zu einem von den üblichen Einkaufspreisen im Einkaufsstaat abweichenden niedrigeren Einkaufspreis kauft, kann den gemäß Absatz 2 festzulegenden Endpreis in dem Verhältnis herabsetzen, wie es dem Verhältnis des erzielten Handelsvorteils zu den üblichen Einkaufspreisen im Einkaufsstaat entspricht; dabei gelten branchentypische Mengennachlässe und entsprechende Verkaufskonditionen als Bestandteile der üblichen Einkaufspreise.

(4) Verleger oder Importeure können folgende Endpreise festsetzen:
1. Serienpreise,
2. Mengenpreise,
3. Subskriptionspreise,
4. Sonderpreise für Institutionen, die bei der Herausgabe einzelner bestimmter Verlagswerke vertraglich in einer für das Zustandekommen des Werkes ausschlaggebenden Weise mitgewirkt haben,
5. Sonderpreise für Abonnenten einer Zeitschrift beim Bezug eines Buches, das die Redaktion dieser Zeitschrift verfasst oder herausgegeben hat und
6. Teilzahlungszuschläge.

(5) Die Festsetzung unterschiedlicher Endpreise für einen bestimmten Titel durch einen Verleger oder Importeur oder deren Lizenznehmer ist zulässig, wenn dies sachlich gerechtfertigt ist.

§ 6 Vertrieb

(1) Verlage müssen bei der Festsetzung ihrer Verkaufspreise und sonstigen Verkaufskonditionen gegenüber Händlern den von kleineren Buchhandlungen erbrachten Beitrag zur flächendeckenden Versorgung mit Büchern sowie ihren buchhändlerischen Service angemessen berücksichtigen. Sie dürfen ihre Rabatte nicht allein an dem mit einem Händler erzielten Umsatz ausrichten.

(2) Verlage dürfen branchenfremde Händler nicht zu niedrigeren Preisen oder günstigeren Konditionen beliefern als den Buchhandel.
(3) Verlage dürfen für Zwischenbuchhändler keine höheren Preise oder schlechteren Konditionen festsetzen als für Letztverkäufer, die sie direkt beliefern.

§ 7 Ausnahmen
(1) § 3 gilt nicht beim Verkauf von Büchern:
1. an Verleger oder Importeure von Büchern, Buchhändler oder deren Angestellte und feste Mitarbeiter für deren Eigenbedarf,
2. an Autoren selbstständiger Publikationen eines Verlages für deren Eigenbedarf,
3. an Lehrer zum Zwecke der Prüfung einer Verwendung im Unterricht,
4. die aufgrund einer Beschädigung oder eines sonstigen Fehlers als Mängelexemplare gekennzeichnet sind;
5. im Rahmen eines auf einen Zeitraum von 30 Tagen begrenzten Räumungsverkaufs anlässlich der endgültigen Schließung einer Buchhandlung, sofern die Bücher aus den gewöhnlichen Beständen des schließenden Unternehmens stammen und den Lieferanten zuvor mit angemessener Frist zur Rücknahme angeboten wurden.
(2) Beim Verkauf von Büchern können wissenschaftlichen Bibliotheken, die jedem auf ihrem Gebiet wissenschaftlich Arbeitenden zugänglich sind, bis zu 5 Prozent, jedermann zugänglichen kommunalen Büchereien, Landesbüchereien und Schülerbüchereien sowie konfessionellen Bereichen und Truppenbüchereien der Bundeswehr und des Bundesgrenzschutzes bis zu 10 Prozent Nachlass gewährt werden.
(3) Bei Sammelbestellungen von Büchern für den Schulunterricht, die zu Eigentum der öffentlichen Hand, eines Beliehenen oder allgemein bildender Privatschulen, die den Status staatlicher Ersatzschulen besitzen, angeschafft werden, gewähren die Verkäufer folgende Nachlässe:
1.bei einem Auftrag im Gesamtwert bis zu 25.000 Euro für Titel mit
mehr als 10 Stück 8 Prozent Nachlass
mehr als 25 Stück 10 Prozent Nachlass
mehr als 100 Stück 12 Prozent Nachlass
mehr als 500 Stück 13 Prozent Nachlass
2. bei einem Auftrag im Gesamtwert von mehr als
25.000 Euro 13 Prozent Nachlass
38.000 Euro 14 Prozent Nachlass
50.000 Euro 15 Prozent Nachlass

Soweit Schulbücher von den Schulen im Rahmen eigener Budgets angeschafft werden, ist stattdessen ein genereller Nachlass von 12 Prozent für alle Sammelbestellungen zu gewähren.

(4) Der Letztverkäufer verletzt seine Pflicht nach § 3 nicht, wenn er anlässlich des Verkaufs eines Buches
1. Waren von geringem Wert oder Waren, die im Hinblick auf den Wert des gekauften Buches wirtschaftlich nicht ins Gewicht fallen, abgibt,
2. geringwertige Kosten der Letztabnehmer für den Besuch der Verkaufsstelle übernimmt,
3. Versand- oder besondere Beschaffungskosten übernimmt oder
4. andere handelsübliche Nebenleistungen erbringt.

§ 8 Dauer der Preisbindung

(1) Verleger und Importeure sind berechtigt, durch Veröffentlichung in geeigneter Weise die Preisbindung für Buchausgaben aufzuheben, deren erstes Erscheinen länger als achtzehn Monate zurück liegt.

(2) Bei Büchern, die in einem Abstand von weniger als achtzehn Monaten wiederkehrend erscheinen oder deren Inhalt mit dem Erreichen eines bestimmten Datums oder Ereignisses erheblich an Wert verlieren, ist eine Beendigung der Preisbindung durch den Verleger oder Importeur ohne Beachtung der Frist gemäß Absatz 1 nach Ablauf eines angemessenen Zeitraums seit Erscheinen möglich.

§ 9 Schadensersatz- und Unterlassungsansprüche

(1) Wer den Vorschriften dieses Gesetzes zuwiderhandelt, kann auf Unterlassung in Anspruch genommen werden. Wer vorsätzlich oder fahrlässig handelt, ist zum Ersatz des durch die Zuwiderhandlung entstandenen Schadens verpflichtet.

(2) Der Anspruch auf Unterlassung kann nur geltend gemacht werden
1. von Gewerbetreibenden, die Bücher vertreiben,
2. von rechtsfähigen Verbänden zur Förderung gewerblicher Interessen, soweit ihnen eine erhebliche Zahl von Gewerbetreibenden angehört, die Waren oder gewerbliche Leistungen gleicher oder verwandter Art auf demselben Markt vertreiben, soweit sie insbesondere nach ihrer personellen, sachlichen und finanziellen Ausstattung imstande sind, ihre satzungsgemäßen Aufgaben der Verfolgung gewerblicher Interessen tatsächlich wahrnehmen, und die Handlung geeignet ist, den Wettbewerb auf dem relevanten Markt wesentlich zu beeinträchtigen,
3. von einem Rechtsanwalt, der von Verlegern, Importeuren oder Unternehmen, die Verkäufe an Letztabnehmer tätigen, gemeinsam als Treuhänder damit beauftragt worden ist, ihre Preisbindung zu betreuen (Preisbindungstreuhänder),

4. von qualifizierten Einrichtungen, die nachweisen, dass sie in die Liste qualifizierter Einrichtungen nach § 4 des Unterlassungsklagengesetzes oder in dem Verzeichnis der Kommission der Europäischen Gemeinschaften nach Artikel 4 der Richtlinie 98/27/EG des Europäischen Parlaments und des Rates vom 19. Mai 1998 über Unterlassungsklagen zum Schutz der Verbraucherinteressen (ABl. EG Nr. L 166 S. 51) in der jeweils geltenden Fassung eingetragen sind. Die Einrichtungen nach Satz 1 Nr. 4 können den Anspruch auf Unterlassung nur geltend machen, soweit der Anspruch eine Handlung betrifft, durch die wesentliche Belange der Letztabnehmer berührt werden.

(3) Für das Verfahren gelten bei den Anspruchsberechtigten nach Absatz 2 Nr. 1 bis 3 die Vorschriften des Gesetzes gegen den unlauteren Wettbewerb und bei Einrichtungen nach Absatz 2 Nr. 4 die Vorschriften des Unterlassungsklagegesetzes.

§ 10 Bucheinsicht

(1) Sofern der begründete Verdacht vorliegt, dass ein Unternehmen gegen § 3 verstoßen hat, kann ein Gewerbetreibender, der ebenfalls Bücher vertreibt, verlangen, dass dieses Unternehmen einem von Berufs wegen zur Verschwiegenheit verpflichteten Angehörigen der wirtschafts- oder steuerberatenden Berufe Einblick in seine Bücher und Geschäftsunterlagen gewährt. Der Bericht des Buchprüfers darf sich ausschließlich auf die ihm bekannt gewordenen Verstöße gegen die Vorschriften dieses Gesetzes beziehen.

(2) Liegt eine Zuwiderhandlung vor, kann der Gewerbetreibende von dem zuwiderhandelnden Unternehmen die Erstattung der notwendigen Kosten der Buchprüfung verlangen.

§ 11 Übergangsvorschrift

Von Verlegern oder Importeuren vertraglich festgesetzte Endpreise für Bücher, die zum 1. Oktober 2002 in Verkehr gebracht waren, gelten als Preise im Sinne von § 5 Abs. 1.

Vertragsstrafenvereinbarung und Fachzeitschriften-Sammelrevers („Sammelrevers 2002")

Allgemeiner Teil

1. Mir ist bekannt, dass ab 1. Oktober 2002 die Preisbindung des Buchhandels in Deutschland durch das Preisbindungsgesetz vom 02.09.2002 geregelt ist. Die bislang vertraglichen Verpflichtungen zur Einhaltung der Preisbindung werden durch die gesetzliche Verpflichtung gemäß § 3 des Buchpreisbindungs-Gesetzes ersetzt. Diese Verpflichtung erstreckt sich auf alle in § 2 des Gesetzes aufgeführten Verlagserzeugnisse, mithin

- Bücher,
- Musiknoten,
- kartographische Produkte,
- Produkte, die Bücher, Musiknoten oder kartographische Produkte reproduzieren oder substituieren und bei Würdigung der Gesamtumstände als überwiegend verlags- oder buchhandelstypisch anzusehen sind sowie
- kombinierte Produkte, bei denen eines der genannten Erzeugnisse die Hauptsache bildet.

Fremdsprachige Bücher fallen nur dann unter das Preisbindungsgesetz, wenn sie überwiegend für den Absatz in Deutschland bestimmt sind.

Die nachfolgende Vereinbarung bezweckt zweierlei:
Zum einen enthält Teil A. die Vereinbarung einer Vertragsstrafe, um eine schnelle und effektive Verfolgung von Preisbindungsverstößen zu gewährleisten.
Zum anderen lässt § 15 Abs. 1 GWB den Verlegern von Fachzeitschriften die Wahl, ob sie diese Zeitschriften im Preis binden wollen oder nicht. Diejenigen Verlage, die in der Verleger-Liste genannt sind, haben von der Möglichkeit zur Preisbindung ihrer Fachzeitschriften Gebrauch gemacht. Die hierzu erforderlichen vertraglichen Regelungen finden sich unter B. (Fachzeitschriften-Sammelrevers).
Die in der Verlegerliste aufgeführten Verlage haben Rechtsanwalt Dieter Wallenfels, Wiesbaden, gem. § 9 Abs. 2 Ziff. 3 Preisbindungs-Gesetz beauftragt, ihre Preisbindung zu betreuen.

2. Dieser Vertrag tritt mit Unterzeichnung in Kraft. Er wird auf unbestimmte Zeit abgeschlossen. Der Vertrag kann von beiden Seiten mit einer Frist von vier Wochen jeweils zum Monatsende durch eingeschriebenen Brief, der an den Preisbindungstreuhänder zu richten ist, gekündigt werden. Für die bei Wirksamwerden der Kündigung bereits gelieferten Bücher bleibt er bestehen.

3. Für alle aus diesem Preisbindungsvertrag sich ergebende Streitigkeiten werden wahlweise als Gerichtsstände vereinbart: Wiesbaden oder die Hauptstadt des Bundeslandes, in dem der Verlag seine Niederlassung hat, oder die Hauptstadt des Bundeslandes, in dem der gebundene Händler seine Niederlassung hat, oder der Ort der Niederlassung des Verlages.

4. Weitere, insbesondere neue Verlage werden Buchhändler ebenfalls zur Einhaltung einer Vertragsstrafe verpflichten oder ihre Fachzeitschriften im Preis binden wollen. Die Einholung neuer Reverse (von ihren Kunden und denen des Zwischenbuchhandels) würde für sie allein einen untragbaren Kostenaufwand verursachen. Um zu ermöglichen, dass sie dieser Vertragsstrafenvereinbarung und dem Fachzeitschriften-Sammelrevers beitreten, erteile ich Frau Rechtsanwältin Birgit Menche, Frankfurt, Vollmacht, für mich dabei zu unterzeichnen. Außerdem bevollmächtige ich sie, in meinem Namen mitzuwirken, wenn Sie in Vollmacht der an dieser Vereinbarung beteiligten Verlage den Sammelrevers veränderten tatsächlichen und rechtlichen Verhältnissen anpassen müssen. Frau Birgit Menche kann die Vollmacht, insbesondere auch für den Fall ihres Ablebens, weiter erteilen.

5. Erklärungen des Bevollmächtigten in meinem Namen – gleich welcher Art – werden erst wirksam, wenn sie der Bevollmächtigte in zwei aufeinanderfolgenden Nummern des Börsenblattes an auffälliger Stelle bekannt gemacht hat und ich die Vollmacht nicht inzwischen allgemein oder aber für den Einzelfall binnen Monatsfrist nach der zweiten Bekanntmachung schriftlich widerrufen habe.
Neu hinzukommende Verlage müssen in ihren Preislisten, Preismitteilungen und Geschäftsbedingungen deutlich auf den Beitritt zu diesem Vertrag hinweisen.

Vertragsstrafenvereinbarung und Fachzeitschriften-Sammelrevers („Sammelrevers 2002“)

Allgemeiner Teil

Ich verpflichte mich durch die Unterzeichnung dieser Vereinbarung gegenüber den in der Verlegerliste aufgeführten Verlagen zur Zahlung einer Konventionalstrafe für jeden Fall des vorsätzlichen oder fahrlässigen Anbietens oder Gewährens unzulässiger Nachlässe.
Die Vertragsstrafe hat die Höhe des Rechnungsbetrages des angestrebten oder vollzogenen Geschäftes. Sie beträgt bei Verstößen von durchschnittlicher Schwere mindestens 51.500 Euro für den ersten Verstoß, 52.500 für jeden weiteren Verstoß und 55.000 für unzulässige Nachlassangebote an eine Mehrzahl von Abnehmern. Gleiches gilt bei Überschreitung des Ladenpreises. Die Vertragsstrafe ist unter Berücksichtigung der Umstände des jeweiligen Falles unter Wahrung des Grundsatzes der Verhältnismäßigkeit in Absprache mit den betroffenen Verlagen geltend zu machen. Der Betrag ist, sofern die Verlage nicht ausnahmsweise Zahlung an sich wünschen, an das Sozialwerk des Deutschen Buchhandels oder eine andere von Ihnen (dem Preisbindungstreuhänder) zu bestimmende soziale gemeinnützige Einrichtung des deutschen Buchhandels zu zahlen.

A. Vertragsstrafenverpflichtung

Mir ist bekannt, dass die Preisbindung für Fachzeitschriften nicht vom Buchpreisbindungs-Gesetz geregelt ist, sondern weiterhin gemäß § 15 GWB durch Preisbindungsverträge zu regeln ist. Zur Gewährleistung einer lückenlosen und effektiven Preisbindung der in der Verleger-Liste genannten Verlage verpflichte ich mich gegenüber den Verlagen wie folgt:

1. Ich werde die Endabnehmerpreise allen Kunden in Deutschland in Euro berechnen. Sie werden von den einzelnen Verlagen durch ihre jeweils gültigen (gegenwärtigen und künftigen) Preislisten oder Preismitteilungen für ihre Zeitschriften festgesetzt. Sie enthalten die Mehrwertsteuer. Ich werde die Preisbindung auch nicht indirekt verletzen, etwa durch Zugaben, Freiexemplare und Boni, auch nicht durch sonstige Umgehungsformen, wie z.B. Umsatzprämien oder Gewinnbeteiligungen, soweit diese von den von mir mit dem Kunden getätigten Umsätzen für preisgebundene Zeitschriften abhängen. Dies gilt auch im Rahmen gesellschaftsrechtlicher Vertragsverhältnisse, wenn deren Zweck darauf gerichtet ist, Endabnehmern preisgebundene Zeitschriften im Ergebnis billiger zukommen

zu lassen. Auch werde ich Abzüge seitens der Käufer nicht dulden. Ich werde die Preise auch nicht überschreiten, darf aber außergewöhnliche Auslagen, z.B. bei Eilbestellungen oder Versand an den Kunden, berechnen.

2. Sofern der Verlag „Sonderpreise“ festsetzt, bin ich auch an diese gebunden. Ihre Auftraggeber werden insbesondere die folgenden herkömmlichen Begriffe verwenden:
a) Ermäßigte Preise für Zeitschriften, die zur Ausbildung oder zur Ausübung der beruflichen oder gewerblichen Tätigkeit benötigt werden, und zwar, wenn der Bezieher sich in der Ausbildung befindet oder noch kein volles Gehalt bezieht oder Mitglied eines Fachvereins ist. Der Nachlass und der Kreis der Berechtigten werden in der Zeitschrift bekanntgegeben.
b) Vorzugspreise für ausdrücklich so bezeichnete „Sonderveröffentlichungen“ einer Zeitschrift (Sonderhefte, Ergänzungshefte) für deren Abonnenten.
c) Sonderpreise für Körperschaften (Behörden, Organisationen oder Unternehmungen anderer Art), die bei der Herausgabe der betreffenden Fachzeitschrift in ausschlaggebender Weise mitgewirkt haben.

3. Von der Preisbindung ausgenommen ist die Lieferung zum Eigenbedarf an:
a) selbstständige herstellende und verbreitende Buchhändler.
b) Angestellte und feste Mitarbeiter von buchhändlerischen Betrieben.
c) Angestellte von buchhändlerischen Abteilungen gemischter Betriebe.
Zu a), sofern sie reversgebunden sind, zu b) bis c), sofern der Abnehmer schriftlich oder durch Betriebsordnung verpflichtet wird, diese Verlagserzeugnisse nicht (auch nicht gefälligkeitshalber) weiterzuveräußern.

4. Die Verpflichtungen dieses Vertrages gelten auch dann, wenn ich die Zeitschriften von dritter Seite, z.B. vom Zwischenbuchhandel, oder von einem anderen Händler beziehe. Davon ausgenommen sind Lieferungen aus Mitgliedsstaaten der EU. Aus einem Mitgliedsstaat der EU reimportierte deutsche Fachzeitschriften sind von der Preisbindung nur dann erfasst, wenn sich aus objektiven Umständen ergibt, dass diese Fachzeitschriften allein zum Zweck ihrer Wiederausfuhr ausgeführt worden sind, um die Preisbindung nach diesem Sammelrevers zu umgehen. Sinn dieser Regelung ist es, eine Beeinträchtigung des Handels zwischen Mitgliedsstaaten i.S.d. Art. 81 EGV durch den Sammelrevers auszuschließen. Sie ist entsprechend diesem Zweck auszulegen. Sofern ich meinerseits, z.B. als Zwischenbuchhändler, preisgebundene Fachzeitschriften an inländische Wiederverkäufer veräußere, bin ich verpflichtet, zuvor zu prüfen, ob der betreffende Händler bereits gebunden ist. Ist er nicht gebunden, muss ich ihn meinerseits

entsprechend diesem Vertrag durch Revers binden. Wiederverkäufer, die ich außerhalb von Deutschland beliefere, habe ich entsprechend den vorstehenden Absätzen 1 und 2 zur Verhinderung der Umgehung einer lückenlosen Preisbindung schriftlich für den Fall zu binden, dass sie nach Deutschland reimportieren (ich habe sie außerdem zu verpflichten, beim Weiterverkauf an Händler diese ebenfalls zu binden).

Grenzüberschreitende Verkäufe von Fachzeitschriften an Endabnehmer in anderen Mitgliedsstaaten der EU unterliegen nicht der Preisbindung nach diesem Sammelrevers.

Bei Gewährung von Vermittlungsprovisionen werde ich sicherstellen, dass diese nicht, auch nicht teilweise, an Endabnehmer weitergegeben werden. Nicht gewerbsmäßige Vermittler dürfen keine Vermittlungsprovision erhalten.

Bei einer Veräußerung meines Betriebes werde ich den Rechtsnachfolger schriftlich verpflichten, die von mir übernommenen Verpflichtungen aus diesem Revers ebenfalls einzuhalten.

Der Verlag ist berechtigt, neben oder anstelle der Vertragsstrafe seine sonstigen Rechte geltend zu machen (Schadensersatzansprüche alternativ zur Vertragsstrafe). Der Verlag verpflichtet sich, die Preisbindung zu überwachen. Er verpflichtet sich ferner mir gegenüber zur Zahlung einer Konventionalstrafe für den Fall, dass er seine gebundenen Preise (einschließlich der Sonderpreise) selbst unterbietet oder schuldhaft die Unterbietung durch Dritte veranlasst. Absatz 1 gilt entsprechend.

Die Konventionalstrafe kann für alle Betroffenen als Gesamtgläubiger (§ 428 BGB) nur einmal und nur von der Preisbindungsbevollmächtigten des Sortiments, Frau Rechtsanwältin Birgit Menche, Frankfurt, zur Zahlung an das Sozialwerk des Deutschen Buchhandels geltend gemacht werden.

B. Preisbindung für Fachzeitschriften

5. Ich verpflichte mich durch die Unterzeichnung dieser Vereinbarung gegenüber den in der Verlegerliste aufgeführten Verlagen zur Zahlung einer Konventionalstrafe für jeden Fall des vorsätzlichen oder fahrlässigen Anbietens oder Gewährens unzulässiger Nachlässe. Die Vertragsstrafe hat die Höhe des Rechnungsbetrages des angestrebten oder vollzogenen Geschäftes. Sie beträgt bei Verstößen von durchschnittlicher Schwere mindestens 51.500 Euro für den ersten Verstoß, 52.500 für jeden weiteren Verstoß und 55.000 für unzulässige Nachlassangebote an eine Mehrzahl von Abnehmern. Gleiches gilt bei Überschreitung des Ladenpreises. Die Vertragsstrafe ist unter Berücksichtigung der Umstände des jeweiligen Falles unter Wahrung des Grundsatzes der Verhältnismäßigkeit in Absprache mit den betroffenen Verlagen geltend zu machen. Der Betrag ist, sofern

die Verlage nicht ausnahmsweise Zahlung an sich wünschen, an das Sozialwerk des Deutschen Buchhandels oder eine andere von Ihnen (dem Preisbindungstreuhänder) zu bestimmende soziale gemeinnützige Einrichtung des deutschen Buchhandels zu zahlen. Der Verlag ist berechtigt, neben oder anstelle der Vertragsstrafe seine sonstigen Rechte geltend zu machen (Schadensersatzanspruche alternativ zur Vertragsstrafe), insbesondere Lieferungen – auch aus laufenden Bestellungen – einzustellen; dies auch dann, wenn ich meine Verpflichtungen gemäß Ziffer 6 verletze. Der Verlag verpflichtet sich, die Preisbindung zu überwachen. Er verpflichtet sich ferner mir gegenüber zur Zahlung einer Konventionalstrafe für den Fall, dass er seine gebundenen Preise (einschließlich der Sonderpreise) selbst unterbietet oder schuldhaft die Unterbietung durch Dritte veranlasst. Absatz 1 gilt entsprechend. Die Konventionalstrafe kann für alle Betroffenen als Gesamtgläubiger (§ 428 BGB) nur einmal und nur von dem Preisbindungsbevollmächtigten des Sortiments, Frau Rechtsanwältin Birgit Menche, Frankfurt, zur Zahlung an das Sozialwerk des Deutschen Buchhandels geltend gemacht werden.

6. Ich verpflichte mich, einem von Ihnen zu bestimmenden vereidigten Buchprüfer Einblick in meine Bücher einschließlich Geschäftsunterlagen zu geben, wenn die begründete Vermutung besteht, dass ich gegen die Preisbindung verstoße. Als Zwischenbuchhändler bin ich auch ohne Anlass bereit, einem Buchprüfer offenzulegen, dass ich nur reversgebundene Firmen mit Händlerrabatt beliefere.
   Der Buchprüfer hat sich mir in diesem Fall bei Beginn der Prüfung zu verpflichten, über alle ihm durch die Prüfung bekannt werdenden Vorgänge, die nicht Preisbindungsverstöße betreffen, Stillschweigen zu bewahren.
   Ich trage die Kosten einer Bucheinsicht, wenn die Zweifel an meiner Preisbindungstreue von mir verschuldet oder schuldhaft nicht ausgeräumt worden sind oder wenn Verstöße festgestellt werden. Habe ich die Prüfung von Preisbindungsverstößen (etwa durch nicht ordnungsgemäße Buchführung) ganz oder teilweise vereitelt, verpflichte ich mich, über die Verpflichtung gem. B.5 Abs. 1 hinaus zur Zahlung einer Vertragsstrafe in Höhe von 55.000 Euro.

Literaturhinweise

Blana, Hubert: Die Herstellung. Ein Handbuch für die Gestaltung, Technik und Kalkulation von Buch, Zeitschrift und Zeitung. Grundwissen Buchhandel, Verlage. Bd. 5. K.G.Saur, 4., überarb. u. erw. Ausg. München, 1998.

Bramann, Klaus-Wilhelm; Hoffmann, C. D.; Lange, Mario: Wirtschaftsunternehmen Sortiment. Aus- und Weiterbildung. Rechtliche Grundlagen. Informations- und Kommunikationssysteme. Marketing im Sortimentsbuchhandel. Einkauf und Verkauf. Daten- und Umweltschutz. Fachverbände. Edition Buchhandel. Bd.4. Bramann, 3., neubearb. Aufl. Frankfurt/Main, 2008.

Börsenverein des Deutschen Buchhandels: Buch und Buchhandel in Zahlen. Frankfurt am Main, 2007.

Erhard Schütz (Hrsg.): Das BuchMarktBuch. Der Literaturbetrieb in Grundbegriffen. Rowohlt. Reinbek 2005.

Heinold, Wolfgang E.: Bücher und Buchhändler. Marktplatz für Unterhaltung und Information, Logistik und Erlebniswelt, Wege vom Autor zum Käufer, Berufe im Buchhandel und in der Literaturvermittlung, Buchhändlerische Handelsgegenstände und Zusatzsortimente. Edition Buchhandel Bd.18. Bramann, 5., neubearb. Aufl. Frankfurt/Main 2007.

Heinold, Wolfgang E: Bücher und Büchermacher. Verlage in der Informationsgesellschaft. Bramann. Frankfurt/Main, 2008.

Heimler, Gerhard: Landkarten-ABC. Hrsg. v. Herbert Leuser. Geo-Center. Stuttgart, 2002.

Hiller, Helmut; Füssel, Stephan: Wörterbuch des Buches. Vittorio Klostermann, 7., überarb. Aufl. Frankfurt/Main 2006.

Lucius, Wulf D. von: Verlagswirtschaft. Ökonomische, rechtliche und organisatorische Grundlagen. UTB, 2., neubearb. u. erw. Aufl. Stuttgart 2007.

Pohl, Sigrid; Umlauf, Konrad: Warenkunde Buch. Strukturen, Inhalte und Tendenzen des deutschsprachigen Buchmarkts der Gegenwart. Harrassowitz Verlag, 2., ern. Aufl. Wiesbaden 2007.

Prüfungsfragen für Buchhändler, Lexika Verlag, 8. Aufl., Eibelstadt 2008.

Schickerling, Michael; Menche, Birgit: Bücher machen. Ein Handbuch für Lektoren und Redakteure. Programmplanung, Manuskriptbearbeitung, Rechtliche Aspekte, Herstellung, Vertrieb, Werbung und Öffentlichkeitsarbeit, Berufsbild Lektor, Freie Mitarbeiter in Verlagen. Adressen, Literaturtipps, Checklisten. Edition Buchhandel Bd. 13. Bramann, 2., aktualisierte Aufl. Frankfurt/Main 2008.

Strauch, Dietmar; Rehm, Margarete: Lexikon Buch, Bibliothek, Neue Medien. K.G. Saur, 2., aktualisierte u. erw. Ausg. München 2007.

Wirtschaftsunternehmen Verlag. Buch-, Zeitungs- und Zeitschriftenverlage. Distribution, Marketing, Rechtsgrundlagen, Redaktion/Lektorat. Edition Buchhandel Bd.5. Bramann, 3., überarb. u. erg. Aufl. Frankfurt/Main 2005.

Zemanek, Evi; Krones, Susanne (Hrsg.): Literatur der Jahrtausendwende. Themen, Schreibverfahren und Buchmarkt um 2000. Transcript. Bielefeld 2008.

Autoren

Dr. Sabine Gillitzer, Jahrgang 1968, Diplom-Handelslehrerin, Ausbildung zur Bankkauffrau, Studium an der Ludwig-Maximilians-Universität München, seit 2000 Lehrerin an der Berufsschule für Medienberufe in München, Fachabteilung Buchhandel

Brigitte Kahnwald, Jahrgang 1961, Diplom-Lehrerin, Studium an der Pädagogischen Hochschule Dresden, Ausbildung zur Buchhändlerin in Augsburg, im Buchhandel tätig seit 1993, ab 1996 nebenberufliche Lehrkraft an der Berufsschule für Medienberufe in München, Fachabteilung Buchhandel

Wolf Lumb, Jahrgang 1946, Diplom-Handelslehrer, Ausbildung zum Bürokaufmann, Studium an der Freien Universität Berlin, seit 1979 Lehrer an der Berufsschule für Verlagskaufleute, jetzt an der Berufsschule für Medienberufe in München, Fachabteilung Medienkaufleute

Wolfgang Wied, Jahrgang 1954, Diplom-Handelslehrer, Ausbildung zum Steuerfachangestellten, Studium an der Friedrich-Alexander-Universität Erlangen-Nürnberg, seit 1985 Lehrer an der Berufsschule für Medienberufe in München, Fachabteilung Buchhandel

Stichwortverzeichnis

A

Absatzhonorar
sh. Honorararten 7
Abschreibung 7
Adressbuch für den deutschsprachigen Buchhandel . . . 8
Adressenschutz
sh. Direkteinweisung . . . 47
AIDA-Formel 8
AKS 10
Aktionsrabatt
sh. Rabatt 127
Alfred-Kerr-Preis für Literaturkritik
sh. Literaturpreise 96
Allgemeines Sortiment
sh. Betriebsformen 19
Ambulanter Buchhandel 8
Anthologien 9
Antiquariat 9
Antizyklische Werbung
sh. Werbung 170
Apartbezug 9
Atlas 10
AUB 9
Auflage 10
Ausgabe 11
Ausgabe letzter Hand 11
Ausgaben nachgelassener Werke . . . . 11 f.
Ausschießen 12
Ausstattung 12,33
Ausstattungsunterschied
sh. Buchgemeinschaft . . . 34
Ausstellungs- und Messe GmbH 12
Ausstellungsrecht 12
Autographen 12
Autopsie
Autor 12
Avis 12
AWS 10

B

Backlist 13
BAG 13
Bahnhofsbuchhandlung . . . 14
Banger 14
Barsortiment 15
Barsortimentsrabatt 16
Betriebsformen im Buchhandel 19
Bearbeitungen von Werken . 16
Bedingtbezug 16
Befragung und Beobachtung
sh. Marktforschungsmethoden 106
Beilagen 17
Beischlüsse 17
Belletristik 17
Benchmarking . . . . 17 f.
Beschlagnahmung von Werken 18
Besorgungsgeschäft 18
Bestellanstalt 18
Bestellwege und -techniken . 18
Bestenliste 19
Bestsellerlisten 19
Betriebsauswertung 19
Betriebsformen im Buchhandel 19
Betriebsvergleich 20
Bezugsbedingungen . . . 21, 83
Bezugsformen 21
Bezugskosten 21
Bezugspreis
sh. Kalkulation 78
Bezugswege für Bücher 22
Bibliographie . . . . 22 f.
Bibliotheken 24
Bilanzkennzahlen . . . . 24 f.
Bindearten 25
Bindequote 26
Biobibliographie 27
BKG 27
Blattschnitt 27
Bleisatz 27
BOD 28
Bogen 30
Bonus 30
Book-on-Demand 28
Börsenblatt 28
Börsenverein . . . . 28 ff.
Branchenwerbung
sh. Kooperative Werbeformen 83
Branding 31
Break-Even-Punkt 31
Broschur 32
BSG 32
Buch und Buchhandel in Zahlen 32
Buchbinderantrag 33
Buchclub
sh. Buchgemeinschaften . 34
Büchersammelverkehr 35
Bücherscheck 36
Büchersendung 36
Bücherwagendienst 36
Buchformate 33
Buchgemeinschaften 34
Buchhandels Service Gesellschaft (BSG) 32
Buchhändler-Abrechnungs-Gesellschaft (BAG) 13
Buchhändlerische Kreditgarantiegemeinschaft (BKG) 27
Buchhändlerische Werbemittel sh. MVB . . 112
Buchlaufkarte 35
Bündelung 37
Bundesdatenschutzgesetz . . 37
Bundesprüfstelle für jugendgefährdende Medien 37

C

Cashflow 39
Comic 39
Computer to plate 40
Computer to print
sh. Digitaldruck . . . . . . 46 f.

Consumer Promotion
sh. Verkaufsförderung . . 151
Controlling 40
Convenience-Prinzip 41
Copyright . . . . 71, 148 ff.
Corine
sh. Literaturpreise 96
Corporate Behavior
sh. Corporate Identity . . 41
Corporate Communications
sh. Corporate Identity . . . 41
Corporate Design
sh. Corporate Identity . . . 41
Corporate Identity 41
Corporate Image
sh. Corporate Identity . . . 41
Cross Media Publishing . . . 41

D

Datenschutz 42
Datensicherung 42
Debitoren 42
Deckungsauflage 42
Deckungsbeitrag . . . . 42 f.
Defektexemplar 43
Delkredere 43
Depotbuchhandlungen 43
Desktop Publishing 43
Deutsche National-
bibliographie . . . . 44 f.
Deutsche National-
bibliothek . . . . 45 f.
Dezimalklassifikation 46
Differenzgutschrift 46
Digitaldruck . . . . 46 f.
Digitale Druckvorstufe
sh. Computer to plate . . . 40
Digital Object Identifier
(DOI) 48
Direkteinweisung 47
Direktvertrieb 47
Dispositionsliste
sh. Warenwirtschafts-
system . . . . 167 f.
Distributionspolitik . . . . . 47 f.
Diversifikation 48
Drahtheftung
sh. Bindearten 25
Dramaturgisierung . . . . . . 48 f.
Druckverfahren 49
Durchlaufgeschäft 49
Durchschuss
sh. Mikrotypographie 109 ff.

E

EAN-Code 50
E-Book 50
eBuch 50
Editionsformen 51
Effektivrabatt
sh. Rabatt 119
Einbandarten . . . . 51 f.
Einführungsrabatt
sh. Rabatt 127
Einkaufsbudget 52
Einkaufszentrale für
Öffentliche Bibliotheken
(ekz) 52
Einstandspreis
sh. Kalkulation 78
Einzelbewertung
sh. Inventur . . . . 72 f.
Elektronischer Lieferschein . 53
Elektronisches Publizieren . 53
Enzyklopädie 54
ERFA-Gruppe 54
Erstausgabe 54
Eventmarketing . . . . 54 f.

F

Fachbuch 56
Fachverlag 56
Fachzeitschriften,
buchhändlerische 56
Factoring . . . . 56 f.
Fadenheftung
sh. Bindearten 25
Fadensiegeln
sh. Bindearten 25
Faksimile 57
Faktur 57
Falzen 57
Fernabsatzvertrag . . . . 57 f.
Festbezug
sh. Bezugsformen 21
Flachdruck 58
Flattermarken . . . . 58 f.
Fortsetzungswerk 59
Foto-Inventur
sh. Inventur . . . . 72 f.
Fotosatz 59
Franchising 59
Freiexemplar 60
Friedenspreis
sh. Literaturpreise 96
Frontalpräsentation
sh. Warenpräsentation . 167
Frontispiz
sh. Makrotypographie . 100
Funktionsrabatt
sh. Barsortimentsrabatt . 16

G

Gegenstände des
Buchhandels 61
Geistiges Eigentum
sh. Urheberrecht 61
Gelbe Beilage
sh. Börsenblatt 28
GEMA
sh. Verwertungs-
gesellschaften 162
Gemeinschaftswerbung
sh. Kooperative
Werbeformen 83
Gemischte Partie
sh. Partie 119
Geokatalog 61
Gesamtausgaben 62
Gesetz gegen den unlauteren
Wettbewerb (UWG) . . . 62 f.
Gesetz gegen Wettbewerbs-
beschränkungen (GWB) . 63
Gesetz über das Verlagsrecht
sh. Verlagsgesetz 154
Gesetz über Urheberrecht und
verwandte Schutzrechte
sh. Urheberrecht . . . . 148 ff.

Gewinn
sh. Kalkulation
im Sortiment 78
GfK – Gesellschaft für
Konsumforschung 63
Ghostwriter 63
Großantiquariat 64
Grundlagenpapier 64
Grundwerk
sh. Loseblattausgabe . . .97 f.

H

Handelsspanne 65
Hardcover 65
Haupteintrag 65
Hauptrechte 65
Herstellung 66
Historisch-kritische Ausgabe
sh. Kritische Ausgaben 84 f.
Hochdruck 66
Honorararten 68
Hörbuch . . . . .66 f.
Horizontale
Gemeinschaftswerbung
sh. Kooperative
Werbeformen 83
Hurenkind
sh. Mikrotypographie 109 ff.

I

IBU 69
ILN 69
Image 70
Importbuchhandel 70
Impressum 70
Imprimatur . . . . .70 f.
Imprint 71
Informationsverbund
Buchhandel 69
Initial . . . . 100 ff.
Inkunabel 71
Instore-Maßnahme
sh. Verkaufsförderung . 151
Internationale Lokations-
nummer (ILN) 69
Internationale Standard-
Buchnummer (ISBN) . 73 ff.
Internationale Standard-
Musikaliennummer
(ISMN) 75
Internationale Standard-
Seriennummer (ISSN) . . . 75
Internationales Urheberrecht 71
Internetbuchhandel 72
Inventar sh. Inventur . . . .72 f.
Inventur . . . . .72 f.
ISBD 73

J

Jahresabschluss 76
Jahreskonditionen 76
Jugendmedienschutz 76

K

Kalkulation im Sortiment . . 78
Karten . . . . .78 f.
Katalog 80
Kaufvertrag 80
Kerning 80
Kernsortiment . . . . .80 f.
Key Account Management . 81
KISS-Formel 81
Klappentext 81
Klebebindung
sh. Bindearten 25
Kleinbeischlüsse
sh. Beischlüsse 17
Kollationierung
sh. Kritische Ausgaben . . 84
Kollophon 81
Kolumne 81
Kolumnentitel 81
Kommissionär
im Buchhandel 82
Kommissionsverlag 82
Kommunikationspolitik . . . 82
Kompendium 82
Kompendienkataloge 82
Konditionen 83
Kontinuierliche Werbung
sh. Werbung
Kooperative Werbeformen . 83
Körperlose Remission
sh. Remission . . . . . . .129 f.
Kosten- und
Leistungsrechnung 84
Kreditoren 84
Kritische Ausgaben 84
Kryptobibliographie 85
Künstlersozial-
versicherung . . . . .85 f.

L

Ladenpreis 87
Lage 87
Lagerbestand 87
Lagerdauer 87
Lagerordnung . . . . 87 ff.
Lagerumschlags-
geschwindigkeit . . . . . .89 f.
Landkarten
sh. Karten . . . . .78 f.
Layout
sh. Makro-
typographie . . . . 100 ff.
Lebensweltenmodell . . . . .90 f.
Legende
sh. Karten . . . . .78 f.
Lehrerprüfstück 91
Lektorat 91
Leseexemplar 91
Leseförderung . . . . .92 f.
Lesung 93
LG Buch . . . . .93 f.
Libreka! 94
Lichtdruck 94
Lieferungswerk . . . . .94 f.
Liquidität 95
Listeneinkaufspreis
sh. Kalkulation 78
Literarische Agenturen 95
Literaturpreis 96
Literaturzeitschriften . . . .96 f.
Lithographie

Lizenzausgabe
sh. Urheberrecht .... 148 ff.
Longseller 97
Loseblattausgabe ....97 f.

M

Mailing 100
Mail-Order 100
Makulieren 104
Mängelexemplar 99
Mängelrüge 99
Marginalien 104
Markengesetz 105
Marketing 105
Marketing- und Verlagsservice des Buchhandels (MVB) 112
Marketing-Mix 105
Marktforschung 105
Marktforschungsmethoden ....106 f.
Marktsegmentierung 107
Maskierung 107
Mediaanalyse 108
Mehrfachverwertung
sh. Zweitverwertung ... 174
Meldenummern 108
Merchandising 109
Merkblatt körperliche Aufnahme der Lagerbestände
sh. Inventur ....72 f.
Merkblatt Mängelexemplare
sh. Mängelexemplar 99
Messen 109
Messerabatt
sh. Rabatt 127
Mikrotypographie .... 109 ff.
Mindestauflage 111
Mischkalkulation 111
Modernes Antiquariat ..111 f.
Monatskonto 112
Monografie 112
Musikalien 112

N

Nachauflage
sh. Auflage 10
Nachräumliste
sh. Warenwirtschaftssystem .... 167 ff.
Nachschlagewerke 113
Naturalrabatt
sh. Partie 119
Nebenmärkte
sh. Betriebsformen 19
Nebenrechte
sh. Urheberrecht 148
Nettopreis
sh. Kalkulation 78
Neuauflage
sh. Auflage 10
Nielsen-Gebiete 113
Nobelpreis
sh. Literaturpreise 96
Non-Books ....113 f.
Normvertrag 114
Nutzungsrechte
sh. Urheberrecht 148

O

Öffentliche Büchereien
sh. Bibliotheken 24
Öffentlichkeitsarbeit ....106 f.
Offsetdruck sh. Flachdruck 58
Online-Buchhandel
sh. Internetbuchhandel .. 72
Opazität 115
Optimierte Weiterleitung . 115
Optionsvertrag 115
Originalausgabe 115
Originalverlagsgrundrabatt
sh. Barsortimentsrabatt . 16

P

Pagina 116
Panel
sh. Marktforschungsmethoden ....106 f.
Paperback
sh. Einbandarten .....51 f.
Papierarten ....116 f.
Pappband
sh. Einbandarten .....51 f.
Parkmodelle ....118 f.
Partie 119
Partieergänzung
sh. Partie 119
Pauschalabschreibung
sh. Inventur ....72 f.
Pauschalhonorar
sh. Honorararten 68
PBS 119
Periodika ....119 f.
Permanente Inventur
sh. Inventur ....72 f.
Pflichtexemplare 120
Pflichtfortsetzung 120
Plagiat 120
Point-of-Sale (POS) 121
Portfolio Analyse ......120 f.
Portomodelle 121
Post-Versandarten .....121 f.
Postvertriebsnummer
sh. Post-Versandarten 121 f.
Potsdamer Protokoll
Preisänderungen und -aufhebungen 122
Preisangabenverordnung 122 f.
Preisbindung ....123 f.
Preisbindungstreuhänder . 124
Preisgegenüberstellung
sh. Buchgemeinschaft ... 34
Preiskalkulation nicht preisgebundener Artikel im Sortiment ....124 f.
Preispolitik 125
Presse-Grosso 125
Pressemappe ....125 f.
Pressemitteilung 126
Presserecht 126
Primärbibliographie 126
Printing-on-Demand (PoD) 126
Profitcenter 126

Programmvorschau
sh. Verlagsvorschau ... 157
Prozyklische Werbung
sh. Werbung 170
Prüfziffernverfahren
sh. ISBN ....73 f.
Pseudonym 126
Publikumsverlag
sh. Verlagstypen .....155 f.
Publishing on Demand
sh. Printing on Demand 126
Pull-Marketing
sh. Marketing 105
Push-Marketing
sh. Marketing 105

R

Rabatt 127
Rack-Jobber 127
Ramsch 127
Rechnung, Bestandteile .. 128
Recht am eigenen Bild ... 128
Regelhonorar
sh. Honorararten 68
Reihe sh. Schriftenreihe .. 135
Reingewinn 129
Reiseauftrag 129
Reisebuchhandel
sh. Ambulanter Buchhandel 8
Reisender 129
Reizpartie
sh. Partie 119
Remission 129
Rentabilität ....130 f.
Reprint 131
Reproduktion 131
Restauflage
sh. Auflage 10
Rezensionsexemplar 131
Rohbogen
sh. Bogen 131
Rohgewinn 131
Rücken-an-Rücken-Präsentation
sh. Warenpräsentation . 167
Rücklaufquote 131
Rückruf ....131 f.
Rückrufsrecht des Urhebers 148

S

Sachbuch 133
Sales Promotion
sh. Verkaufsförderung . 151
Sammelrevers ....133 f.
Sammelwerk 134
Satzspiegel 134
Satzverfahren 134
Schlagwort 134
Schmutztitel 134
Schnellschiene
Schnellschuss 135
Schriftenreihe 135
Schulbuch 135
Schulbuchnachlässe ....135 f.
Schusterjunge
sh. Mikrotypographie .. 109
Schutzfristen
sh. Urheberrecht 148
Sekundärbibliographie ...22 f.
Selbstkostenpreis
sh. Kalkulation 78
Selbstverlag 136
Serienpreis 137
Service 137
Siebdruck 137
Sigelung 137
Skonto ....137 f.
Sonderausgaben 138
Sonderpreise 138
Sortimenter-Ausschuss ..138 f.
Sortimentskommissionär . 139
Sortimentskommittent ... 139
Sortimentspolitik 139
Sozialversicherung .....139 f.
Spezialbuchhandlungen
sh. Betriebsformen 19
Sponsoring 140
Staff Promotion
sh. Verkaufsförderung . 151
Staffelrabatt
sh. Rabatt 127
Standing Order 141
Stärken-Schwächen-Analyse (SWOT-Analyse) 140
Stationärer Buchhandel .. 141
Steadyseller 141
Stichwort 142
Stiftung Buchkunst 141
Stiftung Lesen ....141 f.
Streifbandzeitung
sh. Postversandarten ..121 f.
Streuverlust sh. Werbung . 170
Studienausgabe 142
Stuffer 142
Subskriptionspreis 142

T

Taschenbuch 143
Teilzahlungspreise 144
Tendenzbetriebe, Tendenzschutz 144
Tiefdruck ....144 f.
Titelschutz 145
Titelstammdaten 146
Trade Promotion
sh. Verkaufsförderung . 151
Transkription 146
Transliteration 146
Trunkierung 146
Typographie 147
Typographisches Maßsystem 147

U

Umbruch 148
Umsatzsteueridentifikations-nummer 148
Universitätsbuchhandlungen
sh. Betriebsformen 19
Unverlangtsendung 148
Urheber 148
Urheberpersönlichkeits-rechte 148
Urheberrecht 148
Urheberrolle 150

V

Vakat 151
Verbreitungsrecht 151
Verbundwerbung
sh. Kooperative
Werbeformen 83
Verkaufsförderung 151
Verkehrsnummern 151
Verkehrsordnung . . . . . .152 f.
Verlag 153
Verlagsauslieferung . . . .153 f.
Verlagserzeugnisse 154
Verlagskalkulation . . . . .154 f.
Verlagskommittent 155
Verlagsprofil 155
Verlagsrecht 156
Verlagsvertrag 156
Verlagsvertreter 156
Verlagsvorschau 157
Verleger 158
Verleger-Ausschuss 159
Verleger-Inkassostelle 159
Veröffentlichungsrecht . . . 159
Versandbuchhandlung
sh. Ambulanter
Buchhandel 8
versteckte Bibliographien
sh. Krypotbibliographien 85
Vertikale Gemeinschafts-
werbung
sh. Kooperative
Werbeformen 83
Vertreterbörse 160
Vertreterkonferenz 160
Vertrieb 161
Vertriebswege . . . . .161 f.
Vervielfältigungsrechte . . . 161
Verwertungsgesellschaften 162
Verzeichnis lieferbarer Bücher
(VLB) . . . . 163 ff.
VG Bild/Kunst
sh. Verwertungs-
gesellschaften 163
VG Wort
sh. Verwertungs-
gesellschaften 163
Volksbücherei
sh. Bibliotheken 24
Volksverhetzende Schriften 164
Vorabdruck
sh. Teilabdruck 164
Vorausrechnung 164
Vorführungsrecht 164
Vorlesewettbewerb des Deut-
schen Buchhandels . . .165 f.
Vorsatz 165
Vortragsrecht 165
Vorzugsausgabe 165

W

Wareneinsatz 166
Warengruppen 166
Warengruppensystematik 166 f.
Warenhausbuchabteilung
sh. Betriebsformen 19
Warenpräsentation 167
Warenlager-Rentabilität
Warenwirtschaftssystem
(WWS) . . . . .167 f.
Waschzettel 168
WBZ 168
Welttag des Buches 169
Welturheberrechts-
abkommen 170
Werbekostenzuschuss
(WKZ) 169
Werbemittel 169
Werbender Buch- und Zeit-
schriftenhandel (WBZ) . 169
Werbeplan . . . . .169 f.
Werbeträger 170
Werbung 170
Werk 170
Werkausgabe . . . . .170 f.
Wettbewerbsregeln des
Börsenvereins 171
Wirtschafsstufen im
Buchhandel 171
Wissenschaftliche Ausgaben
Wissenschaftliche Bibliotheken
sh. Bibliotheken
Workflow

Z

Zahlungsbedingungen . . . 172
Zeitschriften 172
Zeitschriftenagenturen . .172 f.
Zeitschriftenvertrieb 173
Zentrallager . . . . .173 f.
Zielgruppe 174
Zugaben 174
Zweitverwertung 174
Zwiebelfische 175
Zwischenbuchhandel 175
Zyklische Werbung
sh. Werbung 170